刘文涛　整理

劉祚昌

美国史讲义

劉祚昌（1921—2006）

20世纪40年代就读于北平辅仁大学、西南联合大学和四川大学。

1946—2006年，任教于长春大学、东北师范大学和山东师范大学等高校。教授、博士生导师。

曾任第六、七届全国人大代表；中国史学会理事；山东省史学会会长；中国美国史研究会顾问等职。是省级专业技术拔尖人才和国务院政府特殊津贴享受者。代表著作有：《美国独立战争简史》、《美国内战史》、《杰斐逊传》、《杰斐逊全传》等。

先生是治学严谨、师表风范的一代名师。

图书在版编目（CIP）数据

刘祚昌美国史讲义 / 刘祚昌著；刘文涛整理. 一天津：天津古籍出版社，2008. 8
（名师讲义）
ISBN 978-7-80696-525-2

I. 刘… II. ①刘…②刘… III. 美国一历史 IV. K712

中国版本图书馆CIP数据核字（2008）第092666号

刘祚昌美国史讲义
刘祚昌/著
出版人/刘文君
*
天津古籍出版社出版
（天津市西康路35号 邮编300051）
http://www.tjabc.net
E-mail:tjgj@tjabc.net
天津市宝坻区印刷厂印刷
全国新华书店发行
开本880×1230毫米 1/32 印张 11.125 字数 280000
2008年 9 月第 1 版 2008年 9 月第 1 次印刷
印数 1—4000

ISBN 978-7-80696-525-2
定价：28.00 元

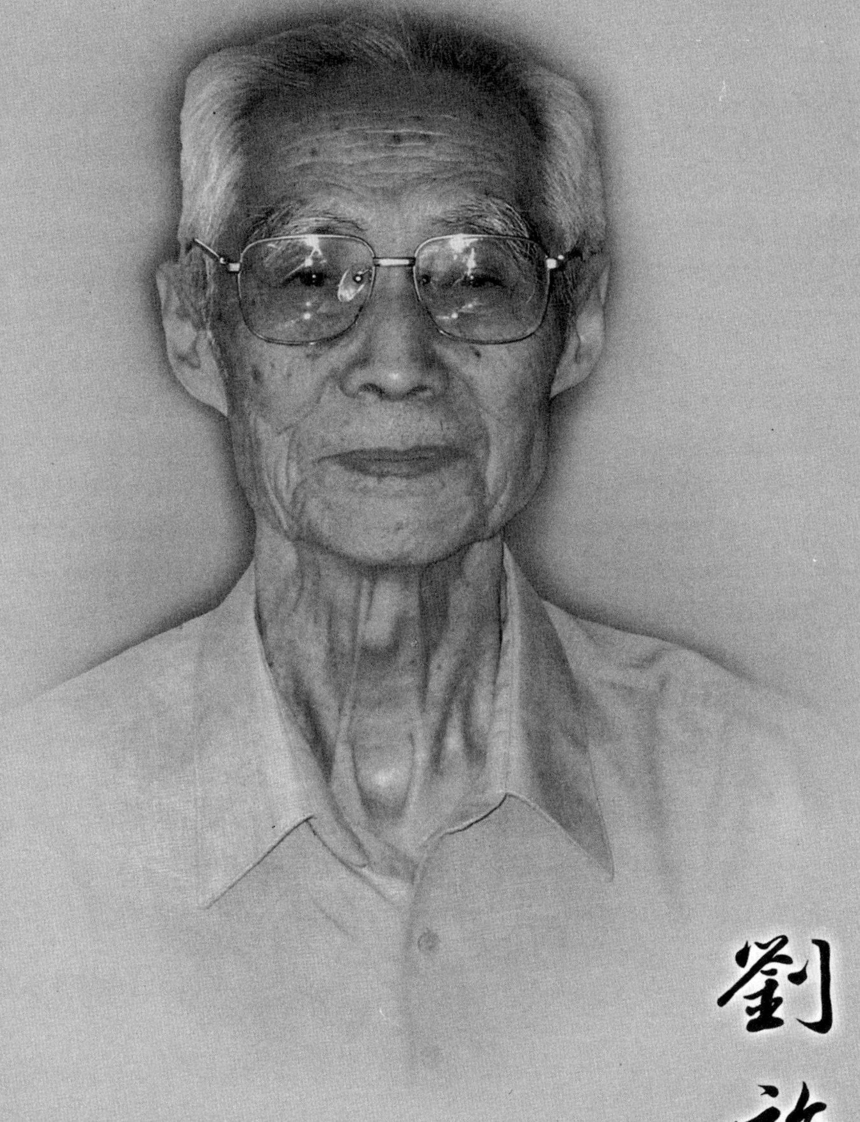

劉祚昌

《名师讲义》丛书

序

天津古籍出版社拟出版一套《名师讲义》丛书。从书名看，意思很清楚。他们来征求我的意见，我很赞成。

这些位名师，都是20世纪执教于中国各著名大学的知名学者，他们的学术地位早有定评。如闻一多、朱自清等位先生，都是一代人师；再如游国恩、雷海宗、周祖谟等位先生，也都是各自学术领域中的权威。他们虽都已去世多年，但薪尽火传，其衣被学人，早非一代。他们虽有许多传世之作，但也有大量当年以讲义形式行世的作品，不甚被人注意保存，极有流失之虞。据我看，其中蕴藏的精金美玉决不会少。

今天常常听到“抢救文化遗产”之类的呼声。天津古籍出版社要出版的这一套书，不正是此种功德之举的具体体现么？我认为，这些讲义是弥足珍贵的寿世之作，把它们成批整理出版，嘉惠学林，是做了一件大好事。

我听说此事正在进行，十分高兴。但因病中医嘱不宜长时间执笔，只写此短序，聊当前军旗鼓云耳。

季羡林

目录

第一讲　英国对北美殖民地的重商主义政策

（1763 年以前）

人们都知道，在 1763 年以前，英国对北美殖民地实行的政策是重商主义政策。那么，这样的政策对北美产生了什么样的影响呢？

帝国学派历史学家一般地都肯定英国重商主义政策对北美殖民地的发展起了积极的作用。

帝国学派历史学家乔治·比尔（George Beer）说，英国重商主义是一个很公正的制度，其目的既是为母国谋利，也是为殖民地谋利[1]。他认为英国与北美殖民地的关系，与其说是帝国统治者与殖民地从属者之间的关系，不如说是共同利用重商主义制度。这个制度对双方都有利，因此在 1763 年以前殖民地一直顺从地接受了体现重商主义精神的各种贸易法[2]。

帝国学派的另一个史学家奥立佛·狄克逊（Oliver Dickerson）提出相似的观点，他说，重商主义政策，包括“航海法”在内，对于

① Esmond Wright edited, Causes and Consequences of the American Revolution. p.155.

② Esmond Wright edited, Causes and Consequences of the American Revolution. pp.29 ~30.

北美殖民地经济并没有产生有害的影响①。他以革命前北美殖民地经济日趋繁荣为理由,说明重商主义政策及“航海法”对于北美的发展起了有益的作用②。

帝国学派的查理·安德鲁斯(Charles Andrews)虽然承认英国重商主义政策在实施过程中从来都不是坚决的和有约束力的,但是他认为到1763年甚至到1767年为止,它对殖民地和母国都是有利的③。

帝国学派的看法是否正确呢?我们让事实作回答。

一、英国建立北美殖民地的主要目的与重商主义

英国在北美建立殖民地的主要目的是什么呢?这应该从英国对北美的经济政策的指导思想说起。

英国对北美的经济政策并不是一朝一夕形成的,而是英国统治集团在不同时期,为了适应当时的统治阶级的需要而一步一步地制定出来的。但是,各个时期的统治集团在制定它的时候,都是受一个中心思想支配的,这个中心思想像一条线一样贯串了整个英国殖民政策。这个中心思想便是重商主义。

重商主义是反映原始积累时期新兴资产阶级扩大对外贸易及发展工业的要求的经济思想。根据重商主义理论,一个国家的强弱,主要取决于一国财富之多寡,而一国财富之多寡,应该用金银硬币来计算。为了使国家富强,必须增加金银硬币的储备,因而就必须奖励出口工业品,以便促使外国金银硬币流入本国;也必须限制进口外国工业品,以免本国金银硬币外流。为了多出口工业品,就必须发展国内工业生产和扩大国外市场。为了发展工业生产,也必

① John Wahlke edited, The Causes of the American Revolution. pp. x, 45.

② John Wahlke edited, The Causes of the American Revolution. pp. x, 45.

③ Charles Andrews, The American Revolution: An Interpretation. Causes and Consequences of the American Revolution. p. 77.

须扩大原料供给地。此外,增加金银硬币,也要求发展本国的航运业,夺取海上贸易航运权,从贸易航运业中赚得外国的金银硬币。

因此,重商主义者在对外方面重视扩大国外市场、扩大国外廉价原料供应地,重视发展世界航运业。实行重商主义的国家,为了达到这些目的,必然与外国争夺市场及原料供应地,争夺航运业的独占权,并且为此而诉诸武力或挑起战争。所以,重商主义时代,便是几个强国肆意对外侵略扩张及争夺殖民地的干戈扰攘的时代。

在重商主义者的心目中,殖民地占有极其重要的地位。但是在他们看来,殖民地只有成为本国工业品的销售市场及廉价原料供应地,才有存在的价值。殖民地应该发挥这些经济职能,应该为母国的经济服务。

奉行重商主义政策的英国政府一直把北美殖民地看作是为本国的经济利益服务的附属品,一心一意想把它变为英国的工业品市场及原料供应地,并且使它为英国夺取世界贸易航运霸权的斗争服务。这便是英国在北美建立殖民地的目的。英国政府的这个意图,在英国商务部的一个部员的言论里表达得很清楚,他在1726年写道:

> "一个附属地区的政府(指殖民地政府——引者)的一切行动,都应该服从母国的利益,因为它之存在及它的一切有价值的特权之得到保障,都要归功于母国。因而与母国的利益相违背的任何殖民地上的一切有利益的计划或商业上的收益,都应该被认为是不合法的,它们的实施是不能允许的,因为它们是与殖民地存在的用意相矛盾的……因为殖民地的目的就是这样的,如果不能利用殖民地,那么国家还不如没有殖民地为好。"①

---

① Louis Hacker, The First American Revolution. Causes and Consequences of the American Revolution. p. 118.

因此，乔治·比尔关于英国实行重商主义政策的目的在于为英国和北美殖民地双方谋利的说法是站不住脚的。

二、英国在北美实行重商主义政策的过程和主要内容

英国对北美实行重商主义政策经过了长达100多年的漫长历程。

英国首先把这个重商主义政策应用于北美最古老的殖民地弗吉尼亚。在弗吉尼亚殖民地开创伊始，英国就要求弗吉尼亚生产英国所需要的主要出口商品——烟草，并且要求把烟草运往英国，不许运往其他国家。同时，英国也同意让北美独占在英国的烟草市场，禁止英国人在英国国内生产烟草，并且对来自西班牙及其他国家的烟草收取很重的进口税①。

17世纪50年代后英国议会颁布的几项“航海法”，也体现了重商主义精神。

17世纪上半期，荷兰独占世界海上航运业。荷兰商人和船主凭借其经营能力及雄厚财力，不仅独占了世界贸易，而且也在对英属北美殖民地的贸易中成为英国的劲敌，并且势将把英国商人船主从这个贸易中排挤出去，以独占英属北美殖民地的对外贸易。在这种情况下，“卧榻之旁岂容他人鼾睡”的英国资产阶级政府便在1651年由议会颁布了“航海法”，规定：在亚洲、非洲及美洲生产的商品不能运到英格兰、爱尔兰及英属殖民地上来，除非这些商品是用其大部分船员为英帝国的臣民的船只，或英属殖民地的船只载运的。而来自欧洲的商品只有用“生产上述商品”的国家的船只载运，才能进入英格兰、爱尔兰及英属殖民地。这些规定的目的

① Charles Andrews, The Colonial Background of the American Revolution. pp. 7 ~ 8, 12 ~ 13, 16 ~ 17, 19 ~ 20.

便是排斥荷兰航运业者，以保证英国商人的独占[1]，从而增加英国航运业的收入。

但是，1651 年的"航海法"的规定有不够"完善"之处，因为按照它的规定，北美殖民地能够把产品发送到任何外国市场上去，并且能够购买他们所喜欢的世界任何地区所生产的工业品。这种情况颇不利于英国独占北美殖民地的市场及独享北美的原料。因此，1660 年王朝复辟后，英国议会又急急忙忙地着手去堵塞这个漏洞。它颁布了新的"航海法"，规定：任何外国船只都不能参加对英属殖民地的贸易。为了进一步防止外国的竞争，它还禁止一切外国商人涉足于英属殖民地。同时，为了集中控制殖民地的资源，保证殖民地向英国供应廉价原料，它还"列举"了某些只能运销英格兰、爱尔兰及威尔士的商品（在"联合法案"实施后，也可运销苏格兰）：糖、烟草、棉花、靛青及染料木材。虽然北美商人把这些产品直接运销欧洲大陆既方便又可以获厚利，但是英国政府仍坚持要求把这些产品首先运往英格兰、爱尔兰及威尔士，然后才可以转运到欧洲大陆。这些被"列举"的产品都是英国自己不能生产，而又为英国工业发展所必需的。而且，由于把这些产品"列举"出来，英国就有可能摆脱对于法国、荷兰的依赖（英国过去靠这两国供应这些产品），并且可以迫使这些国家从英国手中购买它们[2]。嗣后，在被"列举"的产品名单上又屡次增加新的内容。1704 年被"列举"了大米、糖浆及甜酒。1705 年被"列举"了柏油、沥青、松脂、松节油、大麻、桅杆、帆桁及牙樯等。1721 年又加上铜、海狸皮及其他毛皮。最后到 1764 年又把铁、咖啡、红胡椒、可可、皮革、鲸鳍、生丝、罐类、珍珠灰及木材加入"列举"名单[3]。英国的原则是：不管什么样的商品，只要能够加强英国在世界贸易中

---

① John Miller, Origins of the American Revolution. pp. 5 ~ 7.

② John Miller, Origins of the American Revolution. pp. 5 ~ 7.

③ Lawrence Gipson, The Coning of the Revolution. p. 23.

的地位,有利于英国工业家及商人,或者可以增加关税收入,就要把它们“列举”出来[①]。

1663年,英国议会又通过了“主要商品法案”(Staple Act),禁止把商品直接从欧洲运入北美殖民地:欧洲商品被要求首先运进英国,在这里纳税后,才能重新装船运往北美。该法案的目的显然是保护英国商品在北美的市场。

为了加强对北美殖民地的贸易管制及军事防务,1678年英国政府把新罕布什尔变为王家殖民地。1683年英国政府拒绝向朴利茅斯殖民地颁发特许状,理由是:只要放松对殖民地的控制,就几乎无法执行贸易法了[②]。

1696年,英国议会又颁布了新的“航海法”,作为对以前颁布的“航海法”的补充。

自从1651年颁布第一项“航海法”以来,在执行上遇到很大困难,没有收到预期的效果。法国和荷兰船只照旧进入英属西印度的港口;被“列举”的北美产品照旧大量直接进入欧洲市场;新英格兰商人不顾英国法律规定,从事大规模的走私,甚至使得税关总监督官爱德华·兰多福大动肝火;更严重的是苏格兰商人的活跃,他们运苏格兰商品到乞撒比克湾或德拉瓦尔湾甚至到新英格兰出卖,然后运烟草返回苏格兰。1695年苏格兰议会通过法律,创立了苏格兰对非洲及印度贸易公司,目的是在北美建立苏格兰殖民地和发展苏格兰对外贸易。这个贸易公司被授予从苏格兰到亚、非及美洲的贸易独占权,这就直接与英国东印度公司及王家非洲公司发生竞争。颁布1696年“航海法”的目的,不但是为了加强已往的“航海法”,而且也是为了对付苏格兰人的竞争[③]。

1696年的“航海法”规定:无论何种性质的商品,均不得运入

---

① John Miller, Origins of the American Revolution. pp. 5 ~ 7.

② Charles Andrews, The Colonial Background of the American Revolution. pp. 7 ~ 8, 12 ~ 13, 16 ~ 17, 19 ~ 20.

③ Max Savelle, A History of Colonial America. pp. 388 ~ 397.

或运出英属北美、亚洲或非洲殖民地，除非用英格兰、爱尔兰制造的、并且由英国人拥有的、至少有四分之三的船员是英国人的船只运载。它还规定：所有的英国船只都务必到海关登记，否则就不能被认为是英国船；海关人员可以从法官或治安官处领取“协助令状”（Writ of Assistance），持此令状可以进入船舱或仓库（必要时用武力）进行搜查。该“航海法”还禁止殖民地议会颁布与这个“航海法”相抵触的法律①。按照该法，英国驻北美的税关人员可以在“海军中将法庭”上控告任何违犯“航海法”或其他贸易法的人②。

在颁布这项新的“航海法”之后，英国枢密院和商务部又向所有的北美殖民地总督发布命令，责成他们恪尽职责，认真执行这个“航海法”，竭力协助从英国派来的官吏。英王还训令南方部国务秘书专门研究殖民地的情况，切实担负起对殖民地的管理责任。英国政府又派出工作人员去北美调查，叫他们随时向英国当局报告有关贸易法的执行情况③。

1696 年的“航海法”引起了北美殖民地居民的极大反感。英国工作人员在汇报中指出：业主和自治殖民地（巴哈马、两卡罗来纳、宾夕法尼亚、新泽西、康涅狄格及罗德艾兰）政府正在逃避“航海法”，窝藏海盗，拒绝协助前来执行贸易法的英国官员，甚至妨碍他们执行任务④。

1733 年英国又颁行了“糖浆法”（Molasses Act），这是针对下述情况而颁发的：17 世纪后半期到 18 世纪初期，新英格兰及中部殖民地的商人开展了对法属西印度的贸易，运去的是粮食和木材，

---

① Max Savelle, A History of Colonial America. pp. 388 ~ 397.

② Charles Andrews, The Colonial Background of the American Revolution. pp. 7 ~ 8, 12 ~ 13, 16 ~ 17, 19 ~ 20.

③ Charles Andrews, The Colonial Background of the American Revolution. pp. 7 ~ 8, 12 ~ 13, 16 ~ 17, 19 ~ 20.

④ Charles Andrews, The Colonial Background of the American Revolution. pp. 7 ~ 8, 12 ~ 13, 16 ~ 17, 19 ~ 20.

然后运回糖和糖浆，销售于北美大陆各地，或在大陆上把糖浆制成甜酒。有时他们还把法属西印度的糖走私运入英属西印度，从这里再运往英国。英属西印度的甘蔗种植场主发现这个贸易对自己不利。英国议会在英属"西印度院外活动集团"的请求下，在1733年制定了"糖浆法"，向从外地运入英属殖民地的糖、糖浆及甜酒课以很重的进口税。该法是对于英属北美大陆殖民地的歧视，同时它又保护了英属西印度种植场主的利益。这是后来美国宣布独立时英属西印度殖民地继续留在英帝国内部的原因之一①。

为了把北美进一步变为英国的原料供应地，英国政府对于北美的某些产品的生产，实行了奖励政策：颁发补助金。获得英国补助金的北美产品有以下诸种：(1)海船用品，包括柏油、松脂、树胶、松节油、桅杆、圆木、帆桁、牙樯及大麻；(2)木材；(3)用白橡树制成的桶器材料；(4)靛青。英国政府实行这种奖励政策长达七十年之久，颁发的补助金数额很大。补助金的主要获得者是南方种植场主，因为桅杆及圆木以外的其他航海用品主要来自南、北卡罗来纳及乔治亚，靛青主要来自南卡罗来纳及乔治亚，而木材及桶业材料也是宾夕法尼亚以南地区的产物。新英格兰只供应桅杆及圆木②。

为了永远独占北美市场，英国政府从17世纪末起又采取措施，禁止北美发展可以和英国竞争的工业。1698年，英国商务部调查了羊毛工业情况，然后提出一份报告，在报告中提醒政府注意北美殖民地家庭工业中的羊毛织业的发展，并且写道："尽管在美洲建立殖民地的用意在于使那里的居民只是从事生产这个王国所不生产的商品……但是新英格兰及北方其他殖民地，除做其他工作外，还专心从事羊毛工业的改进，这和爱尔兰的这种制造业一

---

① Max Savelle, A History of Colonial America. pp. 388 ~ 397.

② Oliver Dickerson, Were the Navigation Acts Oppressive? John Wahlke edited, The Causes of the American Revolution. pp. 22 ~ 44.

样，对于这个王国显然是有害的，因此提议实行禁止。"①

根据商务部的建议，英国议会在 1699 年通过了"羊毛织品法案"，禁止从殖民地向不列颠岛及其他国家出口羊毛及羊毛织品，也禁止从一个殖民地向另一个殖民地出口这些商品。翌年，为了进一步打击殖民地的羊毛织业，英国政府又取消了对于从英国运往北美的羊毛织品课以的沉重的出口税。这样做是为了降低英国在北美销售的羊毛织品的价格，以便加强这项商品在北美市场上与当地的特别是新英格兰的羊毛织品的竞争能力②。

1732 年英国议会又通过一项法律，限制殖民地制帽作坊中使用徒弟的人数，后来又下令禁止把帽子从一个殖民地运往另一个殖民地去。其目的是为了阻碍北美制帽业的发展。

铁工业在 18 世纪也在弗吉尼亚、马里兰、宾夕法尼亚及新英格兰各殖民地上发展起来了。当时英国需要进口粗铁，英国的粗铁进口商也赞成鼓励殖民地从事粗铁的生产。因此，乍一看似乎英国有理由欢迎北美铁工业的发展。但是，英国金属器具制造业者反对殖民地发展铁工业，因为他们害怕失去金属器皿在北美的市场。为了照顾英国粗铁进口商及英国金属器皿制造业者双方的利益，英国在 1750 年颁布了"铁法案"，允许殖民地的粗铁免税向英国进口，但是同时禁止殖民地设立制造金属板和切割金属的工场，禁止殖民地制造金属器皿。它要求殖民地把粗铁运回英国，在英国制成金属器皿，然后再运回殖民地③。

1763 年以前英国执行的重商主义殖民政策，大体说来就是如此。归纳起来，这个政策的主要内容不外以下几点：第一，在横越大西洋的贸易方面，要求北美殖民地把为英国工业发展及生活所需要的产品运往英国，而不得擅自直接运往他国，运往他国的产品

---

① Max Savelle, A History of Colonial America. pp. 388 ~ 397.

② Max Savelle, A History of Colonial America. pp. 388 ~ 397.

③ Max Savelle, A History of Colonial America. pp. 388 ~ 397.

也必须经过英国；禁止北美商人或欧洲商人把欧洲的工业品运进北美殖民地。欧洲的商品只有经过英国并在英完纳税捐之后，才能运销北美。第二，禁止外国商人插手对英属殖民地的贸易。第三，限制北美的工业发展。第四，限制北美与外国所属的西印度群岛殖民地之间的贸易。英国把这个重商主义政策一直坚持到最后，因为英国统治阶级把独占殖民地贸易看成是殖民地存在的重要理由。一个英国人说过："如果我们容许法国和荷兰人用织造品去供应他们（指殖民地居民——引者）的话，我们最好是放弃拥有殖民地的一切想法。"①

三、英国重商主义政策对北美的影响

在一定程度上，英国资产阶级是如愿以偿了，因为北美殖民地终于在一百多年的过程中在很大程度上变为了英国工业品的销售场所及原料供应地。在英国重商主义政策的保护下，英国工业品源源不断地运到北美大陆。1753—1763 年的十年是英国工业品对美出口最旺盛的十年。1700 年运销到北美的英国商品，价值只有二十五万镑，到 1770 年上升到四百五十二万镑，这个数目为英国对外贸易总额的 1/6 到 1/3（因年度不同而有所增减）②。

一个英国人的话最生动地反映了这个情况，他说："北美人从头到脚都是用我们的制造品装饰起来的。……他饮酒、坐、动、劳动或娱乐，都对母国有好处。"据估计，1774 年，在纽约殖民地上，每十二个居民中就有十一个人身穿英国制造的衣服③。

对北美出口大量工业产品和从北美进口大批原材料，促进了英国工业的繁荣，也为英国船主带来了运货的好机会，推动了英国

---

① John Miller, Origins of the American Revolution. pp. 5 ~ 7.

② Charles Andrews, The Colonial Background of the American Revolution. p. 101.

③ John Miller, Origins of the American Revolution. p. 8.

造船业的发展[①]。“英格兰及苏格兰沿海大城市……只是由于对美贸易才从小村崛起”[②]。

可见,重商主义政策促进了英国的繁荣,是毫无疑义的。

但是,这个政策对于北美产生了什么样的影响呢?

首先,我们不能不看到英国重商主义政策对北美经济的消极的不良影响。

(一)造成对北美不利的国际收支逆差及北美人对英国商人的负债

路易·哈克正确地指出:在重商主义政策下,“母国与殖民地之间的资本主义关系必然导致对殖民地不利的收支差额”[③]。1750年以前,在对英贸易中,北美出口比进口多,但是1755年以后,北美进口超过了出口,以致1760年北美的入超接近二百万镑,1770年接近三百万镑[④]。贸易入超,在国际收支上不可避免地造成对北美不利的逆差。

这个国际收支上的逆差,固然与进口商品多于出口商品有关系,但是在很大程度上也是下述情况造成的:利用贸易航海法所规定的种种限制,英国进口商在收购北美“列举”产品时,往往压低价格;英国出口商在向北美销售工业品时又往往抬高价格,以致荷兰的工业品价格只为英国的三分之一[⑤]。

北美国际收支的逆差,还由于下述原因而进一步增大。

按照英国贸易航海法的规定,北美的烟草等产品只能运到英国出卖,即使想运销欧洲大陆诸国,也必须先运到英国,在这里纳税,然后才能重新向外国出口;欧洲的产品也只有经过英国,在英

① Charles Andrews, The Colonial Background of the American Revolution. p. 103.

② John Miller, Origins of the American Revolution. p. 8.

③ Louis Hacker, Economic and Social Origins of the American Revolution. The Causes of the American Revolution. p. 3.

④ Charles Andrews, The Colonial Background of the American Revolution. p. 101.

⑤ John Miller, Origins of the American Revolution. p. 13.

纳税后方能运销北美。货物经过英国,不可避免地给北美添加许多额外负担。税的负担只能加在北美人身上,无论是进口还是出口,都是如此。此外,还有额外的运费、装卸费及中间人的手续费等等。

当然,在这个横渡大西洋的贸易中,英国也给北美某些优惠待遇,如对北美一些产品的生产颁发补助金,对向英国进口的北美的生丝、海船用品及木材给予关税特惠等等,这在一定程度上减轻了上述加给北美殖民地的额外负担。但是,据哈尔泼(Harper)的统计,在把这些优惠待遇带来的收入扣除之后,重商主义在横渡大西洋的贸易中加给北美的负担总额,依旧是不小的,每年在二百万美元与七百万美元之间①。

狄克尔逊(Dickerson)认为哈尔泼所估计的数目过大,而主张从重商主义政策给北美造成的负担总额中,进一步扣除英国对向殖民地出口的英国工业品支付的补助金及英国向北美出口的商品征收的税的退税部分。因此,他认为英国贸易航海法给北美造成的负担总额应该比哈尔泼估计的数目更少②。但是不管怎样,这个负担(或损失)总额还是为数不小的。

总之,在对英贸易中北美的国际收支的逆差之大是很明显的,每年有大量硬币流入英国。

在这种情况下,为了维持这个贸易,英国商人便诉诸放贷的手段:向北美商人及种植场主提供贷款。假若没有这样的贷款,英国与北美之间的贸易是无法继续维持下去的,因为北方商人做生意及南方种植场主经营农业生产的资本就是来自这个贷款③。

英国商人之愿意对北美贷款,首先是由于他们发现放贷是有

① Lawrence Harper, Mercantilism and the American Revolution. Causes and Consequences of the American Revolution. pp. 157 ~ 159.

② Esmond Wright edited, Causes and Consequences of the American Revolution. p. 168.

③ John Miller, Origins of the American Revolution. p. 9.

利可图的。18世纪早期一个英国人说道："信贷是一个有利可图的植物，对于我们的贸易来说，它比王国的所有的硬币生出的果实还要多。"①英国商人之所以能够大量向北美放贷，这是与英国的经济繁荣有密切的关系，英国经济繁荣，使得英国商人有雄厚的资金可供贷出。特别是1745年以后随着英国经济的迅猛发展，英国商人放贷的可能性更大了。也正是由于这个缘故，他们从这时起也放宽了贷款的条件。首先，从1745年起信贷期限逐年拉长。原来的信贷期限只有六个月，到1760年费城的一个商人可以有把握地表示："从伦敦我们可以为我们的商品取得十二个月的信贷。"其次，从1745年起，英国商号扩大了放贷对象的范围。过去他们只是把钱贷给大商人及大种植场主，而现在也把贷款的大门开放给小店主及商贩了②。

因此，北美人对英国商人的欠债越来越多，到1766年达到500万镑之谱③。

债台高筑的北美商人和种植场主不断地为争取延期偿债而斗争。一些殖民地议会在他们的推动下，通过"中止法"(Stay-Laws)，亦即延期偿债的法律。但是这些法律都被英国枢密院一一驳回。

在北美通货问题上，北美债务人与英国债权人之间也发生了斗争。由于硬币短缺，一些殖民地便发行纸币。大量发行的结果，便是纸币贬值。北美债务人动辄用贬值的纸币偿付给英国商人，因而使英国商人感到吃亏。在英国债权人的要求下，英国议会屡次进行干预。在乔治二世时期，英国议会通过法案，禁止用贬了值的纸币偿债，并且要求无力偿债的南方种植场主用土地和黑人抵债。但是英国商人要求采取更为严厉的措施去防止殖民地人赖

---

① John Miller, Origins of the American Revolution. p. 9.

② Marc Egnal, Economic Development of the Coutinental Colonies, 1720—1775.

③ Louis Hacker, The First American Revolution. pp. 122～124.

债。他们特别要求英国政府下令禁止殖民地发行纸币。在这些商人——债权人的要求下,英国议会在 1751 年通过了一项法案,宣布在新英格兰发行纸币为不合法①。

(二)在英国压榨下南部种植场主陷入窘境

南部殖民地是得天独厚的、自然条件良好的富饶农业区,盛产烟草、大米、棉花、靛青等农作物,这些农作物是种植场主利用黑人奴隶的劳动生产出来的。如果实行自由贸易,种植场主本来可以靠出卖这些农产品而致富,但是英国的殖民政策、贸易政策却把他们致富的道路塞住了。

首先,在英国商人以低价收购北美产品和以高价向北美出售工业品的情况下,北美各地区中蒙受损失最大的是南方殖民地,因为南方种植场主是北美产品的主要对英出口者,也是英国工业品的主要购买者。乔治·华盛顿曾抱怨说:英国商人把烟草价格压低一直到生产烟草已经无利可图为止。其他种植场主也发出类似的怨言:"他们把他们的生产品送回母国,由商人按照自己的价格出卖这些产品,再加上大量的费用,剩下来很少的钱归可怜的种植场主,而甚至这一点点的钱也被用来按照高价购买[来自英国的]必需的家具。这样,北美的居民始终仅够糊口。"他们估计,他们为购买英国工业品,多付出 25% ~40% 的价钱,假如他们与欧洲进行自由贸易,就不会如此。丹尼尔·杜拉尼(Daniel Dulany)指出:"由于纳税、独占及决断失当的法律,一捆英国衣料的价格超过原来价格的百分之五十以上。"②

诚然,南方烟草的种植场经济有年年扩大的趋势,这从烟草出口量的增加中可以看出。1746 年从北美向苏格兰出口的烟草为 12213610 磅,到 1771 年增至 48269865 磅,在二十五年内增长百分之四百以上。1767 年向英国(包括苏格兰)出口的烟草为

---

① John Miller, Origins of the American Revolution. pp. 18 ~ 19.

② John Miller, Origins of the American Revolution. pp. 15 ~ 16.

68078500 磅,到 1775 年增至 101324656 磅[①]。但是,随着烟草生产的扩大,在伦敦出卖的烟草的价格也定期下降[②]。

英国的重商主义政策还给南方种植场主带来以下各种额外负担。弗吉尼亚等殖民地的烟草运到英国后,又大部分又被转运到欧洲大陆上去。在平均每年运往英国去的 96000 桶烟草中,有 82000 桶被转运到欧洲大陆。经过这样的转运,这些烟草要付出加倍的运费、保险费及手续费等等。丹尼尔·杜拉尼估计,假如南方烟草被允许直接运往欧洲大陆去而不经过英国的话,种植场主在出卖烟草时每桶可以多得三镑的钱。此外,英国政府还对向英国进口的烟草抽取重税,凭这项税收,英国政府每年多得的财政收入将近 40 万镑。实际上这项税的重担完全加在种植场主身上,而不是消费者身上[③]。

这样,从一开始,种植场经济就是在只获得蝇头微利的情况下维持的。这个微薄的利润到 18 世纪中叶几乎减少到零。处在经济拮据的条件下的种植场主不能不靠借债度日[④]。

英国商人时常玩弄手腕,诱使南方种植场主陷入债务。据托马斯·杰斐逊的描写,英国商人先出高价收购南方的产品,并且提供慷慨的贷款。当这种贸易及借贷关系建立起来之后,他就开始削减价格收购南方农产品,一直到种植场主负债累累而无法脱身时为止。杰斐逊说:这样一来,弗吉尼亚的种植场主就成为"被伦敦的某一商行所吞并的一种财产了"[⑤]。当然,种植场主之所以陷入债务而不能自拔,也有主观上的原因。他们过惯了穷奢极欲的贵族式的生活,不断购入高价的奢侈品而毫无吝啬。

为了偿还债务,种植场主只能靠经营"副业"来增加额外收

---

① Oliver Dickerson, Were the Navigation Acts Oppressive? pp. 29 ~ 30.

② Louis Hacker, The First American Revolution. pp. 122 ~ 123.

③ John Miller, Origins of the American Revolution. p. 14.

④ Louis Hacker, The First American Revolution. pp. 123 ~ 124.

⑤ John Miller, Origins of the American Revolution. p. 15.

入，他们主要从事土地投机。种植场主之所以有能力靠土地投机来增加收入，主要是英国商人有恃无恐地不断向他们放贷。最初是短期借贷，后来发展为长期借贷（用种植场和奴隶作抵押）[①]。

到革命爆发前夕，在北美殖民地所欠英国商人的债务总额500万镑中，至少有六分之五是南方种植场主欠的债[②]。

英国商人与北美种植场主之间的这种债务关系，在本质上意味着英国商人对种植场主的奴役。

众所周知，借外债本身，可能是好事，也可能是坏事。如果在保持政治经济独立自主的条件下利用外债来加速本国经济的发展，那么这种借债就是好事；相反地，如果债务人被外债压得喘不过气来，并且处处受制于外国债权人，那么这样的借债就是坏事。到18世纪40年代以后，北美南部种植场主所欠外债，就属于后一种类型。

第一，英国商人向南方种植场主放债，是为了使种植场主能够把烟草、大米及靛青等英国所需要的农作物的生产维持下去，使南部殖民地永远充当原料的供应地。因为对于种植场经济来说，英国商人的贷款无异是一服续命剂；有了贷款，种植场主不但有可能支付他们购入的英国商品的价钱，而且也可以有能力购买土地和奴隶（这二者是他们扩大经济及维持社会地位的基础）。这样，种植场主在这个借贷关系中处于被动的、依附的地位。

第二，种植场主在各方面受制于英国商人。到18世纪40年代末，南方种植场主是通过苏格兰商人所建立的一个信贷制度取得贷款的。格拉斯哥的烟草商号派代理商坐镇北美，这些代理商办理三项业务：一是从当地收购烟草，二是向种植场主出售英国商品，三是向他们放贷。这种借贷关系使得苏格兰商人的权力远远超出于这种商业交易之上，并且使得种植场主在政治、经济及社会

---

① Louis Hacker, The First American Revolution. p. 123.

② Louis Hacker, The First American Revolution. p. 124.

各方面受制于苏格兰商人。这些苏格兰代理商可以颐指气使地任意确定烟草价格，确定货币兑换率。他们还分头在伦敦和弗吉尼亚通过各种渠道想方设法去阻碍种植场主控制下的殖民地议会所通过的不利于苏格兰商人的法律。而且从 1759 年起，苏格兰商人伙同伦敦的一些较大的烟草商号，运用他们在大西洋两岸的势力去操纵弗吉尼亚的纸币以利于自己①。

可见，南部殖民地是受英国重商主义政策影响最深、受害最大的地区，它成为不折不扣的英国工业品销售市场以及原料供应地。

四、进一步的思考

但是，英国重商主义政策对北美的这些消极的、不良的影响，只是问题的一面，我们在估计这个政策对北美的影响时，还要进行更深层次的思考，必须看到以下几种不同的情况。

1. 这个政策局部地对北美的发展有利。1660 年的“航海法”为北美造船业的繁荣发展打下了基础。而且该法之禁止外国商船出现在殖民地海港，也是 18 世纪北美殖民地贸易航运业繁荣的原因。有人估计，1752 年有三千艘商船从事广泛的英属殖民地间的贸易，这些商船大部分不仅是北美造的，而且也是北美人所拥有的②。当然，英国鼓励北美造船业，不过是着眼于本身的利益，因为北美造船业的发展，可以为英国提供更多的商船，从而可以加强英国和荷兰、法国商人争夺海上航运霸权的实力。

2. “列举商品法”所包括的只是北美产品的一部分，中部、北部殖民地的大量产品没有被“列举”进去，从而可以自由地被直接运到国外市场去出卖。其中有鱼、牛肉、猪肉、马、骡、谷物、面粉、

---

① Marc Egnal, Joseph Ernst, Economic Interpretation of the Revolution. William and Mary Quarterly. pp. 24 ~ 28.

② Lawrence Gipson, The Coming of the Revolution. p. 24.

面包、干鲜水果、蔬菜及森林产品，如桶、桶板及家具等[①]。同时，被“列举”的中部、北部的许多产品，如木材、毛皮、鲸鱼产品、海船用品等并没有被运往英国去。北部商人把它们运往西印度甘蔗岛出卖，或者运销于非洲、欧洲沿海的西、葡所属的岛屿[②]。可见，“列举商品法”的影响范围并不那么大，它只是对南部殖民地产生了重大的影响。

3. 新苏格兰商人逃避了英国贸易航海法的规定，他们藐视这些法律，大肆从事走私活动。在北美当时的历史条件下，走私在本质上是殖民地商人争取贸易自由和发展自己独立商业活动的斗争。这个走私活动持续了一个世纪之久，其规模及其在殖民地整个贸易中的比重，是无法估量的[③]。新英格兰的商人一般都精明干练，有巧妙的营运本领，他们的走私船可以轻易地逃避英国海关人员的监视[④]。

北美的走私，是分三条路线进行的。第一，是从北美殖民地向欧洲诸国走私被“列举”的产品。第二，从欧洲或西印度返航的商船把大批呢绒、绸缎、可可和白兰地偷运到北美殖民地。第三，非法的三角贸易。这是北部殖民地商人在北美大陆、西印度与非洲之间进行的大规模走私活动。这个非法贸易以及从这个非法贸易中派生出来的奴隶贸易及制造甜酒的工业，构成了北部殖民地经济繁荣的基础。北部商人不顾1733年的“糖浆法”的规定，把西印度群岛上的甘蔗种植场上所不能生产的，然而又为甘蔗种植场所需要的产品——磨房里所使用的牲畜；为造房及建仓库所必需的木材；桶板、桶箍；面粉及腌制品；低级鱼类（供种植场上的奴隶食用）等装在小型的快速艇上，从萨列姆、波士顿、布利斯托、纽波特、纽约及费城出发，到西印度群岛销售。这些走私船只最初只是到

---

① Lawrence Gipson, The Coming of the Revolution. pp. 24 ~ 25.

② Louis Hacker, Economic and Social Origins of the American Revolution. p. 4.

③ Charles Andrews, The Colonial Background of the American Revolution. p. 114.

④ John Miller, Origins of the American Revolution. pp. 11 ~ 13.

英属岛屿(巴巴多斯、里瓦岛及牙买加),后来商人胆子大了,于是更进一步到法国、西班牙、荷兰、丹麦诸国所属的西印度岛屿。走私商人在这些岛上用从北美大陆运来的产品换取硬币,然后再把这些岛屿上的产品——糖和糖浆装船,走私到北美大陆殖民地上来。麻萨诸塞及罗德艾兰的酿酒厂就以糖浆为原料酿造甜酒。北部商人再把这些甜酒运到非洲海岸卖给当地土人。返航时,在船上装满非洲的奴隶、象牙、橡胶、蜂蜡,一直开赴西印度,在这里把奴隶及其他船货卖给种植场主。这个三角贸易在 1740—1760 年间达到全盛,这是因为这正是英法战争方酣的时候,英国腾不出手来缉查走私。在这二十年间,平均每年至少有 11500 大桶的糖浆(每大桶相当于 52.5 加仑)从西印度的非英属诸岛运往罗德艾兰,而运抵麻萨诸塞的糖浆每年平均有 14000 大桶。到 1750 年,只是在麻萨诸塞一个殖民地上就有 63 所酿酒厂,在罗德艾兰也有 30 几个①。

在七年战争期间,“走私集团”扩大了自己的活动范围,而公然向英国的敌人——法国供应粮食、木材、呢绒等物品。在越过封锁线时,这些走私船上都插上了白旗,所以来去自由,而这些白旗都是走私商人从英国官员那里用钱买到的。对于这种走私兼资敌的行为,“海军中将法庭”也不闻不问。

走私商人也与海盗勾结在一起。海盗行为在北部殖民地的经济中所起的作用究竟有多大,是无法估计的。参加海盗集团的不但有北美殖民地人,而且也有英国人。他们的根据地是波士顿、纽波特、纽约及费城,活动范围一般是加勒比海,袭击对象主要是西班牙船队。有时他们甚至远到红海及印度洋去骚扰从事东印度贸易的商船。在一次“成功的袭击”之后,海盗船满载金银财宝、细软物品及香料等返回北美殖民地港口,在这里卖掉他们的赃物,或者与在金钱上支持过自己的商人们共分赃物。对于这种“无本钱

① Louis Hacker, Economic and Social Origins of the American Revolution. pp. 9 ~ 10.

的生意”的规模大小及其所获得的赃物多少，是无法作出准确的估计的，但是从一些零碎的材料中可以窥见其规模之大。涅迭尔斯（Nettles）在他的论文（标题是："The Money Supply of the American Colonies Before 1720"）中引证一份材料称：一艘海盗船时常运回价值在 5 万和 20 万镑之间的赃物；纽约一个殖民地平均每年从这种非法的“生意”中得到的财宝价值十万镑。殖民地上的硬币在 1700 年以后减少了，这是因为 1700 年以后，英国开始了一场歼灭海盗的成功的战争①。

赫赫有名的走私商人有：波士顿的亚摩理（Amorys）、汉科克（Hancocks），费城的华尔顿（Whartons）、威灵（Willings）及摩里斯（Morries），纽约的李文斯顿（Livingstons）和洛氏（Lows），纽波特的汪顿（Wantons）和罗佩哲（Lopezes）以及普罗维登斯的布朗（Browns）。在从事“三角贸易”的非法商人中，最驰名的是彼得·法涅尔（Peter Fanenil）②。

北美走私之所以猖獗，原因有三：第一，英国政府在 1763 年以前的数十年间，对法战争几无宁日，这使得它无法集中全力去对付走私，而且对法战争还造成海上巡逻人员不足。第二，驻北美的英国海关人员有的玩忽职守，有的贪污受贿，对走私活动采取听之任之的态度③。第三，英国在对法战争中，需要殖民地的支援，为了取得殖民地人民的好感，不敢严厉地执行航海贸易法。

走私的盛行，抵消了重商主义贸易法对北部、中部殖民地的恶劣影响。

4. 英国政府对于北美工业的各项禁令，也没有收到多大的效果。对殖民地时代北美工业发展有研究的克拉克（Victor Clark）和拜宁（Arthur Bining）二人一致认为英国的立法在阻碍北美制造业

---

① Louis Hacker, Economic and Social Origins of the American Revolution. pp. 10 ~ 11.

② Louis Hacker, Economic and Social Origins of the American Revolution. pp. 6 ~ 10.

③ Louis Hacker, Economic and Social Origins of the American Revolution. pp. 9 ~ 11.

的发展方面，作用很小[①]。第一，羊毛织品法案并没有禁止北美制造羊毛织品，而只是禁止这些制造品从一个殖民地运销到另一个殖民地去。因此，遍布各殖民地甚至腹地的家庭羊毛织业及地方上的羊毛织业照旧存在。腹地的羊毛织业都是自给自足，并不拿到市场上去卖。因此，此项法律并没有触及这样的羊毛织业。第二，帽子法案的确暂时影响了新英格兰的帽子从一个殖民地向另一个殖民地出口，但是它并未影响北美帽子制造业的稳步发展。制帽工业，特别是制呢帽工业，广泛地分布于各地。第三，殖民地上只有一小部分制造业属于受英国议会立法支配的范围，而大部分，特别是更重要的制造业却不受英国立法的限制。比如新英格兰盛产鞋子，麻萨诸塞的林恩(Lynn)早在17世纪就已经是制鞋业的中心了。肥皂、蜡烛、车辆、革制品及鞋子等新英格兰的产品运销于其他殖民地，但是英国政府都没有加以干涉[②]。第四，1750年的铁法案只是冻结了金属切割工业，而没有要求解散已有的这类工场，因而它们照旧存在下去。尽管该法案要求北美制铁主人把他们的粗铁运到英国去切割，然后以制造品的形式运回殖民地，但是他们仍旧可以得到“很优厚的利润”[③]。因此，这个法案并没有严重阻碍北美钢铁工业的发展。克拉克认为革命前夕北美炼铁炉的数目比英格兰及威尔斯加在一起还要多，其总产量也比大不列颠多。北美居民日常使用的大部分铁壶、锅以及其他金属器皿都是当地的制铁工场制造的。足以证明铁法案没有阻碍北美制铁业发展的一个有力证据，便是在宾夕法尼亚，铁工业迅速地向西发展。“北美铁公司”(American Iron Company)就是在1764年建立起来的，投入的是伦敦的资金，总额为25万镑，这是北美殖民地时代工业企业中最大的投资[④]。

① Oliver Dickerson, Were the Navigation Acts Oppressive? p. 37.

② John Miller, Origins of the American Revolution. p. 21.

③ John Miller, Origins of the American Revolution. p. 21.

④ Oliver Dickerson, Were the Navigation Acts Oppressive? pp. 39 ~42.

5. 北部商人在英国重商主义殖民政策所涉及的范围外从事广泛的经济活动。他们中间有的人充当殖民地与英国商人之间的中间人,收取运费及手续费等等,并且靠此而发了财①;也有的人在纽芬兰及诺瓦·斯科蒂亚开辟了定期的市场,出售盐、粮食、甜酒及捕鱼用具;也有人与产酒的岛屿建立了经常性的、愈益发展的商业关系,从这些岛屿运走烈性酒及淡酒,并且把桶板、粮食、牲畜等运销到那里去;更有人向西班牙、葡萄牙及意大利出卖鱼类。此外,北部商人还参加了把南部产品——烟草、硬木材、染料木材、靛青运往英国,把南方大米运往南欧去的业务(北方港口成了这些商品的集散地),从而与直接来往于英国与北美南部殖民地之间的英国航运业者发生竞争②。

北部及中部的商人也从事造船业及捕鱼业。北部造出的船只甚至被出卖给英国及南欧诸国。北部商人所经营的渔船及捕鲸船一般在新英格兰海岸附近捕鱼,而且越来越深入到纽芬兰海岸活动③。

五、结　论

综上所述,英国重商主义政策只是有利于英国经济,它严重地损害了北美南部殖民地的利益,南部经济之所以陷入困境,恰恰是英国重商主义政策造成的。因此,乔治·比尔等人关于英国重商主义政策对英、美双方都有利的说法,是错误的。独立前的北美经济,特别是北部和中部殖民地的工业、商业及海上贸易的繁荣,并不像狄克逊所说的那样是英国重商主义政策所造成的,而是北部、中部商人及工业家逃避英国重商主义政策的限制的结果。与乔

① John Miller, Origins of the American Revolution. pp. 11 ~ 13.

② Louis Hacker, Economic and Social Origins of the American Revolution. p. 5.

③ Louis Hacker, Economic and Social Origins of the American Revolution. pp. 5 ~ 6.

治·比尔的观点相反，1763 年以前北美人对英国的重商主义政策有很大的反感，他们通过各种方式抵制英国的政策，而并没有顺从地接受这个压迫性的政策。

第二讲　美国殖民地时代的议会制度

在法国大革命之前,全世界除了英国外,只有北美殖民地出现了议会制度(指近代意义上的议会制度),这是一种非常值得注意的现象。这一讲就北美议会制度的起源和议会的权力等问题作一介绍。

我们首先遇到的问题便是:为什么当时除英国外只有北美产生了议会制度?在回答这个问题之前有必要简单地回顾一下殖民地早期议会是如何创立的。

一、北美议会创立的方式

早期北美议会之创立主要通过以下几种方式:

第一,议会之召集出于居民的要求及统治当局的主动。典型的例子便是弗吉尼亚议会。弗吉尼亚殖民地是英国弗吉尼亚公司创建的。最初公司派总督到殖民地实行总督的独裁统治。总督的暴政引起居民的不满,群众强烈要求公司改变这种统治方式。公司的领导人之一桑狄斯是一位思想开明的资产阶级民主主义者,他在1614年任英国下院议员时曾作了抨击专制制度的大胆发言。当时他看到弗吉尼亚迫切需要的不是撤换个别总督,而是改变统治方式,因此他建议在弗吉尼亚实行民选的议会制度。当时公司有人反对,担心"按照大多数人的选票和意见"进行统治会造成混乱和降低行政效率。但是公司最终采纳桑狄斯的建议,同意在弗吉尼亚召集议会。于是在1619年召集了弗吉尼亚第一届议会,这也是北美第一个议会。

第二,议会之成立是人民斗争的结果。麻萨诸塞议会之创立就是采取这个方式。麻萨诸塞最初实行了类似寡头政治的统治,掌握大权的是总督及其手下的几个助理,他们组成所谓总委员会,行使立法大权及行政大权,对居民实行高压统治。这种情况激起了广大人民的不满,从1631年起群众拒绝纳税,并且表示只有让人民选出代表参加政治管理,才同意纳税。1632年当局让步了,同意每个市镇选出两个代表,与总督一道商量征税问题。结果,1634年各市镇选出了代表参加总委员会。最初,选出的代表与总督及助理们在总委员会内一道开会,在投票时代表们为一方,官员们为另一方形成对峙,互不相让。为了打开这个僵局,到1644年总委员会分为上、下两院,上院由总督及助理组成,下院(即议会)由代表们组成。由是议会才告形成。

第三,议会之创立出自移民群众的首创精神。突出的例子便是朴利茅斯的议会。创立朴利茅斯殖民地的"移民始祖"是出身卑微的农民、工匠及小商人①,他们都是独立派教徒,因不堪英国国内的宗教迫害,才逃到北美,希望在这里实现自己的宗教理想及谋求生活出路。他们一开始就有自治的愿望,这个愿望明确地表达在他们共同制定的"五月花"公约里。"五月花"是他们来美时乘坐的船,1620年11月21日在离船上岸之前,他们在船上共同制定了一个"公约",一致约定:成立公民组织,共同制定法律并且自觉遵守这些法律②。他们登岸后在成立朴利茅斯市镇时,便把这

---

① 莫理森等著:《美利坚合众国的成长》第一卷,第105、106页。

② Commager, Documents of American History. Vol. I, pp. 15 ~ 16.

个“公约”付诸实施：成立市镇大会（全体居民都参加），在市镇大会上选出总督和助理，由他们负责管理全市镇的公共事务。不久，陆续出现其他市镇，这些新市镇的居民感到去朴利茅斯开会路途遥远很不方便，于是便在1639年选举代表到朴利茅斯开会。这就产生了代议制的议会①。

第四，殖民地的创始人及领导人按照自己的民主理想创立议会。罗德·艾兰殖民地议会的成立，就是属于这个类型。1636年，一群不满麻萨诸塞的政治压迫及宗教迫害的人们，在民主主义者罗杰·威廉斯的率领下离开麻萨诸塞来到普罗维登斯，在这里定居下来建立了市镇。到1640年，市镇的居民在威廉斯的指导下制定宪法，成立了政府。政府由一个议会和五个“处理员”组成，议员及“处理员”都由居民选出。1644年根据英国长期议会颁发的特许状，普罗维登斯和另外三个市镇合并成立罗德·艾兰殖民地。该殖民地在1647年召开了代表大会，制定一部体现了威廉斯民主思想②的新宪法。根据新宪法，该殖民地的政府由一个议会和以主席为首的行政机构组成③。

第五，议会的成立完全出于业主的主动。宾夕法尼亚议会就是这样产生的。业主佩因在1682年创立该殖民地时，一开始就主动地在殖民地上设置一个由上、下两院组成的议会。到1701年，又根据佩因的意见，将两院制议会改为一院制议会。

上述议会形成的过程表明，北美议会并不是自天而降的，大多

---

① Savelle, A History of Colonial America. pp. 106 ~ 107.

② 威廉斯主张教会与国家分离及信仰自由。在政治上，他认为国家必须建立在人民同意的基础上，人民是一切权力的来源。这是他成立议会的理论基础。他深信政府的权力是人民委托给它的，因此他主张：“政府的权力不能大于人民同意委托给它的权力，它行使权力的期限也不能长于人民同意的期限。”他强调人人平等，反对压迫印第安人。他重视自由，但是认为自由不等于放纵。他反对无政府主义。参看 Charles Andrews, The Colonial Period of American History. Vol. Ⅱ, pp. 20 ~ 21.

③ Savelle, A History of Colonial America. pp. 136 ~ 140; Charles Andrews, The Colonial Period of American History. Vol. Ⅱ, pp. 26 ~ 29.

数场合是通过人民群众及其领袖的艰苦斗争和努力争取才得以建立起来。但是,单单用这个来说明北美议会产生的原因是远远不够的。因为一种思想一种制度,并不是突如其来的,它必须以"已有的思想材料"和制度为依据,产生在特定的自然和人文的地理环境之中。北美议会的产生也不例外。

二、北美议会制度是英国背景与北美特殊环境相结合的产物

创立北美议会的人们也是以"已有的思想材料"和制度为依据的,具体说来他们所依据的是英国的议会传统。

英国议会传统由来已久。早在5世纪条顿人入侵英国后不久,就在英国形成了市镇大会、百族大会及部落大会等直接民主的组织形式。这可以说是英国议会的雏形。部落大会到7世纪演变为贤人会议,贤人会议到11世纪又发展为大会议。1244年大会议改名为议会(Parliament),议会名称就是这时出现的。议会最早是封建贵族与王权进行斗争的工具,它在十三四世纪逐渐形成为一套比较完整的、粗具规模的制度。在这个制度下,议会分为上、下两院,上院(贵族院)由国王任命的大贵族及主教组成,下院(平民院)由骑士与城市代表组成,是通过选举产生的。议会有立法大权,下院单独有征税权。国王有权召集议会和解散议会,并且可以对议会的立法行使否决权。与议会制度形成的同时,在英国人民中间也产生了与此相适应的观念:政府只有得到作为人民代表机构的议会的同意,才能向人民征税;人民没有自己的代表参加议会,就没有纳税的义务①。

17世纪英国资产阶级革命对于英国议会制度的发展具有重

---

① Gardiner, Student's History of England. pp. 45, ff.

大意义。在革命前夕,议会成为资产阶级、新贵族与专制政府作斗争的强有力的武器。在革命过程中,资产阶级新贵族又提高了议会的地位,使议会成为国家最高权力机关。

因此,从5世纪到17世纪40年代在英国形成了历史悠久的议会传统。从英国来的移民正是把英国的这些传统带到北美,于是在北美才形成了议会制度。北美议会制度之产生是依据英国的议会传统,北美议会制度在形成后也是在英国的影响下日臻完善的。正如美国历史学家格林所观察到的,北美殖民地社会对英国有一种强烈的“模仿的冲动”。殖民地的政治领袖们总是想以英国的下院作为楷模来改进北美的议会,而在这方面他们有大量的、现成的资料可供参考。他们可以读到在17世纪出版的几种有关英国议会的理论与实践的著作,这些著作会使读者对于议会的程序、它的惯例、议会的权力范围及其特点有所了解。此外,这些著作还举例说明选举的方法、议员及选民的资格、检查选举结果的方法、选举议长的方式、议长执行职务的方法、通过法案的正当程序、议会辩论的程序、议会委员会的种类和结构及职务等等。这些有关英国议会的著作为北美议会的活动提供了重要的规范,从而在帮助北美议会制度的改进及完善方面,“与有力焉”。

但是,英国背景只是问题的一面,议会制度之所以能够在移植北美后,在那里扎下了很深的根,也与北美的特殊环境有密切关系。北美是一片辽阔无际的处女地,这里既没有欧洲那样古老的封建传统及根深蒂固的封建势力,也没有国家教会的束缚,而且它和宗主国隔着烟波浩淼的大洋,宗主国的统治力量鞭长莫及。因此,数千英里迢迢来到北美的移民,可以按照自己的信念及理想从心所欲地安排和组织自己的政治生活。同时,北美殖民地方兴未艾的资本主义关系也是议会制度得以成长壮大的肥美土壤。

写到这里我们可以得出如下结论:北美议会制度是英国背景与北美特定环境相结合的产物。因为北美有文化历史深厚的英国作背景,在北美又存在有利的特殊环境,再加上人民的主观努力和斗争，所以在北美才能形成和发展议会制度。这也是为什么在法国大革命前夕，除英国外北美是世界上最早产生议会制度的重要原因。

三、北美议会制度并非英国议会制度的简单再版

北美议会制度深受英国政治文化传统的影响，但它并非英国议会制度的简单的“再版”，而是有所发展，有所创新。第一，英国议会上院是由国王任命的大贵族及主教组成，因而具有浓厚的封建色彩，并且竭力维护土地贵族及国教教会的利益，成为英国政治生活中的保守派的堡垒。而北美部分殖民地（新英格兰）的议会上院（助理会）却是通过选举产生，带有一定的民主性质。此外，与英国两院制不同，北美个别殖民地（宾夕法尼亚）议会是一院制的（1701 年以后），因而彻底摆脱了英国议会的两院制传统，更能充分反映选民的意见。第二，在 18 世纪的英国，参加议会选举的选民只占成年男子的十分之一[①]。而在北美殖地参加议会选举的选民在自由白人成年男子中所占的比例要比英国更大。诚然，殖民地的选举权一般说来有财产资格的限制。比如在麻萨诸塞只有每年有四十先令进项的土地财产的所有者，或个人财产价值五十镑的人才有选举权[②]。可是，如许多历史学家所指出的，在北美自由白人中间小土地所有者及小资产者比较普遍，因而尽管有财产资格限制，选举权是相当广泛的：在自由白人成年男子中间大约百分之八十的人有选举权。第三，18 世纪英国下院的代表制极不合理，许多“衰败的城镇”早已变为荒村，甚至只剩几户人家，但是仍保留选区资格，在下院拥有代表席位；而新兴都市如曼彻斯特等却没有一个席位。这种情况使得大地主政客垄断了下院席位。而在

① Cheyney, A Short History of England. p. 559.

② James Adams, Provincial Society. pp. 19 ~ 20.

北美则不然,在十七八世纪随着新的县或市镇的出现,它们立即在议会中取得代表席位。第四,在新英格兰的罗德·艾兰殖民地实现了很大程度的议会民主化。为了避免议员脱离选民的控制,每年改选议会一次。也实行立法程度的民主:选民有创制权和复决权。法案首先由某一个市镇的市镇大会提出,由其他市镇讨论,在各市镇都同意后,交由议会通过,最后再由各市镇的选民投票表决批准。不受人民欢迎的法律也可以在选民投票中被废除①。

这样,北美议会制度比起英国有更大程度的民主。其原因何在?我以为至少有以下几个原因:

第一,在英国遭到压抑和摧残的民主思想传播到北美之后得到了发扬。近代英国民主思想滥觞于16、17世纪之交,当时蓬勃开展的清教徒运动对民主思想的产生起了"触媒作用"。不仅资产阶级新贵族积极参加反对国教教会的斗争,而且小资产阶级和劳动人民也卷入斗争,并且在清教徒内部成为最激进的一翼。他们在宗教上的激进主义,表现在政治上便是要求自由平等的民主思想。这种民主思想在1646年出现的小资产阶级平等派的民主纲领中得到了进一步的发展。平等派在与新掌权的独立派的斗争中阐明了自然权利和人民主权的学说,要求实行普选制及一院制议会(亦即取消带有封建性质的上院)。这就是说,他们要求议会制度民主化。这样,平等派丰富了议会制度的概念,并且赋予这个概念以民主主义性质。但是,平等派遭到克伦威尔的镇压而失败,以致英国议会制度的民主化推迟二百年左右②。但是发源于英国的这个民主思想的火种并没有被扑灭,它被移民带到北美殖民地上来,并且在某些殖民地上被付诸实践。最突出的例子就是罗杰·威廉斯的民主思想对罗德·艾兰议会制度民主化所起的决定

① Charles Andrews, The Colonial Period of American History. Vol. Ⅱ, pp. 26 ~ 29; Savelle, A History of Colonial America. pp. 139 ~ 140.

② 通过以1832年的议会改革为开端的一系列民主改革,到20世纪初英国议会民主化才告完成。

性作用。威廉斯本人虽然并非平等派,而且他的政治活动要比平等派早几年(在英国革命爆发前),但是他的思想与平等派的思想有一个共同的来源,那就是上面谈到的清教徒运动中的激进民主主义派别,因而二者在本质上是相近的。而且,威廉斯在英国革命期间(1646 年 7 月)在英国发表的著作成为英国激进教派与平等派所爱读的手册之一,并且至少在某种程度上对于英国 1648 年革命运动的深入发展起了推动作用①。

那么为什么英国民主思想能够在大西洋彼岸的北美开花结果成为现实？我以为首先还是北美的特殊环境起了作用。这个特殊环境不仅有利于议会制度的成长,而且也使得像威廉斯这样的民主主义者有可能实践自己的民主理想。其次是因为没有遭到英国政府的干扰或限制。17 世纪上期北美议会初创时,正值英国国内多事之秋。最初是英国专制政府全力应付资产阶级新贵族向王权的进攻,接踵而来的是全面内战,因而英国几乎失去对殖民地的统治力量,更无力干涉或限制殖民地居民的行动。而且罗德·艾兰议会之创立,正是资产阶级新贵族初掌政权的时候,这个新的革命政权正忙于内战,也不遑过问殖民地的事情。

第二,在殖民地时代,居民点不断地向殖民地政府权威达不到的西部荒野扩展。而荒野的生活,正如卡尔·贝克所说的,容易“培养出一种粗犷而果断的性格”和反对阶级差别的“造反精神”②。同时,在远离政府权威的边疆荒野上,居民一般都习惯于自治,他们自动组织起来直接参加地方事务的管理。从这种生活的实践中自然生长出自由平等的思想及人民主权观念。一句话,北美的荒野生活成为适应民主发展的肥沃土壤。

第三,为了吸引移民前来北美以便开发这里无限的富源,有少数创立殖民地的业主不得不以比欧洲更为宽大的方法统治殖民

---

① Charles Andrews, The Colonial Period of American History. Vol. Ⅱ, pp. 24 ~ 30.

② Carl Becker, Beginnings of American People. pp. 164 ~ 165.

地，不得不摆出民主的样子，如宾夕法尼亚的佩因便是如此。

四、关于北美议会的权力问题

作为代议制机构的议会的权力大小，是一个不能等闲视之的问题，因为在一定的历史条件下它关系到哪个阶级掌握国家大权的问题。在1688年以后的英国，议会权力日见膨胀，寖假凌驾于君主之上。这意味着君主立宪制度的确立及资产阶级新贵族统治权力的巩固。

在北美的王家殖民地及业主殖民地上，议会的权力问题同样关系重大，因为议会权力的增长，可以削弱英王或业主的代理人——总督的权力，从而可以减轻英国或业主对于殖民地的限制和压榨，有利于殖民地的发展及提高殖民地对于英国或业主的独立性①。

下面就三种类型的殖民地上的议会权力问题分别加以研究。

在王家殖民地上，议会的权力有愈益增长的趋势，这是议会与总督长期斗争的结果。

在王家殖民地上，议会与总督之间发生长期斗争并不是偶然的。众所周知，王家殖民地上的总督是代表英王统治殖民地的，他视殖民地为大英帝国的从属部分，应该受其控制，应该服从英国统治阶级的利益。相反地，议会则代表殖民地的利益（当然主要是代表殖民地上层统治阶级的利益），要求殖民地尽可能摆脱大英帝国的控制，争取在帝国范围内取得更多的自治权利。从而，在议会与总督之间存在根本性质的矛盾，这就是二者之间发生斗争的总的根源。

而且，与格林的说法②相反，一般说来在这个斗争中议会总是

---

① 关于议会权力大小对于自治殖民地的作用问题，这里暂且存而不论。

② 格林认为在这个斗争中始终采取攻势的是总督，而议会在本质上是采取守势。

采取攻势。原因有如下数端：

第一，北美殖民地的经济发展日新月异，到18世纪在工、商业及农业各方面都呈现欣欣向荣的繁荣景象。随着殖民地经济的发展，代表殖民地利益的议会必然地要求扩大议会的权力，以便更好地保护殖民地的经济利益。为了扩大议会的权力，便不能不向总督发动攻势。

第二，英国的影响。首先是思想影响。北美议会人士可以读到大量的英国政治文献及有关英国政治思想的读物。如在17世纪英国发表的从1618到1648年英国下院每届会议记录、17世纪七八十年代下院会议记录，以及复辟时期辉格党人为了进行反对斯图亚特王朝两个君主的斗争而发表的文章，其中包括席德尼和洛克的论文。议会会议记录记载了英国议会与国王斗争的生动事迹，论文则从理论上阐述议会反对国王的斗争的必要性。此外还有大量有关革命理论的著作流传到北美来。这些英国历史文献和著作主要发挥了两个主题思想：(一)在国王特权与"人民的权利、自由及财产"之间存在着天然的对立；(二)议会下院的首要职责便是："保存我们的自由及财产不受侵犯，而不要向……绝对的、专断的统治让步"。此外，这些著作中还强调下院应做到以下几点：(一)争取下院经常集会的权利；(二)下院要争取控制官吏的权力；(三)下院应享有言论自由及辩论自由，会议期间不受逮捕的自由。有大量材料证明，北美的议员们完全接受了这个思想体系，这个思想体系成为北美王家殖民地议会向总督作斗争的鼓舞力量和指导他们与总督斗争的指南。其次是英国革命实践的影响。17世纪40年代的英国资产阶级革命，七八十年代英国反对复辟王朝的斗争及1688年"光荣革命"，都是议会反对王权的斗争，这些斗争对于北美议会反对总督的斗争，无疑地起了鼓舞和推动作用。英国下院到18世纪中叶已经发展为国家最高权力机关，它不但掌握立法大权及财政大权，而且也从国王手中把行政权夺过来。这对于北美王家殖民地上的议会是一个很好的榜样，后者很自然地渴望通过斗争取得和英国下院相同的地位①。

第三,从英国派来的总督,一般都是些品德龌龊之辈,他们之得以被任命为总督,有的是奔走夤缘的结果,有的是由于与英国当局有亲朋故旧的关系。一些人之谋求总督,是为了到殖民地去搜刮民财,以便重建破落了的家产。富兰克林说:总督往往是"品德败坏和破了产的人,英国大臣们把他们送来是为了甩掉他们"②。总督之在殖民地上恣意朘削,也是推动殖民地议会起来与他作斗争的原因之一。

在谈到王家殖民地议会与总督作斗争之前,有必要首先介绍二者原来的职权范围。

在王家殖民地上,总督是政府首脑。他的权力是建立在英王颁发的委任状和训令上面的。总督在参事会的协助下,既按照训令办事,又执行殖民地立法机关所通过的法律。他还有权任命殖民地上的县行政司法长官、各级法官、治安官以及其他行政官员。在新开的地区设置法院的权力也属于他。

总督有权召集议会,宣布议会休会和解散议会。立法机关所通过的法案也要经过他的批准才能生效,而且他对于法案有否决权。按照英王颁发的训令,他必须否决以下各种类型的法律:损害英王特权的法律,违反英国所制定的管制贸易法规的法律,与英国议会的法律相牴牾的法律,干涉运进奴隶及契约奴的法律,以及使纸币成为法币的法律等等③。总督还掌握军权,他是殖民地上的武装部队的总司令,他可以招募民兵,任命军官及指挥战争。

议会(下院)和参事会(上院)都有立法权,法案由两院通过后才提交总督批准实施。两院都有提案权,但有关财政的法案只能由议会提出。只有议会有权征税及为行政费用拨款。而且在大多

① H. Hale Bellot, American History and American Historians. pp. 42 ~ 43.

② Jernegan, The American Colonies, 1492—1750……p. 281.

③ Jernegan, The American Colonies, 1492—1750……p. 276.

数王家殖民地上，总督的薪俸由议会拨给，薪金多寡也由议会决定。这就使得总督在一定程度上受制于议会。但是总的说来，总督的权力是凌驾于议会之上的。

在议会与王家总督的斗争中，议会的目的是“力图夺取对于财政及行政管理的控制权”①。因此，斗争主要是在控制财政及行政大权等问题上展开的。控制财政大权的斗争，在纽约殖民地上特别尖锐。

在纽约，也和在其他殖民地上一样，议会一开始就掌握财政大权，只有议会才有权征税和拨款。总督在行政方面所需要的钱，都是由议会拨给的。议会拨款的具体办法是：由每届议会作一次总的拨款，这笔款项交给司库官（司库官由总督任命并且向总督负责）保管，然后按照总督及参事会的意图用于特定的目的。而且，议会无权要求总督说明这些开支的用途，也无权对财政支出进行检查②。因此，一些无节操的总督往往肆意挥霍公家钱财，并且借机中饱私囊。

为了杜绝总督滥用议会所拨的款项，议会在 1692 年成立一个委员会，以便调查为了维持边疆防务而支出的钱，其真正用意是了解总督是否有贪污行为。但是总督拒绝让委员会查看账目，因而调查工作无法开展。

到 1694 年议会决定采取强硬态度，于是总督才让步，允许查账。这样，议会不但有征税及拨款的权力，而且也争取到监督行政部门使用款项的权力③。

1702 到 1708 年康恩伯里勋爵任纽约殖民地总督。他品质卑劣，挥霍成性，不但利用职权谋私利，而且任意为他手下的官吏增薪。针对这些问题，议会采取了两项措施：（一）司库官改由议会

① H. Hale Bellot, American History and American Historians. pp. 44.

② Jernegan, The American Colonies, 1492—1750……p. 283.

③ Bassett, A Short History of the United States. p. 103.

任命,并向议会负责,而不再向总督负责;(二)削减了总督手下官吏的薪金。

后来又经过多年的斗争,在1736年总督克拉克任内,议会又强迫总督接受下列拨款方式:每次只拨给供一年用的款项作为行政费用,而且只能由议会指定的人用于由议会指定的目的。到1739年,议会已经控制了全部财政大权,不但有征税、拨款的权力,而且还控制了司库官,有权监督政府财政支出的细节[①]。

通过不懈的斗争,王家殖民地上的议会也一步一步地把一部分行政权甚至军权,从总督手中夺过来。在某些殖民地上,任命关税及内地税的征税官、税务检察官、监督官等等的权力都转到议会手中。举行军事远征或修筑要塞也必须由议会授权。军官的任免权也为议会所取得。议会还掌握了照看、监督一切军需品,召集军队及管理军队的权力。议会时常派委员去检查行政部门执行议会的决议的情况[②]。

议会向总督作斗争的结果,也争取到议会本身的自由权利,其中有议会开会时自由辩论的权利,议会审定议员资格的权利,议会定期开会的权利,以及议会自行决定休会或散会的权利。有几个殖民地的议会还争取到"三年一次法案"的实施,它规定:立法机关至少每隔三年集会一次,不管总督召集与否[③]。

在控制司法机构的问题上,一些王家殖民地议会也与总督发生尖锐冲突。一般说来,议会把设置法院的权力从总督手中夺过来了,但是争取法官的任免权的斗争以失败告终。不过,一些殖民地议会实行了逐年按人发薪金给法官的办法,对于不孚众望的法官扣留薪金不发。这就在一定程度上约束了法官的行为[④]。

---

① Savelle, A History of Colonial America. pp. 309 ~ 310.

② Savelle, A History of Colonial America. p. 409; Jernegan, The American Colonies, 1492—1750……pp. 287 ~ 288.

③ Savelle, A History of Colonial America. p. 408.

④ Bernard Bailyn, The Origins of American Politics. p. 75.

归纳起来说，在王家殖民地上，在议会与总督的长期斗争中取得基本胜利的是议会，同时议会通过斗争扩大了自己的权力。

在这场斗争中议会取得最后胜利，是由各种因素促成的。首先，殖民地经济一年比一年发展起来，人口更是逐年增加。因此，议会有实力愈益雄厚的殖民地作为自己的后盾。而总督所依靠的是远在数千英里外的英国政府，因而势孤力单。而且，英国在17世纪末到18世纪60年代初一直埋头于对法战争，无力支持总督对议会的斗争。北美是英国对法作战的主要战场之一，在战争中处处需要依靠殖民地的帮助，这也迫使总督在与议会斗争中处于被动地位。英国诱使北美殖民地在对法战争中提供援助，是以对殖民地的让步为条件的，因而在议会与总督的斗争中，对总督"爱莫能助"①。再者，在这场斗争中，议会处于有利的地位：它控制了"钱袋"。当时北美流行一句谚语："总督有两个主人：一个主人向他颁发委任状，另一个主人把薪水发给他。"②议会用拒绝拨款或降低总督薪金的办法可以迫使总督屈服。新泽西议会的一个议员曾说过："让我们使这些狗东西（指总督——引者注）经常闹穷，这样一来我们就会使他们做我们所高兴的事。"③最后，总督本身的一些弱点也使他们在斗争中处于不利地位。他们大多数人是"少不更事"的纨袴子弟出身，能力很差，"平凡、迟钝"是其特点④。而且，他们一般任期很短，因为他们到任后远离英国，无法接近使其长期留任的势力。"他们之接受在北美的官职这个事实本身，就使他们失去保持这个官职的能力"。此外，英国政府发给总督的训令是很详尽的硬性的指示，这就使得总督在与议会发生争执时无法随机应变，因而陷于束手无策和软弱无力⑤的境地。

① Carl Becker, Beginnings of American People. p. 205.

② Carl Becke, Beginnings of American People. p. 169.

③ Jernegan, The American Colonies, 1492—1750……p. 285.

④ Miller, Origins of the American Revolution. p. 33.

⑤ Bernard Bailyn, The Origins of American Politics. pp. 71 ~ 89.

那么为什么英国政府坐视殖民地议会权力的增长而不加以干涉或制止呢？原因有三:第一,负责殖民地事务的英国贸易殖民部缺乏足够的权限去执行它的政策;第二,18 世纪上期英国国王与英国议会为了权力明争暗斗,双方都希望削弱对方。前者害怕后者插手北美殖民地事务从而增大后者的力量,后者力图削弱前者在殖民地的统治地位。二者互相掣肘,以致对殖民地议会权力的增长,始终未能进行有效干涉;第三,统治英国达二十年之久(1721到 1742 年)的渥尔波首相对殖民地的“无为而治”的政策也起了不小作用。他反对干预殖民地事务,并且把管理殖民地的责任交给国务秘书纽开什尔公爵,而后者把主要精力用于争取辉格党在下院中的多数(通过对选民的贿买手段)上面,而从不过问殖民地问题①。

诚然,通过斗争,王家殖民地议会增强了权力,但是其权力与英国下院相比,还是相形见绌的。第一,与 1707 年后立法不再受英王否决的英国下院不同,北美议会的立法随时有被总督否决的可能。而且北美议会所通过的法律还可以被英国枢密院驳回②,从 1675 年到 1775 年枢密院驳回的法案多达五百起。第二,参事会也起了抑制议会权力的作用。成立参事会的目的就是为了“限制人民的愤怒和狂暴”。参事是由英国政府根据总督的推荐任命的,总督总是推荐殖民地上层有产集团中的“知名人士”,而避免让“煽动家”或下层分子进入参事会。而殖民地上的大商人或种植场主则视参事为一种荣誉职位,所以一旦被任命为参事,就感激涕零地效忠于英国政府。参事会有三种职能:一、是立法机关的上院,享有立法权;二、是最高法院,享有司法权;三、是总督的顾问,享有一定的行政权。此外,在政治上,参事会的成员时常操纵下院的选举,从而在下院议员中有影响;它还时常阻挠议会提出有利于

① Miller, Origins of the American Revolution. pp. 37 ~ 38.
② Bernard Bailyn, The Origins of American Politics. p. 67.

人民的议案①。

上面论述的是王家殖民地议会的权力增长问题。至于业主及自治殖民地议会的权力，则有以下四种不同情况：

第一，议会创立伊始即享有最高权力，唯一例子便是康涅狄格的议会。康涅狄格殖民地是来自麻萨诸塞的移民在托马士·胡克的领导下创建的。殖民地刚一建立，就制定了一部宪法。根据宪法的规定，殖民地政府由议会、总督及助理会组成，议员、总督及助理均由各市镇的"自由人"选出。议会权力最大，总督没有实权，他没有否决权，也没有官吏任免权。总督不但无权控制议会，反而受制于议会，议会对于总督及助理的行政工作进行全面监督，总督的一切行政措施都要由议会批准。议会不但控制了行政部门，而且也控制了司法部门。它不但监督军事，而且还掌握军官的任命权。议会可以行使没有被宪法否认的任何权力。一位议长曾说过：议会几乎可以做任何事情，例外的只是无权改变选举的结果。一句话，议会是殖民地上最高权力机关。康涅狄格的这种政治特点体现了殖民地创始人胡克的民主思想。

第二，议会权力的增长是人民革命的结果，马里兰的议会就是通过 17 世纪末的革命取得了其他殖民地所享有的权力的。

第三，议会之享有大权是出于业主的主动，宾夕法尼亚议会即其一例。根据业主佩因在 1701 年制定的宪法，该殖民地议会不但是一院制的，而且享有相当大的权力，而业主权力很小，他甚至无权否决议会立法。宾夕法尼亚议会权力之大，甚至使得一个总督发出这样怨言：这个议会"被王权和业主纵容得最甚，被容许享有这个大陆上任何一个议会所不知道的权力，以致今后会使得它成为一个危险的机构"②。

第四，议会权力始终很小，唯一例子便是罗德·艾兰的议会。

---

① Labaree, Conservatism in Early American History. pp. 6, 15.

② Savelle, A History of Colonial America. p. 319.

它虽然是立法机关,但是选民可以干预立法,选民有创制、复决权及废除法律的权力。同时,总督的权力也不大,因为他受到选民的严格控制:选民每年改选总督一次,选民还可以对他行使罢免权①。

综上所述,我们可以看到,在北美诸殖民地当中,议会权力最大者,当首推康涅狄格议会,它俨然成了本殖民地上最高权力机关;其次便是业主殖民地宾夕法尼亚议会;再次是王家诸殖民地议会。但是,尽管有程度上的不同,议会权力之增长则是一般的发展趋势,只有罗德·艾兰是例外。因此,有的人认为北美殖民地的许多议会只"具有咨议的性质",这种看法显然是错误的②。

议会权力之增长,对于王家殖民地及业主殖民地来说,具有特别重要的意义,因为在这两类殖民地上议会权力之增长意味着殖民地在自治的道路上阔步前进,而这对于殖民地社会经济向前发展是有利的。而且还必须看到:在18世纪下期全部十三个殖民地中,王家殖民地和业主殖民地就占十一个,因而这两类殖民地上议会权力的增长影响很大。可以说,18世纪北美殖民地经济的巨大发展,与议会权力的增长不无关系。

五、总 结

应该看到,北美殖民地议会有其阶级局限性,也有不少不民主的表现,兹举其显而易见者如下:首先,殖民地议会在选举方面尚未实现普选制,自由白人中的雇佣劳动者、贫民、白人契约奴、黑人(包括奴隶及自由人)以及印第安人都被剥夺了选举权,这就使得北美议会的民主性大为减色。其次,议会的代表制很不公平合理。

---

① Charles Andrews, The Colonial Period of American History. Vol. Ⅱ, pp. 26 ~ 29; Savelle, A History of Colonial America. pp. 139 ~ 140.

② 如苏联波尔什涅夫编的《新编近代史》第一卷,人民出版社第175页上就是这样写的。

在沿海诸县聚居了大种植场主、富商巨贾以及大地主等上层有产集团，而西部山区诸县的居民主要是贫苦的小农。沿海各县人口少而西部各县人口多，但是前者在议会中的席位却多于后者。以宾夕法尼亚为例，沿海有三个县一个市，一共拥有二十六个席位。西部五个县，才只有十个席位。假若按人口比例分配席位，则沿海诸县只能有二十三个席位，而西部诸县应有二十七个席位。这种情况是大种植场主、大商人垄断议会席位的原因之一①。最后，殖民地议会通常都处在上层有产集团的控制之下。以弗吉尼亚为例，它的议会就是由少数贵族家族所控制。17 世纪晚期到 18 世纪中期，控制议会的是兰多夫家、李家及鲁滨逊家等等②。因此，议会实际上是殖民地上层集团手中的统治工具。

但是，整个说来，北美殖民地上之出现议会制度，在当时的历史条件下，是不容忽视的进步的现象。如果拿近代议会制度与君主专制制度加以比较，这一点更是显而易见的。君主专制制度是封建社会末期的政治上层建筑，立法、行政及司法大权均集于君主一身，他的话就是法律，他的行动不受任何限制，对于臣民他凭个人喜怒可以任意“生杀予夺”。这个制度堵塞了言路，桎梏了人们的自由，扼杀了社会的生机，阻碍了科学文化的进步，不利于资本主义的发展。而近代议会制度是资本主义上升发展时期为了适应资本主义发展而形成的资产阶级政治上层建筑。议会制度就是对于君主专制制度的否定，因为它之出现打破了一人独揽大权、万民噤若寒蝉的局面。作为代表机关和立法机关的议会，能够在一定程度上成为沟通上下的渠道，通过这条渠道，新兴的资产阶级的意见和要求有可能充分表达出来，并且在政府的施政方针及国家政策中得到反映。这对于上升发展中的资本主义来说，无疑是有利

---

① Jernegan, The American Colonies, 1492—1750……pp. 290 ~ 291.

② Pole, Historians and the Problem of Early American Democracy. American Historical Review. Vol. 67, No. 3, pp. 635 ~ 636.

的。因此,当欧洲大陆各国人民呻吟在君主专制制度的黑暗统治下的时候,议会制度之能在北美的荒野上茁壮成长,肯定是有进步意义的。

北美殖民地的议会抵制了英国对于殖民地的限制和压迫,捍卫了殖民地的利益。议会所起的这个作用,在独立战争前夕的殖民地反英斗争中更为明显。而且,独立战争中出现的好多革命领袖都是出身于殖民地议会的议员。议会抵制英国殖民压迫的活动,不仅有利于殖民地上层统治集团,而且在一定程度上也有利于广大劳动人民,因为在当时的历史条件下,在反对英国殖民统治者的斗争中,上层有产阶级与劳动人民之间有共同的利益。议会虽然基本上是殖民地上层集团为本阶级谋利的工具,但是在某些场合,议会也保障了劳动人民的利益,制止了总督的专横①。在总督贝尔彻当政时期的麻萨诸塞,议会曾接受农民的要求,赞助成立"土地银行",并且授权该银行发行十五万英镑的纸币,以便贷给农民,贷款以土地为抵押,利息百分之三,限在二十年内分期还清。这显然有助于缓和农民的困难,而不利于大商人及债权人。

北美殖民地议会在美国政治制度发展史上占有极其重要的地位。今天的美国国会和州立法议会便是从殖民地时代的议会发展而来,而且议会制度从殖民地存在初期到今天(1982 年)绵延三百六十几年一直没有间断。在这个漫长的时间里,美国议会积累了不少经验,创造了不少惯例,在美国统治机构中成为一个重要组成部分。

① 如在马里兰,虽然一开始就有议会,但议会权力太小。这就造成总督专横跋扈的局面。他要求全体居民都向他宣誓效忠,凡反对他的人,他都处以残酷的刑罚,如穿舌、割鼻、剁去双手、直至处死。总督的暴政激起了 17 世纪末的革命。经过这次革命,议会的权力大大加强,于是才结束了总督暴政时期,总督权力受到议会的限制,初步保障了人民的人身安全。见 Charles Andrews, Our Earliest Colonial Settlements . pp. 151 ~ 162。

第三讲　北美殖民地社会政治结构中的民主因素

在殖民地时期,北美处于一种多种社会经济制度并存的状态,其中最主要的有三种:资本主义制度、半封建租佃制和黑人奴隶制。当时北美的经济地理呈所谓"三区结构":北部是资本主义经济,中部是半封建租佃制,黑人奴隶制主要集中在南部地区。另外,小农经济广泛分布在北部和中部地区,白人契约奴则散布在各个殖民地上。社会经济制度的这种状况决定了北美社会关系和社会政治结构的复杂性。

为了加强对北美殖民地的有效统治,英国政府采取了各种措施。例如,建立的殖民管理机构具有双重性:在英国政府内设立了贸易局,负责殖民地事务;向许多殖民地委派了总督和其他官员。另外,英属北美殖民地有三种类型:王家殖民地、业主殖民地及特许状殖民地。王家殖民地和业主殖民地由英王或业主派来总督进行统治,英国的殖民政策就是通过这些总督执行的。特许状殖民地的总督虽然由当地居民选出,但是他们必须遵照英王颁布的特许状来管理殖民地。英国殖民者满心希望以这样的政治安排来巩固对北美人民的殖民统治。然而事与愿违,在长期的演变过程中,在北美殖民地社会政治结构中逐渐地产生出来民主因素,这些民主因素不仅使北美居民享受比世界上其他国家的人民更多的自由和权利，而且也削弱了英国在北美的统治基础，从而为美国的独立战争铺平了道路。

本讲对与北美殖民地社会政治结构中的民主因素相关的几个问题做一阐释。

一、关于美国议会制度的民主性

早在17世纪上期，在北美殖民地创立后不久，殖民地上就出现了通过选举产生的议会①。

殖民地上的议会是不是民主的？在我看来，北美议会之是否民主，主要应该取决于三个条件：第一，选举权范围的大小；第二，代表制是否公平；第三，议会本身的权利大小。这三个条件是衡量殖民地议会民主与否不可缺少的重要标准，因为在北美殖民地，议会是代表殖民地居民与英国派来的总督相对抗的唯一机构，其权力大小，标志着北美殖民地对英国的依附程度。

现在让我们先考察殖民地选民范围问题。

关于选举权范围问题，有不少学者认为北美殖民地上的选举权范围太小，由于有财产资格的限制，享有这个权利的人，为数极少。如苏联学者叶菲莫夫在他的《美国史纲》一书中就坚持这个说法："有些殖民地只有20%的居民享有选举权，另外一些殖民地则是8%至10%。"②美国学者詹姆斯·亚当士认为在北美殖民地上有资格参加选举的人，只占成年男子人口中的极少数③。许多美国进步派学者也坚持这个观点。我认为这个看法是不够正确的。为了解决这个问题，我们必须对北美的选举权问题作全面的、通盘的考察。

---

① 关于北美殖民地议会制度的产生及其原因，可参看拙文：《殖民地时代的美国议会制度》，《历史研究》1982年第1期。

② 叶菲莫夫：《美国史纲》，三联书店中译本，第132页。

③ James Truslow Adams, Provincial Society. p. 21.

殖民地存在的早期本来对于选举权没有什么限制，只是到了后来才确立了财产资格①。这是因为英国政府在给殖民地总督的训令中要求北美遵循英国的惯例对选举权规定财产资格②。而且，和在英国一样，在北美一般人中间形成了一个固定的看法：只有对当地有利害关系的人才应该有选举权或被选举权③。所谓对当地有利害关系的人，就是指有财产的人；没有利害关系的人，就是指没有财产的人。在他们看来，没有财产的人，是不可靠的，因为这样的人很容易被有钱有势者收买④。

在麻萨诸塞根据 1691 年的特许状，在新罕布什尔根据 1699 年法案，选民的资格都是：拥有每年收入 40 先令的土地或价值 50 磅的个人动产⑤。其他殖民地所规定的财产资格也与此大同小异。

我认为对于殖民地之规定选民的财产资格，应该作如下的分析和理解：

第一，北美规定的选民财产资格并不算很高，实际上凡是在生活上过得去的小康之家，都具备这种资格而享受选举权。这样的规定，一方面可以防止富豪之家独占政治权力以扩大选举范围；另一方面也鼓励了欧洲人到北美殖民地来定居⑥。

第二，如伯纳德·贝林所指出的："如果拥有每年 40 先令收入的土地在英国是一个限制性的资格的话，那么在殖民地上它就等于取消限制，因为在这里的白人中间自由土地所有制几乎是普遍

---

① Daniel Boorstin, The American Colonial Experience. p. 101.

② Oliver Perry Chitwood, A History of Colonial America. p. 195.

③ 这是南卡罗来纳议会所通过的一项法案中的话，见 Carl N. Degler, Out of Our Past. p. 59.

④ Gordon Wood, Revolution and the Political Integration of the Enslaved and Disenfranchised. America's Continuing Revolution. pp. 101 ~ 104.

⑤ James Truslow Adams, Provincial Society. pp. 19 ~ 20.

⑥ C. Randolph Benson, Thomas Jefferson As Social Scientist. p. 43.

的。"[①]"据18世纪初麻萨诸塞殖民地纽伯里的人口调查:在二百六十八家中有二十七家无土地,其中一个人有一头牛,一个人有两头牛,另一个人有一匹马,其余二十四家没有任何财产。"[②]可见,十分之九以上的人口拥有土地。因而北美"殖民地人民享有比世界上任何其他国家的人民更为广泛的选举权"[③]。在北美,财产权之比较普遍,原因有二:一、土地便宜;二、经济机会多[④]。

第三,北美虽然对选举权规定了财产资格,但凡是家具、衣物等都包括在财产项目之内,这就使获得选举权更加容易。比如,关于1772年麻萨诸塞的选举,赫秦生(Hu-tchinson)写道:"根据宪法,40英镑的财产——据他们说,即值40英镑的衣服、家具或任何种类的财产——就是参加选举的资格,具有这个条件的人,也不经过审查就被允许参加。"[⑤]

第四,殖民地经常出现通货膨胀,这实际上降低了财产资格。在罗德艾兰殖民地,40镑(原文是400镑,显系印刷上的错误)的财产资格是用地方纸币计算的,这就使得选民人数大大增加[⑥]。

因此,尽管北美殖民地对选民有财产资格限制,但实际上有选举权的人数并未由此而减少。下面的材料足资证明:

据罗伯特·布朗的统计,在麻萨诸塞的许多市镇,成年男子有百分之八十享有选举权,有些市镇达百分之九十以上。有三个市镇是百分之五十,剩下的市镇介乎二者之间[⑦]。在纽约殖民地的

---

① Bernard Bailyn, The Origins of American Politics. pp. 86, 87, 348.

② James Truslow Adams, Provincial Society. p. 96.

③ Gordon Wood, Revolution and the Political Integration of the Enslaved and Disenfranchised. America's Continuing Revolution. pp. 101 ~ 104.

④ Oliver Perry Chitwood, A History of Colonial America. p. 194. .

⑤ J. R. Pole, Historians and the Problem of Early American Democracy. American Historical Review. Vol. LXVII, NO. 3, p. 633.

⑥ Bernard Bailyn, The Origins of American Politics. p. 86, 87, 348.

⑦ J. R. Pole, Historians and the Problem of Early American Democracy. American Historical Review. Vol. LXVII, NO. 3, pp. 633 ~ 634.

农村，白人成年男子有半数以上获得选举权，甚至租地产户也享有这个权利[①]。

里查德·麦克米科(Richard Mccormick)证明：在新泽西，财产资格对绝大多数成年男子来说根本算不上是取得选举权的障碍。米尔顿·克连(Milton Klein)指出：在纽约有55%的白人成年男子实际上投了票，他暗示有投票资格的人实际上接近100%。在宾夕法尼亚，据麦金莱(Mckinley)估计，费城城外的农业地区至少有一半白人男子可以参加选举，尽管在城内的数目可能低一些。乞尔顿·威廉逊(Chilton Williamson)对殖民地时代的选举权作了全面考察，他发现在有数字可考的所有地区，选民在白人成年男子中所占的比率至少达到50%[②]。

但是有的史学家记载的选民人数却少得多。如，据方纳估计，在宾夕法尼亚农村享有选举权的人仅百分之八，费城市内只有百分之二[③]。同是在宾夕法尼亚，为什么方纳统计的数字与上面所引的麦金莱的统计数字相差悬殊？显然，方纳是把奴隶、契约奴及妇女儿童都算进总人数中去了；而麦金莱则把这些人除外。因此，我们可以有把握地说：北美殖民地的选民至少占全部白人成年男子的半数以上。这比选民只占白人成年男子十分之一的英国来说[④]，选举权的范围要大得多。

而且还应该考虑到：白人契约奴虽然被剥夺了选举权，但是他们在服完劳役(一般5~7年)之后，便可以得到解放，并从主人那里领取小块土地以及劳动工具。在宾夕法尼亚以南，他们通常可以领取50英亩的地产[⑤]，因而他们就可以很快地取得选举权。至于没获得选举权的穷人，一般都是刚刚从欧洲来的新移民。在北

---

① Michael Kammen, Colonial New York-A History. pp. 207 ~ 209.

② Carl N. Degler, Out of Our Past. pp. 62 ~ 63.

③ 方纳：《美国工人运动史》第一卷，pp. 51 ~ 52。

④ Cheyney, A Short History of England. p. 559.

⑤ Kemmerer, Jones, Economic History of American People. p. 340.

美的条件下,这些穷人只要肯勤苦劳动,也可以很快地取得财产,从而成为选民。总之,与世界上其他国度不同,北美殖民地是人口经常变动的国度,这里不断地有新的移民到来,不断进口新的契约奴,因而北美虽然经常保持一定数量的没有选举权的人口,但是就某一个特定的白人来讲,他总有一天会当上选民。如果把这些情况考虑在内,那么我们有理由承认:在北美殖民地上,选举权范围差不多包括所有的白人成年男子。

下面研究一下北美议会的代表制问题。

首先有必要把英国和北美作一个对比。1832 年议会改革之前的英国议会代表制是很不合理的:许多原来的城市虽然已变成杳无人烟的荒村,从而被称为"衰败的市镇",但仍有权选派代表出席议会,而新兴的工业城市虽然人烟稠密,却没有取得选区的地位,无权选派代表参加议会。这一方面使得有钱有势的政客有可能利用"衰败的市镇"把自己的代理人塞进议会,另一方面剥夺了新兴城市的居民(包括新兴工业资产阶级和无产阶级)的选举权。对于这种明显的不公平的现象,英国统治阶级却振振有词地加以辩解。他们制造一种"理论",说什么议会的每一个成员不是代表任何特殊地区,而是代表整个社会。艾得曼·伯克(Edmnnd Burke)说:议会并不是"来自不同的敌对的利益集团的大使的会议……而是……一个国家的审议会,它只代表一个利益,即全体利益"。在英国统治阶级看来,使议会议员具有代表性的,并不是投票选举过程(这被认为是附带的),而是把代表与人民联系在一起的相互利益关系。他们甚至说什么议会议员实际上代表一切没有投票选举他的人——包括殖民地人民①。这纯粹是强词夺理的、荒谬绝伦的"理论"。

与英国不同,在北美居民区,每当人口增加到一定数量时,立

① Gordon Wood, Revolution and the Political Integration of the Enslaved and Disenfranchised. America's Continuing Revolution. pp. 101 ~ 104.

即成立新的市镇或新的县份，并使之成为新选区，可以选代表参加议会[①]。在十三个殖民地中有九个殖民地要求每一个代表——议员都必须是本选区的实际居住者，而且选民们有时还向代表——议员发指示，责成他们在议会中应如何投票[②]。北美的这种选区制度使任何地区都可能有自己的代表在议会中替本地区说话，维护本地区的利益——这对人民总是有利的。这是 18 世纪北美代表制比英国更为公平的地方。

然而北美代表制距真正的公平尚远。在东部沿海地区集中了大量种植场主、大地主阶级或富商大贾，而在西部诸县则聚居着"甕牖绳枢"的小农。沿海诸县面积小，人口少；西部诸县面积大，人口多。但是西部诸县在议会中的代表席位少，而沿海诸县的代表席位多。代表人数与人口不成正比例。以北卡洛莱纳为例，按照 1715 年的法律，沿海每个县有五名代表，而西部每个县只有两名代表。西部人口逐年增加，而代表人数始终不变。这就使得议会落到沿海诸县的控制之下，亦即一小撮富人的控制下。西部人民要求重新分配议席的斗争，充满了 18 世纪北美的史篇。但是到第一次革命前为止，这个问题迄今未得到解决[③]。不过，总的说来，北美的代表权虽然和真正的公平还有一段距离，但是比起英国来说更为公平一些。

既然在白人中间选举权的范围比较大，代表权也表现了一定的公平性，那么我们有理由肯定北美议会是在一定程度上民主化的议会。

最后再研究一下殖民地议会权力大小的问题。

议会在其存在的早期（17 世纪末以前）权限很小。在当时的北美殖民地权力结构中有三个主要成份：总督、参事会和议会。参

---

① Gordon Wood, Revolution and the Political Integration of the Enslaved and Disenfranchised. America's Continuing Revolution. pp. 101 ~ 104.

② M. J. Heale, The Making of American Politics. p. 24.

③ Max Savelle, A History of Colonial America. pp. 348 ~ 349.

事会和议会组成立法机关，相当于英国的上、下两院。参事会还兼任总督的行政顾问和最高法院的角色。在这个权力结构中，总督的权力最大，他不但掌握军事行政大权，而且还可以否决立法机关制定的法律，从而也干预了立法权。议会只能充当从属的角色，在立法权方面不但受制于总督，而且还遇到参事会的掣肘。但是，经过几十年议会与总督的权力之争，议会的权力步步增长。到18世纪中叶，议会不但几乎全面掌握立法权（参事会的地位这时已经大大降低，已不足以与议会抗衡了）及财政大权，而且还把一部分行政权力从总督手中夺过来①。这时议会"已经从一个处在从属地位的立法机关上升到殖民地上的权力中心的地位"②。

由于北美议会选民范围相当广泛，代表制有一定程度的公正性，议会本身还掌握了凌驾于总督之上的大权，因此，我们可以说，北美殖民地的议会有一定程度的民主，它构成北美社会政治结构中民主因素的一个重要组成部分。

二、关于北美殖民地的贵族集团

北美殖民地上没有封建特权，没有等级制度，政治经济机会向大多数白人开放——这也是北美社会内部的一个民主因素。但殖民地上有没有高高在上的贵族集团呢？

首先我们必须承认在殖民地上的确存在高踞于人民头上的有钱有势的上层集团（又称为绅士或贵族集团）。属于这个集团的，首先是大地产所有者：在南部有大业主、大种植场主、大庄园主及边疆土地投机者，在中部有哈得逊河流域的庄园主、宾夕法尼亚及新泽西的大业主，在新英格兰有缅因原野上的土地投机商、康涅狄

① 关于北美殖民地议会权力的增长过程及其原因，可以参观拙文：《殖民地时代的美国议会制度》，《历史研究》1982年第1期。

② Jack Greene, The Role of the Lower House of Assembly in Eighteenth-Century Politics. Interpreting Colonial America. p. 323.

格及麻萨诸塞西部市镇上的土地投机商。这些大土地所有者的土地，有的是靠国王的赏赐，有的是靠殖民地参事会的赠与，有的是靠继承，也有的是靠土地投机而取得的。在一些殖民地上，为了维持大地产制度，还实行“长子继承法”及“限定嗣续法”。大地产给地产所有者带来政治经济力量，也提高了他们的社会地位及社会声望。属于这个集团的，其次便是北部、中部的富商大贾。大商人在17世纪后半期上升得很快。伦道夫(Randolph)在1676年报告说：在麻萨诸塞有三十个大商人，其资财在一万至两万英镑之间。如果说种植场主和土地投机商把土地看作是发财的源泉的话，那么大商人则主要面向海洋。1750年北美有八大港口城市(波士顿、萨列姆、普洛维登斯、纽波特、新伦敦、纽哈文、纽约及费城)，每年从七大洋运来的大量船货在这些港口卸货。海上私掠船船长和海盗也来到这些港口挥霍他们用非法手段得来的金钱。某些大商人和王家官吏也和这些海盗们建立联盟，和他们共分赃物。走私的大商人在生财之道方面也不落后。不管通过什么渠道，只要“腰缠万贯”就声价百倍，社会地位随之上升，从而跻身于绅士集团①。

这样的贵族集团形成了一个盘根错节的社会势力，这是因为互相通婚所造成的亲属纽带及共同的经济利益把他们紧紧地团结在一起了。尽管他们彼此之间难免发生争吵，但是一般说来，他们在敌对的人民群众的力量面前总是团结一致。即使在一些重大问题上有时可能使这个贵族集团发生分裂，但是在长远的过程中，还是团结的，而且始终保持要求维持现状的保守主义态度②。

应该如何看待上述种种现象？北美殖民地上形成的这个贵族集团是不是可以与法国大革命前的法国封建特权等级相提并论？我认为两者是有本质差别的：

第一，北美贵族之形成，不是靠封建君主的封赠，而是靠经济

---

① Jernegan, The American Colonies, 1492—1750. pp. 390 ~ 392.

② Leonard Woods Labaree, Conservatism in Early American History. pp. 30 ~ 31.

力量。美国史学家丹尼尔·布斯廷写道："在英国，人们长期以来想念绅士的神秘性……在弗吉尼亚，绅士也有光轮，但是一个贵族家庭可以很容易用金钱制造出来。……无论何时，只要盾形徽章（世家门第的标志——引者）能够用金钱购买，人们就一定会怀疑贵族的全部声望。""弗吉尼亚的显赫的大贵族家庭，如拉得威尔斯家、斯宾塞家、斯蒂格斯家、伯得家、卡里家及楚家，不久以前还是商人家庭。""在弗吉尼亚殖民早期，上升到乡绅地位的机会是很平常的。在1700年以前，弗吉尼亚由于劳动力缺乏，所以工资较高。这里的劳动者每天所挣到的钱等于英国人一周所挣到的钱。劳动者有发迹的希望。初来时还是学徒，但是经过几年辛苦劳动后，就变为土地所有者。初来时手中有中等资本的人，就很容易扩大自己的家产，并且用钱购买比英国更高的社会地位。许多弗吉尼亚名门大族是由手艺人或工匠靠非凡的才能、财产或机运创立起来的。他们在取得大块地产后，不久就能够过一种相当于乡绅的生活。"①一个费城的商业巨子可能是一个卑微的教友派工匠的后代。弗吉尼亚的高傲的费茨胡家的祖先是麦芽制造工人。北美社会比欧洲社会更富于流动性，农民、学徒，甚至契约奴也有可能上升到富翁的地位，尽管也不是每个人都能爬到这个地位②。

当然，也有的北美贵族出身于英国封建贵族，如弗吉尼亚的大地主威廉·伯得就是在"英吉利共和国"时代从英国逃到北美来的保王党人③。但这毕竟是少数，并不能影响全局。

第二，与靠世袭贵族爵位、等级特权、国王的赏赐及领地上的封建地租收入维持其寄生生活，整日游手好闲、坐吃山空的欧洲封建贵族不同，北美的贵族绅士"只能靠竞争及兢兢业业的经济活动

---

① Daniel J. Boorstin, The Americans: The Colonial Experience. pp. 100 ~ 105, 105 ~ 106, 108, 114 ~ 116.

② Henry F. May, The Enlightenment in America. p. 29.

③ Carl L. Becker, Beginnings of American People. pp. 72 ~ 73.

来维持自己的经济地位"[1]。在北美,出身门第或贵族头衔决定不了人们的地位及势力,只有进取心及能力才能决定一切。而且在北美这样一个不发达的国度,拥有大地产并不能引起社会上的怨言,它只能证明与自然作斗争的成功,"是衡量个人勇敢的标准,是市民道德的考验"[2]。以弗吉尼亚的贵族为例,他们一般都富于企业进取心,他们是种植场主,同时又兼商人。他们中间有很多人有丰富的工业、商业知识,有的人甚至对自然历史感兴趣,掌握医药、工艺、气象学及法律知识[3]。

第三,大革命前的法国,封建贵族及僧侣在法律上享有种种特权,如免税权及担任军政要职的权利。贵族可以单纯依靠贵族身份任政府官吏、军队中的军官及教会中的高级僧侣。但是在北美则不然,这里不存在法律上的特权,即使有人要求享受这种权利,也必定遭到抗议。在宾夕法尼亚,业主佩因家族的免税权就引起了群众的抗议。更重要的是,北美议会议员,新英格兰的各级官员,包括总督,都是通过选举产生,而不是靠特权或世袭。只有中部、南部殖民地的参事、县行政长官等才是上级任命的[4]。

由此可见,在北美殖民地上尽管存在着贵族集团或绅士集团,而且他们高高在上,从私人生活到社会政治地位及经济地位都与普通人民迥然不同,但是他们和人民之间并不存在泾渭分明的法律界限。他们的贵族地位并不是法律上固定下来的,他们也没有合法的特权。一句话,不存在壁垒森严的封建等级及封建特权。一切政治经济机会都是向大多数白人开放的,这是北美社会内部

---

① Bernard Bailyn, Political Experience and Enlightenment Ideas in 18th Century America. American Historical Review. Vol. LXVII, No. 2, p. 349.

② Carl L. Becker, Beginnings of American People. p. 79.

③ Daniel J. Boorstin, The Americans: The Colonial Experience. pp. 100 ~ 105, 105 ~ 106, 108, 114 ~ 116.

④ Bernard Bailyn, Political Experience and Enlightenment Ideas in 18th Century America. American Historical Review. Vol. LXVII, No. 2, p. 349.

民主因素的另一个重要表现。

三、关于北美殖民地官员和议员的产生

在北美殖民地上，掌握政治大权的是上述贵族统治集团。殖民地上的一切重要官职——法官、县行政司法长官、海军军官、司库官，以及议员、参事等关键性的职位都被垄断在他们手中。议会和参事会，当然也由这个集团所控制。至于下层群众，如酒店老板、小农及工匠等要想获得一官半职，是非常困难的[①]。那么，这些官员和议员的情况又如何呢？

以弗吉尼亚为例，这里的议会就完全由当地绅士所把持。17 世纪晚期到 18 世纪中期，屈指可数的几个大家族始终盘踞弗吉尼亚殖民政府中的要津。三大家族——鲁滨逊家、伦道夫家及李家为这个殖民地提供了大多数议会领袖，而这几个大家庭不是大奴隶主，就是大商人[②]。

就是在康涅狄格这样富有民主色彩，不仅议员、而且一切官职均由选举产生的殖民地上，实际上也盛行一种贵族的、家长式的和在一定程度上的教士的统治。在这里，政治由一小撮绅士所操纵。绅士集团出身的人一旦当选为议员或官长，就连选连任，往往搞成终身职。总督实际上就是终身职，因为一般都连选连任[③]。从 1662 年至 1776 年，在该殖民地上任总督、副总督及助理者（相当于参事）共 111 人，其中平均每个人连选连任 14 次，瓦尔科特（Malcot）任期最长，他被选为助理达 26 次之多，当选为副总督 9 次，当选为总督有 3 次。除了有两年的中断外，他一共当了 38 年

---

① Leonard Woods Labaree, Conservatism in Early American History. pp. 3 ~ 5.

② J. R. Pole, Historians and the Problem of Early American Democracy. American Historical Review. V01. LXVII, No. 3, p. 633.

③ Charles M. Andrenws, Our Earliest Settlement. pp. 131 ~ 132.

的长官①。

麻萨诸塞的官吏(包括总督在内)一年改选一次,但是一个人一旦当选为长官,就能年复一年地连选连任下去。这里的上院(称曰助理院)成员虽然也是选举产生,但是由于连选连任,实际上也是终身职。波士顿的著名律师科顿说过:“一个地方长官如果没有正当理由是不应当下台当老百姓的,就好像一个老百姓不能无缘无故被剥夺地产一样。”②

只有罗德艾兰殖民地例外,在这里,同一个人长期连续被选为长官的情况很少。一个官员平均任期只有5年。这与当地的民主风气有关。选民们喜欢官职轮换的民主原则③。

一般说来,北美殖民地总的倾向是:一个官职往往世代相传地为一个名门贵族所垄断。这种现象,无论是在南部或北部都是存在的。约翰·亚当士的话也证实了这一点,他写道:“……到新英格兰的每一个村庄去。那么你就会发现:治安法官的职务,甚至代表(代表从来都是靠人民的自由选举产生的)的职务,一般地都由至少三、四个家庭世代相传担任的。”④

有些学者认为上述现象是北美殖民地政治不民主的重要表现。如波尔(J. R. Pole)就持这种看法,他写道:“殖民地议会还有一个特点……虽然选民有很多选择余地,但是越来越甚的倾向是:选举出来的公职或任命的公职逐渐成为世袭的了。这在欧洲当然很明显;在美洲是值得注意的现象。一个职位往往世代相传地被掌握在一个家族手中……如果这便是民主的话,它就是把帽章牢

① Leonard Woods Labaree, Conservatism in Early American History. p. 22.

② Oliver Perry Chitwood, A History of Colonial America. p. 138.

③ Leonard Woods Labaree, Conservatism in Early American History. p. 26.

④ J. R. Pole, Historians and the Problem of Early American Democracy. American Historical Review. Vol. LXVII, No. 3, p. 646.

固地钉在假发上的民主。”①

我不同意波尔的这个看法。我认为对这个问题应该“一分为二”:固然北美议员席位及其他许多官职基本上为少数名门贵族所垄断,但是我们也不应该忽略另一个重要方面,即议员及许多官员毕竟是通过选举这个民主方式产生的,无论是事实上演变成终身职也好,还是造成世代相传的结果也好,每逢选举日子到来,这些垄断议席或官职的上层分子还是要积极参加竞选,由选民决定自己是否能连选连任。

当然,他们的金钱和势力在选举中起了很大的作用。(一)竞选中,他们总要拿出大量款项“招待”选民,以博得他们的好感和支持。一次“招待”往往要花费数十镑。在弗吉尼亚,竞选者萨缪尔·欧佛顿在两次竞选中一共花去75镑;乔治·华盛顿的竞选费用一般不少于25镑,有一次竟用去50镑。这笔钱数倍于购买房产及小块土地的价钱,亦为选民财产资格的数倍。这是为什么出身名门大族的人当选机会多的原因之一。(二)在弗吉尼亚,投票是公开的,而且按照习惯,参加竞选的绅士可以亲临选举场,这就使得选民不得不投他的票。(三)绅士还具备其他有利条件。比如在弗吉尼亚,负责选举事宜的县行政长官由总督从绅士中间任命,他可以决定一个人是否有资格当选民,可以决定选举日期、确定投票开始及结束的时间,这样,他就可以在选举过程中上下其手,为绅士的竞选创造有利条件。而且在弗吉尼亚,如果一个绅士在数个县都有产业,他在这几个县里都可以参加投票,这就增加了他的选票②。

但是,我们也不能忘记下面的事实:在每次选举中,参加竞选的绅士们总要千方百计地博得选民的欢心。为了达到这个目的,

① J. R. Pole, Historians and the Problem of Early American Democracy. American Historical Review. Vol. LXVII, No. 3, pp. 639 ~ 640.

② Daniel J. Boorstin, The Americans: The Colonial Experience. pp. 100 ~ 105, 105 ~ 106, 108, 114 ~ 116.

他们不但花钱去“招待”选民，而且更重要的是他们不得不把自己打扮成人民的朋友，至少在口头上要表示维护人民的利益。往往出现下述情况：当竞选者在选民的支持下当选后，在竞选中“伪装的东西最后竟成为现实，而这是他们所始料不及的”①。而且，也有这样例子：弗吉尼亚的一个富人兰敦·卡特（Landon Carter）在一次选举中落选了，如他自己所说的，落选的原因在于他没有和“人民”亲密起来。可见，选民在选举中终究是起作用的。

此外，在1740—1741年的选举中，麻萨诸塞议会中的一些议员落选了，原因是他们反对选民所拥护的成立土地银行（目的在于为殖民地群众提供他们所需要的纸币）的措施②。

选民的意志能在选举中起一定的作用，当选的官员或议员在施政过程中或多或少地满足了选民的要求——这些不能不是民主的表现。

四、关于北美殖民地的经济民主

北美是劳动者大有作为的广阔天地，它有着一片无际无垠的处女地，劳动者只要肯流汗，至少可以得到温饱。如果他有一技之长，又肯艰苦劳动，再遇上机会，就有可能上升为财产所有者甚至跻身于上层分子的行列。这里地广人稀，所以经济机会多，取得土地比较容易。小土地所有者在白人总人口中所占的比例比欧洲为大。博学多闻的本杰明·富兰克林在1751年写道：在北美，土地是大量的，“而且又是那样便宜……以致一个懂得种田的劳动者能够在短时期内积攒足够的钱去购买一块农场……”他继续写道：有进取心的青年不必为他自己的子女的未来担忧，因为他不久将看

① Gordon Wood, Revolution and the Political Integration of the Enslaved and Disenfranchised. America's Continuing Revolution. pp. 101～104.

② M. J. Heale, The Making of American Politics. p. 25.

到"可以同样轻而易举地取得更多的土地,无论在什么样的情况下都会是这样"。一个英国官员在1760年说过:在殖民地,"只要适当地劳动劳动,就可以维持温饱的生活,甚至仅仅勤俭,就可以过富裕生活……"①克列维科尔(Crevecoeur)在18世纪70年代写道:"在北美,与欧洲不同,这里并不存在拥有一切的大贵族地主,也不存在一无所有的人民大众。这里没有贵族家庭,没有宫廷,没有国王,没有主教,没有教会领地,没有赋予少数人以看得见的权力和看不见的权力,没有雇佣上千人的大制造业者;……富人与穷人之间的距离并不像欧洲那样大。"②

在北美,经济机会是如此之多,以致财产的分布比较广泛,特别是土地财产。麻萨诸塞的王家总督赫秦生在1764年写道:在所有殖民地,佃农不超过农民的百分之二。他说:在殖民地,财产分配比欧洲任何国家都更为平等,特别是在马里兰以北。"1755年麻萨诸塞议会宣称:土地是如此丰富,以致想得到土地的任何一个年轻人,都可以创建一个家庭而不需要花一文钱——这里机会之多,欧洲任何一个国家都不能与之匹敌"③。由于经济机会多,社会流动性也大。有一个典型例子:一个名叫安托尼·兰姆的人在英国已经被判处死刑,1742年在被处决前片刻,突然被改判为流放:以契约奴的身份到弗吉尼亚去。在服完契约奴的劳役后,他拼命劳动,什么活都干,最后在纽约市成为一家乐器厂的主人。他的儿子约翰成为纽约市屈指可数的头面人物之一④。

历史学家的研究也证实了这几个当代人的言论。研究1740—1777年康涅狄格殖民地肯特(Kent)市镇的结果表明:该市镇总人口中有70%的人(当然都是白人)在一生中都得到了土地,西弗吉尼亚的卢念堡(Lunenberg)县,1764年有150人无地,然而

① Carl N. Degler, Out of Our Past. pp. 42 ~ 43.
② Alden Vaugham Edited, America Before the Revolutiion. pp. 28 ~ 29.
③ Carl N. Degler, Out of Our Past. p. 43.
④ Carl N. Degler, Out of Our Past. p. 45.

到1782年这些人中有四分之三的人取得了土地。杰克逊·特纳·梅因(Jackson Turner - Main)进行研究的结果发现:纽约商人中有60%的人原来是一文莫名的穷人;波士顿商人中有70%的人原来是穷人[①]。又据梅因估计,北美家道小康的小财产所有者、工匠及自由职业者占全部白人人口的70%[②]。

总的说来,如果把北美社会比作一个金字塔的话,这是一个形状奇特的金字塔:一则它没有国王、宫廷贵族及世袭封建贵族,是个削去了尖端的金字塔;二则由于财产分布甚广,无产者人数比有产者少,形成底层小、上层与底层之间的距离比欧洲(如果把欧洲社会也比成一个金字塔的话)更小的金字塔。北美殖民地的首富之家,用欧洲标准衡量,亦不过是"中产阶级"而已[③]。可见,殖民地时代的北美在其经济结构中有相当大的民主成份,尽管这个民主只属于白人。

然而,也不宜夸大北美的经济民主。美国有一些历史学家就是过分地夸大了北美的经济民主,把北美渲染成一个没有贫富之分,个个都是中产阶级的人间天堂。在这方面罗伯特·布朗(Robert Brown)便是个典型,他写道:"从经济上来说,它(北美——引者)是一个中等阶级的社会,在这个社会里……人民中的大部分人是拥有财产的农民。……大量的、永久性的劳动阶级实际上是不存在的。"[④]"只有少数市镇的居民是例外,其余广大地区从诺瓦·斯科蒂亚到佛罗里达的居民都是农民。"[⑤]"我发现殖民地并不是一个……有富人与穷人之分的社会,而是一个中等阶级占压倒优

---

① Carl N. Degler, Out of Our Past. pp. 45 ~ 46.

② Jackson Turner Main, The Social Structure of Revolutionary America. pp. 272 ~ 277.

③ Carl N. Degler, Out of Our Past. p. 46.

④ Robert Brown, Middle ~ Class Democracy and the Revolution in Massachusetts…… pp. 401 ~ 402.

⑤ 转引自 Apthecher, The American Revolution, 1763—1783. p. 11.

势的社会。"[①]实际上,布朗的论点有二:(一)北美殖民地基本上是一个中等阶级农民的社会,既不存在永久性的劳动阶级,也不存在高高在上的贵族绅士集团。(二)在北美看不出贫富差别,也没有不平等现象。他这两个论点,经不住史实的检验,因而都是错误的。以第一点来说,他完全抹煞了客观存在的事实:北美明明存在像黑人奴隶那样永久性的劳动阶级和贵族集团。但是他却视而不见。以第二点来说,大量史实也驳倒了他的观点。詹姆斯·亚当士指出:殖民地上时常颁布关于救济债务人及救济穷人的法律,也经常有人表示害怕穷人成为社会的沉重负担——这都证明贫困现象是存在的,除农民外,还有无地的穷人。据詹姆斯·亚当士估计:从开始殖民的时候起,在殖民地居民中就一直存在社会差别。在前来的移民中间,在任何时候,在财富、家庭地位、教育及其他方面,都是有差异的。尽管一个穷人比在欧洲有更多的机会上升到乡绅地位,但是贫富的差别始终存在。尽管在边疆地区贫富差别要少些,而且在殖民地上谋生比较容易,但是发财的可能性并非每人都有[②]。里查德·莫里斯也有类似的看法,他写道:"在北美殖民地上到处可以看到不平等的现象。殖民地社会到处划分为不同的身份及阶级。到18世纪,尽管富裕是增加了,但是贫困也增加了。一方面是工匠、小店主及工人的生活水平提高了,但是面对着生意更为兴隆的商人时,他们的地位就相形见绌了。在精选出来的农村地区可以看到同样的贫富差别。……甚至在维持生计的农业之乡——新英格兰,人口的增长大大地减少了每个人可以利用的土地,并且促进了经济上的两极分化。"[③]

平心而论,北美自然条件优越,劳动者取得土地或其他财产比较容易,农民土地所有者人数较多,社会流动性大,贫富之间不像

---

① Robert Brown, Charles Beard and the Constitution……p. 20.

② James Truslow Adams, Provincial Society, pp. 57 ~ 58.

③ Richard B. Morris, We the People of the United States: the Bicetennial of a Peoples Revolution. American Historical Review, Vol. 82, No. 1, pp. 5 ~ 6.

欧洲那样天悬地隔。但是贫富差别还是存在的(这在前面已经证明了),赤贫的人虽少,但也是存在的。因此,我们只能说,北美有一定程度的经济民主。

五、关于北美殖民地的地方自治

北美殖民地特别是在新英格兰诸殖民地盛行的地方自治,是北美政治生活中的又一个民主因素。地方自治,作为中央集权的对立物,是由当地居民直接参政、自己管理自己,而不受外来权威干预的一种政治组织形式。在这个形式下,人民可以享受最大限度的参政权。因此,地方自治是资产阶级民主的一种表现。在新英格兰诸殖民地,地方自治是以市镇为单位实现的。市镇自治的基本管理形式是市镇大会。市镇大会是从英国移植来的,它可以溯源到英国中世纪晚期及近代初期的教区大会。但是英国移民并不是原封不动地移植过来的,而是扬弃其中一部分,保留一部分,并加以发展,以适应北美的新环境①。

新英格兰市镇自治滥觞于17世纪30年代。市镇上凡满二十一岁的成年男子,都参加市镇的管理。他们管理市镇事务的具体步骤便是出席市镇大会(在早期,不出席市镇大会的成年男子还要罚金),选举市镇行政委员(Selectmen)及其他管理官员,选举出席殖民地议会的代表,提出议案、讨论议案及通过议案②。此外,市镇大会还处理地方重大事务:征税、分配土地、制定地方法规及为学校、教会制定章程等等。在市镇大会休会期间,行政委员处理日常事务,其人数从三个人到二十一个人不等。他们向市镇大会负责,并且只能行使市镇大会授予他们的权力③。在市镇大会上,民

---

① Bruce C. Daniels, The Connecticut Town. p. 64。

② John Fiske, Civil Government in the United States Considered With Some Reference to Its Origins. p. 19; Max Savelle, A History of Colonial America. pp. 127～128.

③ Oliver Perry Chitwood, A History of Colonial America. p. 188.

主氛围比较浓厚。当地“每一个居民都可以自由地在会上发表他们的见解和主张，也可以发泄不满情绪。参加大会的居民对于财政控制得很严。他们用冷静的、节约的心态注视公共开支，而且在市镇大会上他们必定要发言反对向自己的土地征收任何赋税”①。可见，市镇自治是很民主的。

但是，随着时间的推移，市镇大会逐渐发生变化。比如，康涅狄格市镇自治制度就发生了以下几种变化：第一，市镇大会每年开会次数减少了。在哈特福特，1639 年开了十三次大会，1640 年为十六次，但是到 1644 年减少为五次。17 世纪 70 年代后，每年才开两到三次。第二，大会的职权也减少。早年，市镇大会管理的范围异常广泛，而行政委员的活动受到限制。比如，1638 年哈特福特市镇大会对于全市镇的事务，无论巨细都要管，甚至修理院墙也由大会下达命令。但是到 70 年代市镇大会的职权大减，它只限于批准行政委员所作的决定。70 年代，诺维乞及温莎两个市镇的大会活动只限于选举市政官员及批准行政委员的决定。第三，市镇行政委员的权力增大。早年他们的每一行动都要向市镇大会负责。但是后来，他们把行政、立法及司法的全部大权都抓在自己手中，他们甚至有权向居民发出“传票”，命令他们到行政委员会议接受审查。第四，行政委员的职位由市镇上的少数有钱有势者所垄断。本来行政委员是由市镇大会自由选举出来的，不受任何干扰。但是后来根据殖民地议会的命令，市镇大会只能从当地“主要居民（即少数有钱有势的人）中选出”②。如是，在时间的演进中，市镇自治机构越来越脱离群众，越来越官僚机构化，从而地方自治的性质也愈益冲淡，民主的成份也随之减少。市镇权力结构的这种变化，首先是市镇经济发展所带来的阶级分化所造成的。从居民中分化出来的上层分子利用自己的财力和势力，轻而易举地把权力

① Carl Bridenbaugh, Early Americans. pp. 175 ~ 176.

② Bruce C. Daniels, The Connecticut Town. pp. 64, 67 ~ 68, 75 ~ 76.

攫到自己手中。其次，人口的增长也是一个重要原因。居民人数增加，使得市镇大会的直接民主行不通了。不过，市镇大会的民主性质并未完全丧失，因为它仍享有选举市镇官员的权利，以及批准行政委员所作出的决定的权利。

六、进一步的思考与总结

这些民主因素产生的原因和根源，我已在另一篇文章[①]里讨论过，这里就不重复了，这里需要指出的是，与这些民主因素交织在一起的还有大量不民主、反民主及人压迫人、人剥削人的现象，有的甚至是触目惊心的。首先，北美十三个殖民地上到处存在黑人奴隶制度，遭受惨无人道的经济剥削、失去一切自由的黑人奴隶在政治上也被削夺了选举权及被选举权。其次，如前面已经论述过的，议会代表制还不够公平，贵族集团控制了整个殖民地的政治、经济。第三，宗教迫害。诚然，在大多数殖民地上已经实现了相当程度的信仰自由。在弗吉尼亚，英吉利国教教会全是官方教会，然而非国教的教派受到一定的宽容，他们的信仰并不遭到禁止。在宾夕法尼亚则实现了最大限度的信仰自由[②]。但是在某些殖民地，特别是在麻萨诸塞，神权统治最为残暴。每当神权统治受到威胁时，当局就加紧迫害巫觋。有许多无辜的穷苦劳动者被诬以巫觋的罪名而处死刑[③]。第四，言论出版自由得不到保障。在几乎每一个殖民地上都颁行严厉的惩治诽谤罪的法律。《纽约周报》的出版人曾格就曾经因让莫里斯在他的报刊上刊载了批评总督的文章而引起了著名的诉讼案。而且，一个人批评议会，无论是口头抑或是书面，都是一件危险的事。殖民地出版最早（1690 年）

---

① 见拙文：《美国殖民地时代的议会制度》，《历史研究》1982 年第 1 期。

② 莫里森等著：《美利坚合众国的成长》，第一卷第一分册，第 156 ~ 157 页。

③ 阿普特克：《美国人民史》，三联版，第一卷，第 99 ~ 102 页。

的报纸——《波士顿公事》仅仅出了一期，就由于抨击政府当时进行的一次战争而被迫停刊。1692 年，费城一个印刷商威廉·布拉得福因煽动性的诽谤罪而受审。托马士·冒尔于 1696 年在波士顿由于同样的罪名而受审，尽管这两个人最后都被免除了囚禁。本杰明·富兰克林的兄弟由于批评麻萨诸塞殖民政府而陷于缧绁。第五，刑法残酷，人身得不到保障。在殖民地早期的康涅狄格和马里兰，渎神罪或骂上帝罪，均要处以死刑。在弗吉尼亚，偷猪三次也要被处死刑。甚至在以"人道主义"而著称的宾夕法尼亚，死刑罪达 14 项之多。而且处死的手段也很残忍：通常用绞刑，有时用火刑。对于较轻的罪处罚的办法是：罚金、鞭笞、浸刑以及带上吊枷和颈手枷监禁。在弗吉尼亚，每个县都被要求制造足枷和浸刑凳以及颈手枷。有时叫犯人站着，把他的耳朵钉在颈手枷上，最后把耳朵割掉。在殖民地早期还使用其他非人道的惩罚手段：用热烙铁在颊或前额上打烙印，或用烧红的铁条穿舌头①。在马里兰，在 1688 年以前的总督暴政期间，刑罚之酷，骇人听闻，有割鼻、剁双手及穿舌等惨无人道的刑罚②。

但是，我们不应该被这些黑暗面遮住了眼睛，应该看到：在北美这个民主因素与不民主因素杂糅交错在一起的社会里，民主因素是新生的、进步的事物，它们所占的阵地愈益扩大。上述马里兰的残酷刑罚在 1688 年以后就取消了——这就是一个明证。可以说，在美国独立战争前夕，在封建专制制度仍然笼罩着欧亚大地的条件下，北美殖民地是全世界民主成分最多的社会——这是北美殖民地社会的独特之处。

民主因素在北美殖民地躯壳内部日益成长扩大意味着什么？其作用或历史意义何在？我认为在这方面至少有以下几点可言。第一，有利于资本主义的产生和发展。人人都知道，法国大革命前

① Oliver Perry Chitwood, A History of Colonial America. p. 191.

② Charles M . Andrews, Our Earliest Colonial Settlement. p. 156.

的专制制度、贵族等级制度及种种封建特权，形成了一种僵化了的硬壳，它压抑了社会经济中的新生力量，限制了资本主义的成长。在革命前的北美则不然。北美社会政治结构内民主因素的成长扩大，意味着一个松动的、开放型的、生气勃勃的、充满活力的社会经济和政治有机体已经形成。在这个有机体内，有一条沟通上下的政治渠道（议会民主），有发挥群众的首创精神的自治机构（市镇大会），有各种经济机会在等待着有进取精神的人。这一切不但有利于资力雄厚的新兴资产阶级，而且也为资本主义因素的发生和成长提供了肥沃的土壤。特别是议会民主成为资产阶级手中的工具，利用这个工具以维护和促进自己的阶级利益。

第二，对人民群众来说，这些民主因素的成长意味着他们的政治经济地位的提高。特别是议会，它成了人民群众影响政府施政方针及具体政策、措施的重要渠道。

第三，这些民主因素的成长，在很大程度上削弱了英国对北美的殖民统治的基础。殖民地议会到 18 世纪中叶以后成了抵制英国对殖民地的压迫，捍卫殖民地利益的重要堡垒。在 1764 年以后的反英斗争中，殖民地议会成了殖民地人民和英国斗争的前哨阵地，其中锻炼出不少革命领袖人物，如乔治·华盛顿·托马斯·杰斐逊及帕特里克·亨利等人。

第四，民主因素的成长，是导致北美独立战争爆发的重要原因之一。民主的现实，不能不在人们的头脑中有所反映。诚然，殖民地上有一种重视门第之风。贵族集团中有不少人以门第相夸，有的甚至伪造谱牒，冒充英国贵族的后裔①。在新英格兰，重视门第的歪风最为严重，基督教徒在教堂里做礼拜时，坐位也要按照其社会身份作严格的安排②，甚至在当时的最高学府——哈佛大学也是按社会地位排列学生名次。在有 24 名学生的一个班里，约翰·

① Leonard Woods Labaree, Conservatism in Early American History. p. 2.

② James Truslow Adams, Provincial Society. pp. 57 ~ 58.

亚当斯竟被排列在第十四名①。但是,这种风气却被一种平等的风气所压倒。在一个大多数白人拥有财产并且享有选举权的北美社会里,平等思想之盛行是可以理解的。一个作者1756年在《宾夕法尼亚日报》上评论道:“这个省的人民一般说来在生活上是过得去的……他们享受并喜爱自由,他们中间最卑微的小人物也认为他有权利得到大人物的殷勤招待。”一个官员在1760年写道:在北美,“在民主政府下,一切令人痛心的身份差别都消失在公众的平等之中”,甚至平等的风气也波及上层社会。菲利普·费乞安(Philip Fithian)于18世纪60年代在他的故乡新泽西就看到了“平等”的迹象。他写道:“我们看到绅士们,当他们不从事公务时,在他们的农场上劳动,以便为他们底下人做出榜样;而另一方面,我们又看到劳动者在主人的客厅里和主人坐在同一个餐桌上吃饭,一同话家常。”②民主精神或共和主义精神,在殖民地居民中也日见抬头。英国一名官员在1763年对英国商务部抱怨说:“新英格兰政府都是按照共和主义原则形成的,而这些原则被热心地灌输在他们的青年的头脑之中。”康普特洛勒·威尔(Comptroller Weaer)在1760年指出:甚至在王家殖民地上,“英王的权威也得不到充分的支持,因为在人民中间一种共和主义精神泛滥起来了,人民极端猜忌不直接来源于他们自己的任何权力”③。爱好自由,反对外来权威的干预,这种精神在北美居民中到处可见。安得鲁·伯恩比(Andrew Burnby)在1759—1760年间访问了北美,据他描述,弗吉尼亚人特别“高傲而珍惜自己的自由,忍受不了任何限制,几乎不能容忍任何高高在上的权力的控制,甚至有这种想法他们都受不了。他们中间有许多人把殖民地看作是除了有一个共同的国王而外不与大不列颠发生任何联系的独立的国家”④。北美人民

① Carl L. Becker, Beginning of American People. pp. 165 ~ 166.
② Carl N. Degler, Out of Our Past. p. 47.
③ Carl N. Degler, Out of Our Past. p. 63.
④ Gilbert Chinard, Thomas Jefferson The Apostle of Americanism. p. 42。

的这种思想状态,使得他们无法容忍 1764 年以后英国对他们的权利和自由的侵犯,因而独立战争的爆发就成为不可避免的了。

第五,北美殖民地内部民主成分的大量存在这个特点也在颇大程度上决定了美国第一次革命的温和性质。道理很简单:压迫愈大,反抗亦愈深,反之亦然。以法国为例,大革命前夕的法国社会是一个“铁槌与铁砧”的社会(伏尔泰语),广大人民辗转呻吟在封建特权等级和专制暴君的淫威之下,处在水深火热之中。因而革命一旦爆发,激昂的群情像开了闸的大水一样,汹涌澎湃,冲击一切网罗,结果出现了大量过火的、剧烈的革命行动。在北美则不然。北美殖民地时代虽然有阶级压迫,但是人民群众(白人)在政治经济上享有一定的民主,这个民主缓和了阶级矛盾。这就决定了北美人民在革命期间没有做出法国人民那样惊天动地、疾风骤雨般的过火的革命行动和恐怖行为。

第四讲　独立战争与美国人民争取民主改革的斗争

18世纪下半期的美国独立战争是“一次伟大的、真正解放的、真正革命的战争”①，是美国第一次资产阶级革命。这次革命的伟大意义不仅在于美国人民通过武装斗争取得了国家的独立，而且也在于美国人民在与英国殖民者英勇作战的时候，还进行了争取民主改革的斗争，并且赢得了一定的成果。但是，国内出版的世界史教材，在美国战争一章里一般地着重叙述对英战争的一面，而相对地忽略了争取民主改革的斗争。为了弥补这个缺陷，本讲仅就后一个问题，作比较系统的论述。

独立战争期间美国人民争取民主改革的斗争，主要有两方面的内容，第一是争取政治上的资产阶级民主的斗争，第二是争取社会经济方面的民主改革的斗争。

一、北美殖民地的政治经济状况

独立战争前，英属北美殖民地一共有十三个，其中有八个是王家殖民地，有三个是业主殖民地，有两个是自治殖民地。每个殖民

① 列宁：《给美国工人的信》，见《列宁全集》第28卷第43页。

地的统治机构都是“双重”的:作为行政首脑的总督与作为立法机关的议会。王家殖民地的总督由英国国王任命,业主殖民地的总督由业主自己指派,但是受英国法律的节制(约束),自治殖民地的总督由居民中的有产阶级选出,但是他们必须按照英国国王所颁布的特许状进行统治。

总督依靠参事会统治殖民地,他还有权否决殖民地议会所通过的法案,可以委任法官、收税员和民兵军官。王家殖民地的总督多出身于英国军官、政客和律师,他们一般都是高高在上,利用职权搜刮居民,作威作福。他们用严刑峻法任意压迫人民。

各殖民地的议会是逐步确立起来的,它分为上下两院,其职权没有法律上的明文规定,但在实际上,议会的下院相当于英国国会的下院,有征税、征兵、发行货币等权力。但是议会的选举是很不民主的,选民的资格有财产上的限制。在十三个殖民地中间,有七个殖民地规定了土地财产资格限制。除非一个人拥有土地,他是无资格参加选举的。比如在罗德艾兰,一个人必须有价值四十英镑或每年收租四十先令的土地,才能有选举权。在佐治亚,要求选民有五十英亩的土地。在新罕布什尔,选民必须拥有价值五十镑的土地。北卡罗来纳要求选民有五十英亩的土地。纽约要求选民拥有价值五十镑的土地或房产。弗吉尼亚规定未开垦的土地五十英亩,开垦过的土地二十五英亩。在这个殖民地上,凡自由黑人、混血儿、印第安人、妇女及天主教徒均被剥夺了选举权。新泽西要求有一百英亩土地或价值五十英镑的个人财产及少许土地。南卡罗来纳规定一个人必须拥有一百英亩的未住人的土地(必须是纳税的),或者他必须有价值三十镑的城市住宅或地段(纳税),或者他必须每年纳十先令的税。剩下的五个殖民地允许以个人财产代替不动产。麻萨诸塞,每年有四十先令的收入的不动产,或者有其他价值四十镑的财产。康涅狄格与之相同。在马里兰,五十英镑的土地或价值四十镑的其他财产。在德拉瓦,必须有五十英亩土地,其中有十二英亩是开垦了的,或价值四十镑的财产。在宾夕法尼亚，五十英亩土地或价值五十镑的其他财产①。可见，广大劳动贫苦人民是被排除在选举权范围之外的。

被选举权限制得更严，比如南卡罗来纳的议会议员必须有田产五百英亩以上的人才能当选。

可见，殖民地的议会是掌握在一撮富人手中的，广大人民处在英国殖民地统治者及殖民地上的上层统治阶级的双重压迫之下。

殖民地人民不但在政治上处于受压迫的无权地位，而且在经济上也备受剥削压榨，因为在殖民地上不但有资本主义剥削制度，而且也有前资本主义剥削制度——建立在大土地所有制上面的半封建租佃制及种植场黑人奴隶制度。

半封建租佃制主要集中在中部殖民地，特别是纽约殖民地。在这里大封建地主往往田连阡陌，二百五十万英亩的土地集中在少数几个大地主手中。其中只约翰生一人就独占五万英亩土地。这些大封建地主当中有大部分人原是英国的贵族，他们的土地都是在殖民地建立时期英国国王政府赠送给他们的。此外，在一些殖民地上还有英国国王的大片领地。这些大地主通常把自己的土地分成小块出租给佃农。纽约殖民地的许多地区，几乎有六分之五的居民是佃农。大地主时常任意提高地租，佃农受到残酷的剥削。

种植场黑人奴隶制盛行于南部殖民地。在这里，大土地所有者身兼奴隶主，经营大块种植场，残酷地剥削黑人奴隶。在中部北部殖民地上也存在黑人奴隶制，不过主要从事家内劳动，有的甚至和主人一道从事农业劳动。

为了维护大土地所有制，有八个殖民地实行长子继承制。在南部和中部一些殖民地上还实行所谓限定嗣续法。在这个制度下，只有具有一定身份的人才能继承土地，目的是为了保持贵族的大土地所有制。

---

① 科克·波特:《合众国的选举权史》，英文版第7～10页。

殖民地时代，除掉麻萨诸塞、罗德艾兰、康涅狄格及新罕布什尔外，其他殖民地的一切土地所有者，包括小农在内，还必须向殖民地政府当局缴纳地税。长子继承制，限定嗣续法及地税，都是封建残余的表现。

二、人民争取民主改革的要求和民主派与保守派的政治主张

殖民地上这种落后的政治经济情况，决定了美国资产阶级革命的任务。具体言之，针对殖民地上的政治经济情况，美国资产阶级革命，除了对外应该完成推翻英国殖民统治这个首要任务之外，在国内还要完成两个任务：第一，实现资产阶级的政治民主，第二，消灭一切前资本主义剥削制度，因为只有实现政治民主，有了一个民主环境，资本主义生产力才能得到畅通无阻的发展，人民才能在科学文化方面发挥创造力；只有消灭一切前资本主义，才能为前进中的资本主义铺平道路。一句话，就国内而言，资产阶级革命必须完成一系列民主改革，以便实现政治民主及消灭前资本主义制度。

那么，为了实现一系列民主改革而斗争的是谁呢？是美国人民。这是因为实现这些民主改革，关系到他们的切身利益，而且通过反英斗争，他们的觉悟提高了。

美国独立战争是殖民地人民为了推翻多少年来在他们头上作威作福的英国殖民统治而掀起的一场惊天动地的革命风暴。因此，这场战争很自然地唤起了美国人民的觉悟，他们认识到，既然外来的英国压迫者应该打倒，那么本国的压迫者为什么不应该打倒呢？同时，他们也感到反英斗争也是实现自己自由的大好机会。总之，反英的独立战争唤醒了美国人民的阶级觉悟，这就是为什么美国人民在独立战争爆发后，展开了争取民主改革的斗争的主要原因。

美国人民争取民主改革的斗争贯穿了整个独立战争时期，并且持续到战争结束之后，前后达十几年之久。

参加这个斗争的有广大农民、工匠、小店主、黑人以及资产阶级民主主义者，斗争的主力是农民，斗争的领导者是资产阶级民主主义者，其中著名的有托马斯·杰斐逊、边甲敏·富兰克林、萨缪尔·亚当士、帕特里克·亨利及托马士·潘恩等人。

美国人民在争取民主改革的斗争中所提出的要求，或他们争取的目标，大体说来有以下几个方面：

第一，实现资产阶级的政治民主，具体言之，首先是选举权，要求取消选举权的财产限制，以实现普选权。其次代表权的平等，议会中的席位，应与选区的人口成正比例。再次便是成立由人民直接选出的一院制的议会，因为只有这样才能使人民的意见充分反映出来，才能使人民代表在政府中起作用。最后是限制政府的权力，使民选的议会权力高于行政权力；削弱中央政府的权力，把相当大的权力保留给各州。这是因为美国人民从过去的经验中认识到一切政府都是压迫人民的工具，从而相信："统治最少的政府，是最好的政府。"①

第二，消灭一切前资本主义剥削制度：首先是消灭建立在大土地所有制基础上面的半封建租佃制，以及目的在于维持大土地所有制的长子继承制和限定嗣续法，实现耕者有其田的小土地所有制。这是因为美国人民认为一个人的财产特别是土地财产，只要上足以供养父母，下足以赡养妻子就够了，超过这个限度，就是不合理的②。其次是废除野蛮的奴隶制度，这是因为美国人民认为奴隶制度是违反人类自由平等的原则，是与独立战争中提出的民主原则不相容的。

上述这些民主要求在思想上的集中表达者便是美国的伟大政

---

① 摩累斯：《为美国的自由而斗争》，中译本第 203 页。

② 摩累斯：《为美国的自由而斗争》，中译本第 202 ~ 203 页。

治思想家——杰斐逊。杰斐逊出身于弗吉尼亚的贵族大地主家庭，自幼受良好的教育，在大学读书时就接受欧洲的先进思想——英国的资产阶级民主思想及法国启蒙思想。

他的政治思想的核心便是人民主权思想。他认为政府的一切权力都是人民授予的，因此一旦被统治的人民对政府不满时，可以推翻它而代替以新的政府。

他相信人们生来都是平等的，自由的，任何权威都不能剥夺或干涉人民的这些权利。他对普通人民有无限的信心，主张一切问题都应该由人民的投票表决，因为他认为大多数人的意见总是正确的。他憎恨一切传统的力量，要求消灭传统力量加在人民身上的束缚。他认为死人不能支配活人，一个世代是十九年，因此他提倡每隔二十年就应该来一次革命，复查一次宪法，以便使宪法能符合当代人民的新的要求。他说："时常发生了点暴动是一件好的事情……反抗政府的精神在某些场合下是这样可贵，以致我希望经常保持这种反抗的精神。"此外，他也认为即使在最好的政府形式下，那些被委以政权的人们，在时间的进展中也会用缓慢的办法，把政权引入暴政的道路上去。因此，自由之树必须不断用"爱国者及暴君"的鲜血来灌溉，他主张定期革命重发的必要性。

杰斐逊反对奴隶制度，他把奴隶制度看成是罪恶，违反人的自然权利，他要求废除这个制度。他也特别同情印第安人的遭遇，严厉谴责白人剿灭印第安人的罪行。

杰斐逊也反对资本主义制度及其文明，他举英国为例，证明资本主义是把"社会上大多数人变成贫穷的自动机器"。他攻击资本主义制度把财富集中在少数人手中，并使大多数人陷于赤贫和破产。杰斐逊也讨厌工商业，认为工商业是违反自然的人为的东西，而农民是接近自然的东西，农业是人们维持生活所必需的，因为人们的粮食来自农业。

他虽然反对资本主义，但是并没有提出消灭资本主义的主张，他只想用巩固小农经济的办法来限制资本主义，保护小农经济，不致于为资本主义大生产所吞并。他特别同情农民,重视农民,他的理想便是以小农为基础的民主共和国,这个共和国的居民都是经营自给自足经济的独立自由的农民。他认为只有在这样的共和国里才能避免资本主义灾难及社会冲突。实际上他这种想法是天真的,他没有看到小农经济是资本主义的出发点,从小农经济中会自发地产生资本主义的。

参加争取民主斗争的资产阶级民主主义者和他们所领导的工农大众,又称曰民主派。站在人民争取民主斗争的对立面的便是保守派。保守派代表美国大资产阶级(大商人)、大奴隶主的利益。大资产阶级和大奴隶主在殖民地时代就是靠剥削劳动人民及从事各种投机事业而致富的。在独立战争时期,他们更利用战争的机会,通过囤积居奇,投机倒把及以高价把军需品出售给军队等等不正当手段,发了大财。

保守派的代表人物有亚历山大·汉米尔顿、约翰·杰、乔治·华盛顿和约翰·亚当士等人。

早在1775年保守分子约翰·亚当士就警告说:“拉平之风如此盛行……使我担心我们不得不调一支武装部队,来干我们的文官政府原来计划要干的工作。”①

可见,保守派站在剥削阶级的立场上,是非常害怕人民仇恨人民的。这就决定了他们的政治态度及主张。他们主张建立强大的国家机器以保障有产阶级的财产安全;强调和加强中央集权,缩小地方政府的权力,以便更有效地保障剥削阶级的利益及镇压人民的反抗。他们反对人民有选举权,这是因为他们害怕人民参加各级政府。他们要求成立两院制的议会,以便利用上院权力去限制下院的权力。在议会议席的分配上,也希望以有利于上层分子的方式进行分配②。在社会经济方面,他们反对以有利于人民的方

① 莫里森、康马杰、洛伊希滕堡合著:《美利坚共和国的成长》第一卷第437页。
② 摩累斯:《为美国的自由而斗争》,中译本第201~202页。

式解决土地问题，也反对废除殖民地时代遗留下来的种种前资本主义剥削形式和制度。

这样，保守派的主张和人民的要求完全是针锋相对的。所以，人民争取民主的斗争，实际上就是民主派与保守派之间的斗争。

三、美国人民为争取资产阶级政治民主而斗争

（一）"独立宣言"的发表是美国人民争取政治民主斗争的伟大胜利

"独立宣言"是1776年7月4日由美国最高领导机构大陆会议发表的，是出于资产阶级民主主义者托马斯·杰斐逊的手笔，它不但体现了杰芬逊的民主思想，同时也反映了北美广大人民的内心要求。宣言主要分为两大部分：第一部分最重要，它充分有力地发挥了人民主权的思想，从而从理论上阐明美国人民举行革命及宣布独立是正当的。它写道，我们相信这是不言自明的真理："所有的人们生来都是平等的，他们被他们的创世主赋予了某些不可割让的权利，其中包括有生活、自由和追求幸福的权利；为了保障这些权利，才在人们当中设立政府，而政府的正当权利是来自被统治者的同意；如果任何形式的政府破坏这个目的，那么，人民便有权改变它或废除它，而建立新政府，把新政府建立在最能保障人民的安全与幸福的原则之上，并用符合于这种原则的形式组织它的权力……"①

在这一段文章中，值得注意的是：它强调人民有生活、自由和追求幸福的权利，而没有提到财产权，这充分证明它反映了美国广大人民的愿望和要求。宣言在原稿中还有谴责奴隶制度和奴隶贸易的词句，只是在南卡罗来纳及乔治亚奴隶主代表的反对下，这些

① 莫里森、康马杰、洛伊希滕堡合著《美利坚共和国的成长》第一卷第351页。

词句才被删掉①。也正因为它特别强调人民的权利，而且比法国的“人权宣言”要早十三年，所以马克思称这为“第一个人权宣言”②。

那么，这部反映美国人民的正义要求的，并且代表了资产阶级民主思想的文件为什么能够作为美国第一个官方文件以大陆会议的名义发表出来？为什么没有遭到保守派的阻止？这里原因有二：第一，当时北美正处在反英斗争的高潮，劳动人民积极参加反英战争。在保守派看来，发表这样一个宣言，正可以鼓舞人民的战斗，对于战争是有利的。第二，当时人民群众掌握了局势，在战争爆发之前，就出现了群众性的革命组织，如“自由之子社”、“通讯委员会”等等。这些群众组织权力极大，英国侵略军将军盖治的话就证明了这一点。他说：“无论何人，只要他不遵从它们（指通讯委员会——引者）的任何建议的话，他的人身和财产就失去保证。”③在这种情况下，保守派慑于人民的强大力量，是不敢公然反对通过独立宣言的。

因此，独立宣言的通过意味着美国人民争取民主斗争的一次伟大胜利。

（二）美国人民为制定民主的州宪法而斗争

美国人民不但通过独立宣言表达了自己的民主信念，而且还用实践去为实现自己的民主政治理想而斗争。这首先表现在争取制定民主的州宪法的斗争上。

在1776年到1780年间，大多数州都召开了制宪会议制定了州宪法，只有康涅狄格和罗德艾兰二州没有制定新的州宪，而是把殖民地时代的特许状保存下来作为自己的州宪，直到19世纪上

---

① 《当代人讲述的美国史》英文版第二卷第539页。

② 马克思：《致美国总统阿伯拉罕·林肯》，《马克思恩格斯全集》第16卷第20页。

③ 哈第：《第一次美国革命》，英文版第65页。

期,二州才分别在 1818 年和 1842 年制定新的州宪法①。在制定州宪法的过程中,民主派和保守派之间进行了尖锐的斗争。在佐治亚,民主派和保守派之间的斗争发展到相当尖锐的地步,以致一个时期出现两个立法机关,两个行政机关互相对立②。

下面举出几个典型的州为例,说明在制定州宪的过程中,民主派和保守派的斗争是多么激烈。在宾夕法尼亚,西部的农民与东部的大商人之间的斗争,早在 1776 年就已达到顶点,斗争的结果是西部农民和东部工人在州议会里取得了多数席位。因此州议会在农民和工人的强大压力下,制定了一个比较富有民主主义精神的州宪法,它规定只设一院制的州议会,扩大了选举权,凡缴纳人丁税的人,都可以参加选举。它采用了民主的选区制度——选出的议员名额与各选区的人口成正比例。又成立了一个检察委员会,以监督州政府的活动。因此,这部州宪法得到广大劳动人民的支持③。保守派詹姆士·威尔逊就因为反对这个州宪而在 1779 年遭到人民群众的袭击④。但是保守派不甘心失败,他们在 1789 年发动政变,在翌年选出一个制宪会议,制定了一部两院制的新州宪⑤,规定了选民的财产资格:即必须是纳税的人⑥,并且特别为担任官职的人规定了很高的财产资格⑦。

在麻萨诸塞,斗争也很激烈。最初民主派得势,他们制定了一部民主的州宪法,但是代表大商人利益的保守派采取阴谋诡计,达到了废除这个民主宪法的目的,并且在 1780 年制定了一部极不民主的宪法,它规定了两院制的议会,把选举的资格规定得很高,选

---

① 狄利:《美国州宪法的成长,从 1776 到 1914 年末》,英文版第 25 页。

② 比尔德:《美国文明的兴起》,英文版第一卷第 261、307、300 ~ 302 页。

③ 当代人曾说过:“……这个政府的支持者乃是一群没有任何高尚道德的工人。”见莫理森等合著:《美利坚共和国的成长》第一卷第 423 页。

④ 莫理森等合著:《美利坚共和国的成长》,第一卷第 423 页。

⑤ 莫理森等合著:《美利坚共和国的成长》,第一卷第 424 页。

⑥ 比尔德:《美国文明的兴起》,英文版第一卷第 261、307、300 ~ 302 页。

⑦ 科克·波特:《合众国的选举权史》,英文版第 7 ~ 10 页。

民必须有价值六十镑的财产，州议会下院议员的财产资格为一百镑的不动产或价值二百镑的其他财产，上院议员则为三百镑的不动产。因此，莫理逊这样形容麻萨诸塞的 1780 年宪法，他说："1780 年的宪法是一部律师和商人的宪法，目的在于加强政府效率及保护财产以防止民主海盗的侵犯。"①

在弗吉尼亚，整个独立战争期间，在制定州宪问题上，东部的种植场主与西部的农民之间进行了你死我活的斗争，"在国教会及土地贵族的这个旧领地（指弗吉尼亚——引者）的社会组织中[发生]了不亚于革命的斗争"②。但是斗争的结果，在弗吉尼亚，保守派占优势，因之在他们一手包办下，制定出一部极不民主的宪法：两院制议会，选民财产资格和殖民地时期一样，同时规定每郡不论人口多寡，均选出两名下院议员，这很不利于西部农民聚居的郡，因为西部人口多，而且越来越多，这就使东部种植场主在下院中占优势③。

在南卡罗来纳，以沿海地区的种植场主与城市商人一方，以内地的农民与工匠为另一方，进行了几乎无休止的斗争。这个州甚至一个时期出现"平等派"推翻"财富与天才"的贵族的可能④。后来保守派花费了好大气力才取得优势，并且制定了一部毫无民主气味的州宪。它规定：有选举权的只限于拥有五十英亩的男子，州参议员必须有价值两千英镑的财产，州长必须有一万镑的财产⑤。

在纽约，1776 年 7 月召开州制宪会议，在会议上保守派势力远远超过民主派势力，因此会议制定的州宪带有很大的保守色彩。第一，设置两院制州议会，参议员权力比众议员权力大；第二，州的行政权力比立法权大，如州长对于立法机关的立法有否决权；第

---

① 比尔德：《美国文明的兴起》，英文版第一卷第 266～267 页。
② 比尔德：《美国文明的兴起》，英文版第一卷第 266～267 页。
③ 莫里森等合著：《美利坚共和国的成长》，第一卷第 424 页。
④ 比尔德：《美国文明的兴起》，英文版第一卷第 266～267 页。
⑤ 莫里森等合著：《美利坚共和国的成长》，第一卷第 425 页。

三,选举权只限于拥有价值二十镑的土地,或拥有房租收入达四十镑的出租住宅的人,而且必须是纳税的①。

这样在绝大多数州,人民的斗争都失败了,新制定的州宪法一般都规定了两院制议会及选举权的财产资格,劳动人民的选举权被剥夺了。但是,由于人民的压力和民主派坚持斗争的结果,几乎所有的州宪法,都在开头部分附有"权利宣言"或"权利法案"。在"权利法案"或"权利宣言"里列举了人民所享受的一系列自由:出版自由,选举自由,言论自由,集体自由,请愿自由,私人住宅不可侵犯,在法律面前人人平等,不得任意捕人等等②。新罕布什尔和麻萨诸塞都在议会里设置了公众席,为的是让选民行使对立法者的监督权③。美国各州州宪法前附加的"权利宣言"或"权利法案",后来成为18世纪末法国大革命爆发时发表的"人权宣言"的蓝本。

但是总的来说,美国人民在制定州宪法的斗争中失败了,因此大资产阶级大奴隶主掌握了各州的政权。新的统治者在掌握了州政权之后,便利用自己的统治权加紧压迫劳动人民,这就引起了劳动人民的反抗——麻萨诸塞谢司起义便是这样发生的。

(三)谢司起义是美国人民争取民主改革的斗争的顶点

谢司起义发生在麻萨诸塞州,它之爆发也并不是偶然的。原因有两方面:第一,如前所述,麻萨诸塞代表大商人利益的保守派在1780年制定了一部极不民主的宪法,它剥夺了劳动人民的选举权,规定了两院制的议会,因而独占州政权,这引起了人民的极大愤慨。这是起义发生的远因。第二,当政的保守派不但独占了州政权,而且还利用政权为本阶级谋利,加重了劳动人民尤其是农民的负担,逼得农民走投无路,这是起义的直接起因。这个直接起因

① 科克·波特:《合众国的选举权史》,英文版第7~10页。

② 莫里森等合著:《美利坚共和国的成长》,第一卷第417~418页。

③ 莫里森等合著:《美利坚共和国的成长》,第一卷第438页。

再进一步具体分析如下：

战争期间，美国广大农村成为战场，战争的破坏使许多农民陷入贫困境地，战后农民经济受到进一步的打击。由于战争结束和军队复员以及英国关闭美国对西印度的贸易，粮食市场紧缩了，以致粮食价格下降，农民收入减少了。在这个情况下，农民靠借债度日者极多。到1786年为止，他们的债务是如此之重，以致大多数处在破产的边缘①。有许多农民由于不能如期还债而被投入监狱中去，麦克马斯特在谈到佛蒙特的情况时说："有一半居民完全破产，另外一半也堕入贫困深渊中。"在谈到新罕布什尔时他又说："在这里和其他地方一样，只要一个人欠六便士或一先令的债而还不上时，就被捉将官里去。假如这项法律在1785年秋严格执行的话，全社会可能有三分之二左右的人遭受监禁。"②

当时各地农民为了使自己容易摆脱债务，曾要求政府发行更多的纸币，实行通货膨胀政策。1786年在罗得艾兰、新泽西及卡罗来纳，州当局都在农民的要求下被迫实行通货膨胀政策，这就缓和了农民的情绪。但是在麻萨诸塞州却没有这样做。该州立法议会在资产阶级的要求下通过法令，强迫欠债者用"硬币"偿还债务，这就增加了农民的困难。不但如此，该州还增加了土地税及人头税，目的是为了使州政府用这笔钱偿还战争期间向资产阶级所借的债③。

正是由于麻萨诸塞州存在这种情况才在这里爆发了革命。

麻萨诸塞的农民终于挺身起来斗争，领导人就是谢司。有12000到15000人拿起武器，起义发生在1786年秋，一直持续到1787年初，才在政府军队的镇压下失败。

这次起义的伟大意义在于麻萨诸塞的农民以武装斗争的形式

---

① 摩累斯：《为美国的自由而斗争》，中译本第222页。
② 西蒙士：《美国历史中的社会力量》，英文版第86～87页。
③ 比尔德：《美国文明的兴起》，英文版第一卷第261、307、300～302页。

回答了资产阶级篡夺州的政权，因此它标志了美国人民争取民主革命斗争的顶点。

(四)美国人民为制定民主的全国宪法而斗争

如上所述，在独立后，各州都先后制定了州宪法，成立了州政府。为了成立全国政府，也需要制定一部全国性的宪法。在制定全国性宪法时，代表美国人民利益的资产阶级民主派与保守派进行了更为尖锐的斗争。斗争的焦点是中央集权的问题。

1776 年大陆会议成立了一个宪法起草委员会，该委员会中保守派占多数，因此所提出的宪法草案体现了保守派的观点，但是民主派控制了大陆会议，他们反对这个宪法草案，对它作了重大的修改，结果，在 1777 年 11 月 15 日大陆会议最后通过的宪法，基本上反映了民主派的观点。

这个宪法称曰："邦联条例"（全名"邦联和永久联合条例"）。各州花去了三年时间，到 1781 年才批准了它，于是才开始生效。

按照"邦联条例"的规定，美国的国家组织有以下几个特点：

第一，各州保留了很大的独立性：宪法给各州保留征税、征兵及发行纸币的权力。各州也有权规定出入口税。国家有事时，中央政府只能请求各州提供军队。中央需要钱时，只能向各州摊派款项，作为维持中央机构的经费，但是各州可以拒绝提供款项。

第二，中央政府组织机构是奇特的。中央最高机构是一院制的邦联议会，每州选出两至七名代表，但每州代表在投票时，只能投一票；中央不设置总统这样的国家元首，只是在议会下面设立一个诸州委员会，由十三名委员组成，每州派出一个委员，在议会休会时管理经常性事务。没有设置总统这一点，反映了美国人民对于英国国王的仇恨及厌恶心理，因为在他们心目中，任何国家元首都和英国国王一样，是压迫人民的象征。

第三，中央权力极小，邦联议会只有宣战和媾和权，派遣对外使节，调整各州的争端和掌管邮政。它无权管理州际贸易和对外贸易，只有在各州的同意下，才能与外国订立有关贸易的条约。它完全依靠各州维持国家秩序,无权干涉各州内部事务。即使某一州发生内战,它也只能作壁上观①。

这样看来,依照邦联条款,美国这个国家恰像由十三个独立国家新组成的松懈的国际同盟。

邦联条例之所以具有这些特点,主要是民主派坚持的结果,但是也与各州的统治阶级的态度不无关系。第一,南部奴隶主与北部资产阶级,由于经济制度的不同,利害亦不一致,南方奴隶主害怕中央权力太大,会把不利于自己的政策强加于己。第二,小州的统治阶级害怕大州利用中央权力侵害自己的利益。

平心而论,主要反映了美国人民和民主派思想的邦联条例的缺点是很明显的,因为根据这个宪法而建立起来的美国,实际上不成其为一个国家,只是一个四分五裂的地理上的概念。这对于美国社会经济的发展是颇为不利的。这反映了美国民主派在政治上的幼稚。根据邦联条例建立的美国国家组织,虽然对于美国的前进发展是不利的,但是在实行邦联条例的八年当中,美国也并不像有些历史学家(如费斯克)所说的那样是个一团糟的"危机时期",诚如比尔德所指出的,在这个时期仍有许多迹象表明这个新国家在稳步地恢复秩序及繁荣②。第一是对外贸易有了发展,运往英国的出口货物数量在1784—1788年间一直在增长着。美国与西印度群岛甚至东方的贸易也有所增长。到1789年美国贸易达到了革命前曾达到的规模。第二,工业企业也有显著的发展,一些用机器生产的工厂出现了,呢绒工厂,造纸厂,火药工厂,玻璃制造厂都兴起了③。因此,富兰克林在1787年初宣称:国家是如此繁荣,

① 比尔德:《美国文明的兴起》,英文版第一卷第261、307、300~302页。

② 比尔德:《美国文明的兴起》,英文版第一卷第302~303、304、305、315~316页。

③ 摩累斯:《为美国的自由而斗争》,中译本第218~220页。

以致应该做感恩祈祷①。18 世纪末的一位历史学家亨利·道逊根据大量的研究材料得出结论说:所谓“危机时期”的混乱,主要是一种虚构的说法②,美国一些历史学家把这个时期称为危机时期,并且把它描写成一团糟,主要是反映了保守派对于“邦联条例”的不满情绪。保守派所代表的大资产阶级各个集团在当时站在不同的角度上,对“邦联条例”心怀不满。他们要求取消“邦联条例”,另外制定宪法以加强中央权力。关于这个问题,美国经济派历史学家比尔德作了细致的分析,他的观点基本上是合乎实际情况的。据他的研究,当时美国大资产阶级中间有以下几个集团对邦联条例异常不满,并且要求废除“邦联条例”,另外制定新宪法,以加强中央集权。

第一,战时政府曾发行大量公债,购买战时公债的大多数是大资产阶级,这些公债券持有人希望在战后政府能清偿债务,但是当时的邦联政府根据“邦联条例”没有征税的权力,这个权力保留在各州手中,只能靠各州自愿上缴一部分各州所征的税,从而偿还公债就大成问题。实际上当时中央从各州每年可收到的款最多只为它所要求的四分之一③。因此公债券持有者迫切要求加强中央政府的权力,特别是征税权,以便有能力偿还公债及利息。

第二,战后,英国商品像潮水一般涌进美国市场,在战时发展起来的美国工业企业大受摧残。这是因为邦联政府无权实行保护关税的政策。因此,工业企业家也迫切要求加强中央政策的权力,以保护他们的幼稚的工业④。关于这一点美国一位历史学家比肖

---

① 比尔德:《美国文明的兴起》,英文版第一卷第 302~303、304、305、315~316 页。

② 比尔德:《美国文明的兴起》,英文版第一卷第 302~303、304、305、315~316 页。

③ 比尔德:《美国文明的兴起》,英文版第一卷第 302~303、304、305、315~316 页。

④ 比尔德:《美国文明的兴起》,英文版第一卷第 302~303、304、305、315~316 页。

普写道："没有一个社会阶级比美国制造业的朋友更加热心地要求废弃'邦联条例'，重新制定宪法了。"①

第三，邦联政府的组织也特别损害美国商人的利益，就国内贸易来说，各州都有自己的货币系统，货币很不统一，也出现伪造的货币，这对于各州之间的贸易很不利。各州都有自己的关税系统，都对从邻州入口的货物征收关税，"在纽约州，甚至对从康涅狄格运来的柴火及从新泽西运来的卷心菜征收关税"②。即使有些商人能够克服这些障碍到外州去做买卖，但是他们在向外州买主收钱时也遇到困难，因为各州的法院都是袒护本州的欠款者③。这对于各州间的贸易也起了阻碍作用。就国外贸易来说，特别是最活跃的新英格兰人，在英国港口备受歧视、凌辱，因为邦联会议无权与外国缔结条约，无权保护本国商人在国外的利益。美国商人希望英国能开放西印度群岛对美贸易，但美国中央政府无权进行这样的交涉。因此，国外贸易也受到阻碍。

第四，美国的债权人——多半是资产阶级——也感到当前的美国国家组织情况不利于自己。当时有些州政府任意大量发行纸币，因此纸币贬值，这就使得债权人在收债时吃亏不小，而中央政府无权禁止各州这样做。

第五，军队里的军官及士兵在战争期间领到土地券，他们持土地券可以到西部去领取土地，不过士兵手中的土地券一般被土地投机商用低价收购去了。有土地券的军官及投机者在西部领取土地时往往受到边地上的印第安人的袭击。所以他们也希望有一个强大的中央政府能够派军队去保护他们。

第六，美国北邻是英属加拿大，西部是西班牙属路易斯安那，

---

① 西蒙士：《美国历史中的社会力量》，英文版第88页。

② 比尔德：《美国文明的兴起》，英文版第一卷第302～303、304、305、315～316页。

③ 比尔德：《美国文明的兴起》，英文版第一卷第302～303、304、305、315～316页。

英西两国随时都有侵犯美国边境的可能，因此美国统治阶级要求能有一个统一的中央集权的国家政权和军事力量来保卫年轻的国土。

不过，比尔德提出的这些解释还不够，应该加上两条，第一，在战争过程中，各州所制定的州宪法大都附有“权利法案”，保障人民的基本权利，特别是宾夕法尼亚的宪法民主主义色彩更为浓厚。这使得各州的统治阶级寝食难安，他们认为唯有加强中央权力，才能限制各州人民争取到的这些民主权利。第二，美国统治阶级为了推行对外侵略扩张政策，也要求建立一个强大的中央集权国家，因为当时美国统治阶级已经有侵占西班牙手中的广大殖民地——拉丁美洲的野心了。

不过到 1786—1787 年谢司起义爆发之前，也并不是所有的统治集团都同意加强中央集权。当时南方种植场奴隶主经营的是农业，需要购买英国工业品，所以要求自由贸易，反对实行保护关税政策。因此他们不希望有一个强大的中央政府去保护北方商人的利益。小州的统治阶级也对强大的中央集权存有戒心。

但是 1786—1787 年的谢司起义，像晴天霹雳一样震动了所有的统治集团。他们一致感到在“邦联条例”下面的邦联政府力量太弱，不足以有效地镇压人民起义和保卫剥削者的利益，为此只有建立一个强有力的中央政权，才能巩固他们的阶级统治。因此，南方种植场奴隶主及小州的统治阶级丢弃了以前的顾虑，而同意废除“邦联条例”，制定新宪法，以加强国家机器。

这就是 1787 年制定新宪法的历史背景。

(五)制定 1787 年宪法是保守派向民主力量的反扑

保守派为了保卫大资产阶级的阶级利益，为了更有效地镇压人民革命运动及压制人民的民主权利，决定废弃旧的邦联宪法，重新制定宪法，以加强中央权力。

1787 年 5 月 25 日，亦即在镇压谢司起义后不久，就在费城召开了一个制度会议，会议一直开到 9 月 17 日。出席会议的五十五人中,有四十个人拥有公债券,十四个人是土地投机者,二十四个人是放债人,十五个人是奴隶主,十一个人从事商业、制造业及航运业。大多数代表都是以律师为业,精通法律,在政治上都是保守派,为首者是华盛顿,而只有两个民主派——富兰克林和路德·马丁参加了会议。其余的民主派如杰斐逊当时任驻法公使,帕特里克·亨利拒绝出席,潘恩到欧洲去了,萨缪尔·亚当士没有被选上。在会议发言中,虽然在一些琐碎问题上有些争辩,但是在一些重大问题上大多数人意见是一致的。第一,在加强中央政府权力上,态度一致:与会者绝大多数人认为必须建立一个强有力的中央政府,使其有力量保卫国土,有力量偿还国债,有力量保护私有财产,有力量维护现存的社会秩序以防止及镇压人民起义,有权力征税及调整国外及各州之间的贸易。5 月 30 日,会议还就这个问题通过一项决议,决议写道:"应该建立一个具有最高立法权、行政权及司法权的全国政府。"第二,与会者在反对民主反对人民的态度上也是一致的,他们认为,民主是一个危险的东西,必须用宪法加以限制。代表杰利甚至声称:国家所蒙受的不幸都来自"过度的民主"。兰多福也认为,美国过去几年出现的麻烦事,都来源于"民主的狂暴及放荡"。一些代表的发言,明显地暴露出他们对于人民的仇视。比如代表哈米尔顿叫嚣道:"一切社会都分为少数人和多数人。前者是富裕的,出身名门的,后者是人民群众,他们很少有分辨是非的能力。"麦迪逊在发言中谈到多数人统治的危险性①。有少数人仇视群众到这样程度,以致竟敢于主张建立君主制,如麻萨诸塞的哥哈姆就公然提出这样的主张。德拉瓦的约翰·迪金生也赞成君主制。他在会议上说:"一个有限制的君主制……[是]世界上最好的政府之一。……肯定地说,从来就没有从任何共和

① 比尔德:《美国文明的兴起》,英文版第一卷第 302 ~ 303、304、305、315 ~ 316 页。

制度中得到同样的好处。"[1]这些人当然瞩目于华盛顿了，想拥戴他为美国国王。华盛顿拒绝接受王冠[2]，并且坚决反对建立君主政体，这是因为他曾经长期领导反对英王的艰苦战争，对君主制从内心中是仇恨的。但是更重要的是因为他眼光远大，认识到建立君主制，美国人民是不会答应的[3]。但是不管怎样，华盛顿之拒绝接受王位，说明他具有伟大的政治家风度及襟怀。

经过几个月的讨论，终于制定了一部新宪法——联邦宪法。现在把宪法的主要内容及特点介绍如下：

第一，新宪法总的精神是：中央政府（又称为联邦政府）的权力大大加强，联邦政府获得如下权力：征税、征兵、发行货币、规定度量衡、制定工商业政策、主持军事外交及领导对外战争、邮政、管理对外贸易。国会还有偿付国债的权力。但是这部宪法还不是一部中央集权的宪法，各州仍保留相当大的独立性。凡宪法未明文划归中央政府的职能，仍保留给各州政府。比如关于工厂和劳工的立法，颁发公司执照，对宗教团体的监督，以及有关人民的卫生、安全和福利的措施，都在各州政府的权限之内[4]。

第二，以总统为国家元首，总统是选民间接选出的，就是说：先由各州议会选出复选人，然后再由复选人选举总统。总统任期四年，他享有执行法律的权力，亦即行政大权；也有指挥武装力量的权力，他是最高军事统帅，在战时可以行使独裁大权。他和他所任命的部长（及国务卿）不向国会负责，国会的不信任并不能促成总统和部长的辞职。总统可以否决国会所通过的法律，只有议会的两院重新以三分之二的多数票通过，他的否决才不生效。总统有

---

① 摩累斯：《为美国的自由而斗争》，中译本第230～231页。

② 莫里森等合著：《美利坚共和国的成长》，第一卷第504、499～500、505、503～504、513～517页。

③ 巴塞特：《合众国简史》，英文版第218页。

④ 莫里森等合著：《美利坚共和国的成长》，第一卷第504、499～500、505、503～504、513～517页。

权签订国际条约，但条约的批准，须经过参议院三分之二的多数票的同意。可见，总统的权力是相当大的，他身兼行政、军事大权及部分的立法权。无怪乎杰斐逊称美国总统制为君主制的"新版"。加强总统权力的目的是为了更有效地镇压人民起义保护剥削阶级的利益。宪法还特别规定：总统在各州的请求下，可以派军队去镇压叛乱。

第三，代替"邦联条例"规定的一院制国会，而建立了两院制的国会——参议院和众议院。参议院议员由各州议会选出，每州派两名。参议员一人一票，任期六年。每两年有三分之一的参议员改选。众议院议员由选民直接选出，每州所选出的众议员人数与该州的人口成正比例，众议员任期为两年。法律只要国会两院通过，总统批准，即可生效。但是一切征税法案均应由众议院提出。国会有权直接向国民征税，征收关税及国产税（消费税）。这对于国债券持有人大有好处。国会有权调整国外及州际贸易，这样就可以一举消除州际关税壁垒，从而有助于创立一个全国性的市场。国会也有无限权力征兵，也有权在紧急时期调动州民兵，这样一来，就可以镇压任何地方的人民革命运动。

第四，选举众议院议员的选民资格，宪法没有明文规定，而是留给各州自行规定。实际上各州州宪里已经在这个问题上有了规定。但是应该指出：这部宪法没有对于任何联邦官职加以财产资格的限制。实际上在制宪会议上，代表查尔斯·平克尼曾主张总统的财产资格至少必须规定为十万元，联邦法官、众议员和参议员至少为五万元。但是富兰克林反对，他说他不喜欢任何倾向于"贬低普通人民的精神"。因此，为联邦官员规定财产资格的企图被击败了①。

第五，设立高等法院，作为最高司法机关，法官由总统任命，并

① 莫里森等合著：《美利坚共和国的成长》，第一卷第504、499~500、505、503~504、513~517页。

取得参议院的同意,其任职是终身的。高等法院有解释一切法律和条约的权力,如它认为某项法律违反宪法时,可以宣布其无效。在美国建国后,它常常利用自己的职权废除一切不利于统治阶级的立法,因而在美国历史上扮演了特别反动的角色。

第六,整个宪法贯串了所谓"互相牵制"的原则。为了抵制人民群众对政府机构发生影响,制定宪法的保守派把政府机构分为三个部分,使其互相牵制。他们知道,在政府机构中,唯有国会的众议院议员是各州选民直接选出的,因此,人民群众对于众议院的影响是可以预料到的。在这个情况下,在保守派看来,为了限制众议院的权力,就必须设置参议院,这样就可以减少人民对政府的影响,因为参议院是各州立法会议选出的,距离人民更远一些。关于设置参议院的用意,麦迪逊是直言不讳的,他说:"设置参议院是为了保护财产而防备大众。是为了保护少数富裕者对抗大多数。"①但是,这样保守派还不放心,他们还害怕万一人民对国会发生影响,于是又设置总统以限制国会的权力——他有权力否决国会的立法。

对于国会及总统还不放心,还害怕他们受到选民群众的影响,于是,制定宪法的保守派又设置一个高等法院,用他去限制国会和总统的行动。

第七,限制州权的措施,在债务负担很重的农民群众的压力下,一些州立法会议大量发行纸币,以便使得债务人以贬值的纸币更容易还清债务。这对于有钱的债权人是很不利的,因此,代表富人利益的制宪者们便在宪法里特别加上一条规定:任何州均不得发行信用券,只能使用金银币去偿还债务②。

第八,1787 年的宪法对于人民的民主权利却只字未提。

---

① 莫里森等合著:《美利坚共和国的成长》,第一卷第 504、99 ~ 500、505、503 ~ 504、513 ~ 517 页。

② 比尔德:《美国文明的兴起》,英文版第 321 ~ 328 页。

如此可见，这部宪法巩固了大资产阶级奴隶主的统治，而剥夺了人民群众的民主权利，因而是反人民的宪法。它的制定，就是保守派对民主力量的反扑。

但是这部宪法也有积极的一面：第一，它使美国成为一个更为统一的国家，从而在客观上促进了社会经济的发展。第二，它确立了共和制度，这个制度比起君主制来说，是前进了一大步。如果估计到当时世界上包括欧洲在内，正在盛行君主制，而唯独在美国建立了共和制这一点的话，不能不说美国邦联宪法是一个伟大的创举，也可以说是对于人类的巨大贡献。

宪法制定出来之后，各州的人民群众特别是农民及他们的代表——资产阶级民主派尖锐地反对这部宪法，认为它是扼杀人民的民主权利的宪法。民主分子詹姆士·沃仑等人认为，新宪法会鼓励投机和犯罪，美国会很快地走上罗马帝政制的道路。他们认为这部宪法给联邦政府的权力太大了，它违反"统治最少的政府是最好的政府"的原则。乔治·梅逊说：新宪法毫无可取之处，在这部宪法下，总统将会"一步登上美国王位"[①]。

虽然遭到民主群众的反对，但是这部宪法终于得到各州的批准（最后批准的是罗德艾兰州，1790 年）。它之所以得到各州的批准，原因如下：

第一，拥护宪法的保守派大力宣传，他们发表了许多小册子和论文，其中最著名的是纽约一家报纸上连载的，由麦迪逊、哈米尔顿等人写的一系列论文，这些论文后来印成一部单行本，标题是《联邦党人》。这些文章起了很大的宣传作用。而且在群众中最有声望的华盛顿及杰斐逊也赞成新宪法。这都对于群众发生了不小的影响。

第二，拥护宪法的人还对各州批准宪法的代表大会采取

① 莫里森等合著：《美利坚共和国的成长》，第一卷第 504、499～500、505、503～504、513～517 页。

收买、贿赂及恫吓的手段，这也起了不小的作用，如约翰·汉考克是麻萨诸塞州代表大会的重要人物，保守派分子当面答应：如果这个代表大会批准宪法，将支持他竞选副总统。

第三，麻萨诸塞州的保守派向反对宪法的民主派让步，向他们许诺，一旦批准宪法，将对宪法作新的补充，这就是说，把“权利法案”作为修正案加进宪法里面去，以便保证人民的一系列民主权利。麻萨诸塞州、马里兰州及弗吉尼亚州之批准宪法，就是保守派让步的结果。①

为了履行诺言，国会在1790年，在麦迪逊的建议下，通过了十条宪法修正案，这些修正案规定了一系列自由：言论、出版、集会、信仰等自由及建立陪审员制度等等。

只有通过这次大大的修正，美国宪法才带有一定程度的民主气味。但是，这些保障民主权利的规定，后来不断遭到破坏。

四、美国人民为争取社会经济民主而斗争

人民的斗争不是仅停留在争取政治民主的层面，在反英独立战争爆发后，美国人民在社会经济战线上也展开了争取民主改革的艰苦斗争。

这个问题分以下三个方面叙述。

（一）向大地产制及封建残余开火，为解决农民土地问题而斗争

向半封建的大地产制开战，是与美国人民反对效忠派的斗争联系在一起的。当美国人民军队在战场上英勇地打击英国殖民军的时候，人民群众也不得不和内部敌人作殊死的斗争。所谓内部敌人又称曰效忠派或托利党人。

参加效忠派的有英国驻在殖民地上的官僚、军官、法官以及与

---

① 莫里森等合著：《美利坚共和国的成长》，第一卷第504、499～500、505、503～504、513～517页。

英国有联系的大地主。这些效忠派处处与革命人民为敌,在内部破坏反英战争,从为英军提供情报到放火烧毁军事物资,以及屠杀无辜居民,无恶不作,给革命造成巨大的损害。仅在纽约一地,就有 41600 多个效忠派分子从事捣乱。1778 年 7 月在汇俄明平原,全部居民都被他们杀光了。许多城市在效忠派的破坏下变为一片废墟。

这些人犯下了擢发难数的罪行,因而激起了广大人民的义愤。各地群众自发地起来和效忠派作斗争,他们一方面协助革命政府去揭发检举效忠派,另一方面也亲自动手惩罚他们,轻则以涂柏油、插羽毛和浸水等办法对付他们,重则处以死刑。

另一种惩罚办法便是没收效忠派的土地财产,因为他们当中有许多人是大地主。这个办法是托马士·潘恩提出来的①。同时直接受大地主剥削的佃农也提出同样的要求。这个要求得到资产阶级的支持,这是因为资产阶级想乘机夺取大地主的土地。结果,在 1778 年,革命的最高机关——大陆会议建议各州没收效忠派的土地。在大陆会议的建议下,各州都采取了这个行动。如威廉帕波列尔在缅因州沿海三十三英里的地产,菲律普斯在纽约州的三百平方英里的地产,宾恩的价值五百万美元的大地产,都被没收了②。

各州不但没收了效忠派的土地,而且还没收了英国国王在北美的大片领地。

没收来的土地如何处理呢?最民主的方法应该是把它们无代价的分配给这些大地产上面的广大佃农。但是大资产阶级是不肯这样做的。他们决定采取拍卖的办法,目的是用它来增加政府收入,以充反英战争的经费。

不过,在群众的强烈要求下,有几个州的议会实行了按较低的

---

① 哈克主编:《美国传统的形成》,英文版第一卷第 203 页。
② 比尔德:《美国文明的兴起》,英文版第 293 页。

价钱,分成较小的单位的出卖办法。比如,在纽约州,出卖的土地单位,不许超过五百英亩以上;在北卡罗来纳,以一百英亩为单位廉价出售。这种办法有利于劳动人民。在南部诸州及纽约州,还把一部分土地送给参战的士兵。此外,有许多州把优先购买权送给农民"占地人"①。因此,有不少土地转到一般人民手中。比如,罗格尔·摩理斯的大地产分卖给二百五十个农民。得·兰西的大地产被分割成二百七十五个小块土地卖给农民②。在纽约州达切斯等地区,原先的地主庄园上的佃农也成为小土地的所有者。

以上的措施,有力地打击了半封建的大土地所有制,并且在某种程度上解决了农民土地问题。

但是在拍卖的过程中,还是有大量土地落到大商人及土地投机商手中。他们采取各种卑鄙的手段抢购土地。如有些州,大商人用廉价抢购士兵的土地券(即政府发给他们的),然后用这些土地券购买土地。在另一些州,大商人利用他们手下的仆人及监工的名义抢购了不少土地。还有一些州大商人利用别人的名义购买到土地。纽约南部地区大部分效忠派的土地都转到富商、地主、军队承包商及土地投机者手中③。在这些土地落到土地投机商或其他富人手中后,他们继续实行租佃制。而且革命人民也未过问一些未参加效忠派的某些地主的土地所有权,而让他们照旧保留了土地财产及半封建租佃制④。比如在纽约州哈德逊河谷的大地主对佃农的剥削就很重,农民不仅向地主缴纳实物地租,而且还服劳役。只有到1850年,在佃农运动的冲击下,封建地租才逐渐取消。因此,打击半封建土地关系是不彻底的,一部分封建租佃制还是保存下来。

在进攻封建大地产制度的同时,民主派及他们所领导的农民

---

① 摩累斯:《为美国的自由而奋斗》,中译本第207、212页。

② 哈第:《第一次美国革命》,英文版第105页。

③ 摩累斯:《为美国的自由而奋斗》,中译本第207、212页。

④ 摩累斯:《为美国的自由而奋斗》,中译本第207、212页。

也起来向其他封建残余发动了总的攻势。战争一爆发，英王直辖殖民地及业主殖民地上的农民立即采取革命行动——停止缴纳地税——这笔税每年总计达十万美元①。

民主派杰佛逊在弗吉尼亚领导了对于长子继承制及嗣续限定法的进攻，他在1776年草拟了一项法律，由州议会通过，它取消了嗣续限定法，此后土地的继承成为无条件的了，即使身份很低的人也可以继承父亲的遗产。根据这项法律，弗吉尼亚至少有一半甚至四分之三的地区的土地继承从嗣续限定法下面解放出来，在十年内，其他州也取消了限定嗣续法。

在杰斐逊的鼓动下，也由于小农的强大压力，长子继承制也在70—90年代之间，在许多州被清算了，长子继承制的废除对于大土地所有制是一个严重的打击。

(二)美国人民为废除黑人奴隶制度而斗争

在独立战争期间，美国人民反对英国殖民统治的斗争也提高了黑人奴隶的阶级觉悟，他们为了争取解放而进行了英勇的斗争。

他们的斗争方式是多种多样的：

第一，便是参加独立战争。独立战争爆发后，黑人奴隶相信打倒英国殖民统治后，自己就可以得到解放。因此，有许多黑人踊跃参加独立战争。早在1776年1月华盛顿就允许黑人服兵役，从此以后，在美国武装部队中就出现了黑人联队，还有黑、白人混合联队。在参加独立战争的三十万军队中，至少有五千黑人。黑人士兵在战争中表现了很大的勇敢，有不少人得到政府的表扬和嘉奖②。参战的黑人奴隶一般都得到解放。

第二，是逃亡。仅仅在1778年这一年，只是在弗吉尼亚一州，逃亡的黑人奴隶就有三万多人。南卡罗来纳州在独立战争爆发时，奴隶总共有十一万人，但是有二万五千人逃走了。根据保守的

① 摩累斯：《为美国的自由而奋斗》，中译本第207、212页。

② 福斯特：《美国历史中的黑人》，中译本第39~40、38~39、41、42页。

估计,从 1775—1783 年,约有十万名奴隶(每五个中有一个)逃走了,虽然其中有不少被抓住弄死了①。

第三,是请愿。具有代表性的请愿行动出现在 1779 年,一群黑人向新罕布什尔州议会提出一份请愿书,在请愿书中表示:在上帝眼中,黑人和白人是完全平等的,所以黑人也应享受和白人一样的人身自由。1779 年,又有一些黑人向康涅狄格州议会请愿,他们说:"我们具有和主人同等的才能",而且人类有共同的祖先,因此,让我们成千上万个黑人处在奴隶状态中是不符合美国当前的法律的②。

第四,是起义。1774 年波士顿的黑人奴隶中出现了一次范围广泛的起义密谋。1775 年 7 月又发生了震撼南卡罗来纳的三个郡——皮特、波福特、克拉文——的密谋。在 7 月 8 日,有两个人出卖了密谋,结果参加者被逮捕——四十个奴隶被捕③。

不仅黑人本身,而且白人民主主义者也为消灭奴隶制度而进行了艰苦的斗争。

早在反英斗争的高潮中,美国进步人士就已声讨奴隶制度,并且要求解放黑奴了。1764 年,詹姆士·欧蒂斯在他发表的《英国殖民地的权利》一书中,就严厉谴责奴隶制度,并且强调黑人应该享有不可剥夺的自由的权利。纳塔涅尔·阿普尔顿在 1767 年就断然主张不管付出多大代价也要废除奴隶制度,因为"自由"是人的"自然权利"。八年后,伟大的民主主义者托马士·潘恩发表一篇文章《在美洲的非洲人奴隶制度》,在文章里,他谴责奴隶制度,认为它和"谋杀、盗窃、淫乱、野蛮行为"同样是不道德的,他号召美国人以悲愤和厌弃的心情"中断和废弃它"④。

富兰克林和杰斐逊都反对奴隶制度。富兰克林特别指出废除

---

① 福斯特:《美国历史中的黑人》,中译本第 39 ~ 40、38 ~ 39、41、42 页。

② 福斯特:《美国历史中的黑人》,中译本第 39 ~ 40、38 ~ 39、41、42 页。

③ 阿泼推克:《美国的黑人奴隶暴动》,中译本第 20 ~ 21 页。

④ 方纳:《道格拉斯的生平和著作》,英文版第 1 卷第 28 ~ 29 页。

奴隶制度的必要性,他说:“和自由的工资劳动制度比起来,奴隶劳动是浪费的,而且奴隶制度是工业发展的障碍。”他也驳斥了关于黑人的智慧比白人低劣的谬论①。

杰斐逊反对奴隶制度的态度更为激烈,他早在1769年就建议弗吉尼亚的议会解放该殖民地上的奴隶。后来他在《独立宣言》的原稿中,又谴责奴隶制度和奴隶贸易,说奴隶贸易是“对于人性本身的一场残酷的战争,侵犯了生命和自由的神圣权利”②。接着杰斐逊又在南部各州提议采取逐渐的办法解放奴隶。

但是,黑人及白人争取废除奴隶制度的斗争,由于南方奴隶主的疯狂反对,在南方失败了,南部各州都把奴隶制度保存下来,而且南方奴隶制度还在1787年宪法中又被肯定下来。诚然,这部宪法的制定者伪善地没有在宪法中使用“奴隶”二字,但是却含蓄地认可了这个制度。比如宪法第一条第二款规定:各州在联邦众议院中的代表人数,与各州自由人口成比例。同时又规定:自由人以外的“其他人”按五分之三计算。这里所谓“其他人”就是指奴隶而言③。

但是奴隶制度在北部中部诸州都被废除了。1774年,罗德艾兰州议会宣布嗣后一切奴隶入境,均成为自由人。1781年,麻萨诸塞州也废除了奴隶制。1780年宾夕法尼亚宣布逐渐释放奴隶。新罕布什尔则决定出生后的奴隶为自由人。康涅狄格和罗德艾兰在1784年开始释放奴隶。纽约和新泽西分别在1799年和1804年采取了同样的措施。

至于在十三州以西的广大地区上如何处理奴隶制度呢?1787年颁布的《西北法令》划俄亥俄河以北的西部土地为自由区,于是奴隶制度在西北也被明令禁止了④。

---

① 福斯特:《美国历史中的黑人》,中译本第39~40、38~39、41、42页。
② 方纳:《道格拉斯的生平和著作》,英文版第1卷第28~29页。
③ 福斯特:《美国历史中的黑人》,中译本第39~40、38~39、41、42页。
④ 哈克主编:《美国传统的形成》,英文版第一卷第223页。

但是,奴隶制在中部北部及西北部的禁止,并不是出于资产阶级的慈悲心肠,而是因为在这些地方,自然环境不利于奴隶制,而且奴隶制本身已接近消灭了。

在独立战争期间,美国人民除了向前资本主义剥削制度展开进攻外,还进行了争取以民主方式解决西部土地的斗争。

(三)为以民主方式解决西部土地问题而斗争

我们知道,在美国独立以前,只有十三个殖民地,这些殖民地都在大西洋沿岸,亦即阿巴拉契安山脉以东。至于阿巴拉契安山脉以西,则在1763年被英国划为禁区,禁止殖民地上的居民越过大山到西部去。及独立战争爆发之后,弗吉尼亚组织了一支武装远征队,到西部夺取了大片土地。其他一些州也有占领西部土地的要求。

但以马里兰为首其他各州都起来反对,马里兰主张由大陆会议处理西部土地,任何州不得据为己有,后来马里兰以不批准"邦联条例"为要挟,因此到1781年以前,所有的州都先后放弃了对于西部土地的要求,于是西部土地成为由中央政府管辖的国有土地了。

广大西部国有土地应如何处理呢?在这个问题上,美国人民的态度是很明确的,他们要求以民主的方式处理,也就是说,无代价地分配给劳动者去耕种。但是当政的保守派不顾人民的要求,而实行拍卖土地的政策。邦联议会在1785年通过的土地法令规定了拍卖西部土地的办法:西部土地由邦联政府统一出售,出售最小单位为640英亩,售价640美元,必须在一个月内付款,概不零售。这个土地法令反映了保守派的主张,它剥夺了广大农民劳动者购买土地的机会,而只便利了资产阶级的购买。不过到1796年新土地法令颁布以前,美国政府一直没按照1785年的土地法令出卖过一块土地。

在战争期间,大陆会议曾向每一个士兵发给土地券,持土地券者,在战后都可以到西部领到小块土地。但是广大士兵都出身于贫苦劳动者,都急待钱用,因此多半等不到领取土地就把土地券廉价出售了。结果表明到处钻空子的商人们廉价收购了大批这样的土地券,并且用它们到西部领取大块土地,而士兵领到西部土地者简直是凤毛麟角。

这样,美国政府在18世纪末建国之初,并没有用民主方式解决西部土地问题。

在这种情况下,美国劳动人民便只好自己动手去解决土地问题,那就是成群结队到西部去非法"占地"。在战争期间及战后,劳动人民到西部——俄亥俄、肯塔基、田纳西一带去占地者达二十二万一千人。

"占地"是美国人民为以民主方式解决西部土地问题而斗争的重要表现,他们在"占地"后,不得不与前来驱逐他们的政府军队作艰苦的斗争。1784年春,宾夕法尼亚州议会派兵到西部去驱逐"占地人",将五百名左右的"占地人"驱走,放火烧毁他们所建立的家园。

五、总　结

美国人民在殖民地时代,不但饱受英国殖民统治者的压迫和剥削,而且也备受殖民地上的统治阶级的残酷压榨。因此,独立战争一爆发,多年郁积在心中的愤怒及怨气一下子都迸发出来了。他们不但洒热血,抛头颅,与英国殖民军队进行奋不顾身的战斗,而且也为争取国内的民主改革而进行不屈不挠的斗争。经过十几年左右的艰苦斗争,他们终于争取到一系列的民主成果:在政治方面,他们不但赢得了一个共和国,而且也迫使新国家的统治阶级把一系列的资产阶级民主自由写在宪法上面。在社会经济方面,在一定程度上打碎了地主土地所有制的半封建的租佃制,埋葬了中部北部诸州的黑人奴隶制,禁止了西北地区的奴隶制,也消灭了封建残余——长子继承制及限定嗣续法。

但是，这些民主成果，距离美国人民的要求尚远，他们为之而奋斗的其他一系列重大民主改革都以失败而终。这表现在以下几个方面：

第一，革命没有实现普选制，人民被剥夺了选举权，享有选举权的只限于有产阶级——大商人和奴隶主。

第二，没有摧毁南部的奴隶制，南方奴隶制保存下来了，黑人奴隶继续处在水深火热中。

第三，半封建的租佃制及大土地所有制虽然遭到严重打击，但是还有一部分残存下来。

第四，西部土地问题未能获得民主解决。

正因为这一系列民主改革没有完成，所以美国这次革命很不彻底，够不上一次资产阶级民主革命，它只是资产阶级革命。

那么，为什么这次革命是这样不彻底？原因何在？列宁指出：每个资产阶级革命彻底的程度，取决于在革命过程中民主“下层”人民对于领导阶级所施压力之大小。这次美国革命之所以不彻底，主要原因在于“下层”人民对于资产阶级、奴隶主的推动及对他们施加的压力不够。

那么，为什么人民的压力不大呢？原因有二：

第一，独立战争是美利坚民族反对英国殖民统治者的民族解放战争，人民群众把主要精力用在反英的战争中，劳动人民多半参加战斗，因而相应地削弱了争取民主改革的斗争力量。

第二，美国劳动人民中的一部分积极的有活力的分子到西部去“占地”，在“占地”过程中，不但与政府的军队作斗争，而且还要全力与边疆上的印第安人进行武装斗争，这也大大地牵制了人民的民主力量。

这次革命之不彻底，最突出的表现在南部奴隶制的保留上。南方奴隶制不但保留下来，而且到 19 世纪上期还进一步扩大，这就不可避免地引起了第二次资产阶级革命——美国内战。

这次革命虽然很不彻底，但是却在美国历史上留下了光荣的革命斗争传统。美国人民在独立战争中进行的争取民主改革的斗争，永远是鼓舞美国人民为争取进步和民主而斗争的强大动力。特别是美国伟大的民主主义者杰斐逊的民主学说和人民主权思想，不仅是美国人民的而且也是世界人民的精神财宝；他所执笔写出的《独立宣言》，成为18世纪末法国《人权宣言》的蓝本，是在人类进步史上永放光芒的重要文献之一。

第五讲　美国的独立与独立宣言

英国从1763年起开始加强了对于殖民地的压榨政策,这就激起了北美殖民地广大居民的反英运动。针对殖民地人民的反英运动,英国又采取一系列高压手段,这就推动北美人民的反英运动进一步高涨。为了领导殖民地人民的抗英斗争,1774年9月在北美费城召开第一届大陆会议。但是第一届大陆会议只是通过了和英国"三断"的决议案:和英国断绝一切输入、输出和消费关系。大陆会议想通过这些措施来迫使英国让步,取消过去十几年来的一系列反动措施。

1775年4月中旬,英国殖民军队与殖民地人民在列克星敦发生武装冲突,这个武装冲突标志了殖民地人民反英的武装斗争的开始。为了应付反英武装斗争所造成的新局面,1775年5月10日第二届大陆会议召开了。一个月后,大陆会议宣布成立大陆军队,以华盛顿为总司令。于是,大陆会议领导了反英战争。但是,大陆会议的目的,不过是用战争手段迫使英国让步,使其取消过去十余年来压迫北美殖民地的政策,而并不想宣布独立。这在大陆会议任命华盛顿为总司令后不久发表的一个宣言中表现得非常明显,其中有言:"我们并不是怀抱脱离大不列颠的野心勃勃的目的而成立军队的。……当侵略者停止行动时,我们将放下(武器)。……

怀着对宇宙的最高的和公正的主宰者的慈悲心肠的谦卑的信念，我们……祈求他用他那神圣的仁慈在这场大冲突中保佑我们，并且使我们的对手以合理的条件和解，从而使帝国避免内战的灾难。”①只有到1776年7月2日，大陆会议才终于通过决议，宣布独立，并且在7月4日通过了独立宣言。

美国之宣布独立，是历史发展的合乎逻辑的结果。从总的来讲，正如阿普特克所指出的，美国独立的种籽，早在北美殖民地开创时期就播下了②。因为英国统治阶级在北美建立殖民地的目的就是为了使殖民地为英国统治阶级的利益服务，使其成为英国统治阶级榨取的对象。有压迫，自然就有反抗，自然就有争取解放的斗争，自然要求独立。

但是，具体到1775年5月到1776年7月，为什么大陆会议在这一年多的时间内从争取在大英帝国范围内的自由权利的斗争过渡到宣布独立，这个剧烈的转变是什么促成的？

一、1776年之前大多数北美人仍希望对英和解

随着反英斗争的激化，在北美形成了两大阵营：站在英国统治阶级一边的称为托利党人，或效忠派，这实际上是反革命分子。站在北美殖民地一边的叫做辉格党人，或爱国分子。

但是在辉格党内部又形成两派：温和派和急进派。温和派又称保守派，其代表人物有约翰·狄金逊。急进派代表人物有萨姆·亚当士、帕特里克·亨利及加得斯登等人。

温和派虽然反对英国殖民地的高压政策，争取北美人民的自由权利，但是主张继续向英王效忠，希望北美继续留在大英帝国之内，不愿脱离英国而独立；他们虽然赞成与英国进行武装斗争，但

① Carl Becker, Declaration of Independence. pp. 126 ~ 127.
② Aptheker, The American Revolution, 1763 ~ 1789. p. 91.

是总忘不掉和英国和解的可能性，只要英国放弃武装镇压，仍希望与英国握手言欢，复归于好。急进派更为坚决，他们主张把武装斗争一直进行到胜利时为止，并且以争取独立作为战争的目标，对英国统治阶级不抱任何幻想。如急进派分子萨姆·亚当士早在1774年第一届大陆会议召开后不久就主张发表一个独立的宣言①。在列克星敦武装冲突爆发后，急进派就要求向“英国屠杀者”复仇，要求终止与英国和解的一切想法。有的急进派宣称：英国与殖民地之间的联合现在已经解体了，美利坚人民已处在“自然状态”。列克星敦的枪声等于宣布独立②。但是，持这种态度的在当时毕竟是少数急进派领袖。

当时北美广大群众对此抱什么态度呢？阿普特克认为北美殖民地在18世纪六七十年代存在着要求独立的广泛的舆论，但他同时又认为这个舆论广泛到什么程度无法弄清，因为独立这个想法本身就是大逆不道的，谁敢说出来，就要被治罪，以致大家都保持缄默③。

据我看来，阿普特克这种说法纯属推测，无事实根据。如果当时广大群众真的有独立的要求的话，总会有史料证明。实际上迄今为止尚未发现足以证明当时广大群众有独立的要求的史料或证据。

真实的情况是，北美广大人民群众也和温和派抱同样态度，他们没有独立的想法，他们仍然希望留在大英帝国内部，只要英国让步，取消十年来的压迫政策，给殖民地更多的自由④。这是有事实证明的。1770年弗吉尼亚的乔治·梅逊宣称：“在美利坚有理性的人们中间会接受独立（如果它被提出来的话）的甚至连五个人都没有；我们很知道我们的处境；我们知道我们自己的幸福，我们

① 摩莱斯：《为美国的自由而斗争》，第164～165页。

② Miller, Origins of the American Revolution. p. 416.

③ Aptheker, The American Revolution, 1763—1789. p. 92.

④ Miller, Origins of the American Revolution. p. 417.

的存在本身都依靠我们与我们母国之间的联系。”[①]甚至在列克星敦战火点燃起来后，许多美利坚人继续称英国军队为“政府的军队”，同时也有人称殖民地的反英军队为“国王的部队”。有许多人对英王乔治三世有幻想，认为他是个好国王，坏就坏在他的大臣，把罪责推在大臣身上，认为压迫殖民地是大臣的主意[②]。

为什么北美人民就一般来说，没有要求独立的想法呢？这与北美殖民地的具体情况有很大的关系。在一百六七十年的殖民地时期，在政治上，虽然大多数殖民地的总督由英国国王任命，总督执行英国的殖民政策，并且按照英国的意旨统治殖民地，但是每个殖民地都有议会，议会都是从殖民地居民中选出的。议会在一般情况下是维护殖民地（当然更主要是上层集团）的利益的。在经济上，英国对殖民地的政策显然从英国统治阶级的利益出发，目的在于榨取北美殖民地，使北美成为英国的商品市场和原料供应地。但是在1763年以前，英国一直埋头于对法战争，无暇也不愿认真实行这个政策，以致北美殖民地经济一般地顺利发展起来，呈现相当的繁荣。这样，在英国统治下，北美享受一定程度的自治和繁荣[③]。虽然在1764年以后，英国开始加强对殖民地的剥削及压迫，但是殖民地上大多数人还幻想恢复1763年以前的小康局面。而且，他们还希望留在大英帝国之内可以得到英国的保护，免得受到法国或西班牙殖民主义者的侵犯。总之，在他们看来，留在大英帝国内部，好处还是很多的。

因为大多数美利坚人幻想和英国和解，所以在这个舆论支配下，独立这个字眼在当时几乎成了危险的字眼，很少有人敢说出口来[④]。更少有人公开要求采取这个步骤[⑤]。1774年约翰·亚当斯

① Miller, Origins of the American Revolution. p. 460.
② Miller, Origins of the American Revolution. p. 461.
③ Carl Becker, Declaration of Independence. pp. 80 ~ 81.
④ Miller, Origins of the American Revolution. p. 460.
⑤ Foner, Labour and American Revolution. p. 161.

说独立是“一个那么可怕的妖怪，以致它会使一个脾气好的人也大发脾气”[①]。又据当时人讲，独立这个字眼被称之为“一棵结可诅咒的禁果之树”，这个大陆上任何一个殖民地如果疯狂得想接近这棵树的话，“那么其他殖民地就会把剑拔出来去砍叛徒”[②]。

托利党人的最有力的宣传武器便是谴责大陆会议的目标是脱离母国而独立。因此，即使急进派也把独立二字视为危险物，而不敢轻易说出口来[③]。

在这个形势下，急进派尽管有独立的想法，也有这样的表示，但是他们也不得不暂时收敛一下，采取等待的策略。甚至像萨姆·亚当士这样思想激烈的人，也是如此。诚然如前所述，他在1774年第二届大陆会议召开后，曾主张马上宣布北美独立。但是后来他认识到时机不成熟，也开始缄默。他还劝他的朋友们要小心谨慎地“等待瓜熟蒂落时我们再去采摘它”[④]。约翰·亚当斯也抱这个态度，他说：“美利坚是一个庞大的、臃肿的实体，它的进步必须是缓慢的，它好比一支在护航下的庞大的舰队。最快的水手也必须等待最呆笨的、最慢的水手。像一辆六马大车，最快的马必须让它缓慢下来，而最慢的马必须让它加快，为的是所有的马都保持一致步调。”[⑤]

早在1775年夏，富兰克林已经草拟了《邦联条款》。这是富兰克林为摆脱英国统治而独立的这个北美新国家制定的宪法。杰斐逊很赞成这部宪法，但是他认为这部宪法包含了独立的意义在内，而赞成独立的人很少，对于独立的要求还远远没有普遍，因而他劝富兰克林暂把它束之高阁，以免危及革命的团结[⑥]。

---

① Miller, Origins of the American Revolution. p. 460.

② Miller, Origins of the American Revolution. p. 460.

③ Miller, Origins of the American Revolution. p. 461.

④ Miller, Origins of the American Revolution. p. 445.

⑤ Miller, Origins of the American Revolution. p. 445.

⑥ Aptheker, The American Revolution, 1763—1789. p. 95.

总之,急进派一般地都认为在独立的问题上不能操之过急,等群众意见在独立问题上趋于一致时宣布独立,比时机未成熟时用强制手段宣布独立要好得多,如果贸然从事,势必引起人民内部的分裂。他们特别等待事态的发展,希望事态的发展会使群众提高觉悟,会打破他们对于英国的幻想。事实上正是如此,1775—1776年的事态的发展,终于导致了独立的宣布。

二、独立成为北美人民的普遍呼声

如上所述,最初,独立的思想只限于极少数的急进派领袖,但是到1776年上半年,它发展为广大人民的普遍呼声了。这是什么原因促成的?原因有以下几点:

(一)是由于英国政府的残酷镇压

在1775年武装斗争开始后,英国政府的凶恶面孔越来越暴露出来。它决心用屠刀把北美反英斗争淹没在血泊里。它把有三万兵力的部队调到北美来①。与此同时,英国国王和他的大臣对于北美大陆会议的请愿也置之不理,并且拒绝接受北美所表示出来的"忠诚"。早在1774年9月,乔治三世在给大臣的信里写道:"事已至此,无可翻悔,殖民地必须要么投降,要么胜利。"1774年10月在给盖治的信里,他又坚决主张宣布:新英格兰"处在叛乱状态"中,并且又添加说:"应该用打击去决定他们是屈从于这个国家还是独立。"在国王眼中,二者必居其一:"或者征服他们,或者完全听任他们自由。"②1774年11月英国国会表示完全同意国王的看法,并且在一个上奏中劝国王"采取一切必要的步骤"去"迫使[殖民地]服从最高立法机关的法律和权威"。到1775年春以前,国会又制定了新的法律,进一步限制了殖民地贸易,并且禁止

① Miller, Origins of the American Revolution. p. 461.
② Aptheker, The American Revolution, 1763—1789. p. 94.

新英格兰人在纽芬兰堤岸打鱼——这对于成千家的渔民是一个毁灭性的打击。到1775年8月为止,国王已正式宣布北美殖民地处在叛乱状态,并且声言要绞死殖民地的领袖！1775年12月,国会宣布殖民地处在英国保护之外,禁止与他们进行贸易,并且授权英国海军捕捉及没收海上的北美船只[①]。1775年10月英国海军放火焚烧缅因的法尔摩斯城,1776年1月英国战舰蹂躏弗吉尼亚农村[②]。英国的这些无理行为引起了北美的报复,1776年3月,大陆会议决定装备私掠船,并且发出捕拿令状,以便在海上打击英国船只。

英国的这些行动不但引起北美的报复,而且在推动北美人民倾向独立方面也起了一定的作用。

在英国政府所干的全部蠢事中,没有比使用外国雇佣兵来镇压北美运动的做法更为愚蠢的了。因为这进一步使美利坚人相信立即宣布独立的必要。1776年较早的时候,在殖民地上就传说:英国正在欧洲搜罗雇佣兵,想用他们镇压美利坚人,据说有两万俄国雇佣兵将来到纽约,后来又听说由于叶卡切琳娜女皇拒绝了这个要求,所以英国只好转向德意志邦联,寻求人力。这就向北美表明:母国将靠邻人的力量来打自己的儿女。比起英国政府任何其他的行动,使用雇佣兵的企图更能打开美利坚人的眼睛,使其认识到自己的危险处境及和解的不可能。英国呼吁德意志君主援助的消息,在费城"造成了奇迹",拥护独立的人大大增加。甚至狄金逊这个温和派首领也动摇了原来的信心,他当时说过这样的话:在独立与奴隶制之间他已看不到其他选择[③]。

这样,在北美广大人民眼中,英国统治集团显然是要用武力手段摧毁北美殖民地的反抗,用军事化的反民主的暴力统治去代替

① Aptheker, The American Revolution, 1763—1789. p. 95.

② Morais, The Struggle for American Freedom. p. 188.

③ Miller, Origins of the American Revolution. pp. 476 ~ 477.

已往的北美殖民地的一定程度的自治[1]。这就从根本上消灭了北美人民对英国的幻想,他们不得不从独立中找出路。

(二)裴因的"常识"对北美舆论的巨大影响

到1776年为止,在北美广大群众的心目中,英国国王乔治三世仍有相当的威信。这在一定程度上也是在过去十年的反英斗争中北美辉格党人自己所造成的影响。他们在这十年中,把英国加在北美殖民地上面的一切压迫都归咎于英国内阁,同时却把英国国王乔治三世捧得很高,把他描写成灵魂纯洁的、心地仁慈的君主。因此英国国王成为北美成千上万人们所尊敬的一个英雄人物。北美人民虽然愤恨英国政府的压迫,但却把希望寄托在乔治三世身上,希望他能把他的居心残忍的大臣们免职,并且取消大臣们已往十余年所实行的压迫政策。因此乔治三世在北美人民心目中的优美形象,成为人心倾向独立的巨大障碍。在这个关键时刻挺身出来扫除这个障碍的便是裴因。

裴因1737年1月29日出生在英国。在他一生的头三十七年中是在英国本土度过的,他是一位贫穷的胸衣工人之子。到十三岁时就当胸衣工人,后来他当上了英国政府的小职员——国产税的收税员。这个期间,正值英国处于剧烈变革当中,成千上万的农民在圈地运动中失去土地,背井离乡来到城市当产业工人,有的留在乡村当农场工人。但是无论是产业工人还是农业工人,都挣扎在饥饿当中。这些现象感动了裴因。据他的记载,他每天都看到"衣衫褴褛的挨饿的、饥饿的孩子们,以及在大街上乞讨的七八十岁的老人"。这些耳闻目睹的事物,都在裴因的心中留下很深的印象。同时,他对于本身及同行的处境也很不满,他曾写了一篇文章,控诉收税员的待遇菲薄及贫困生活。1772年他又代表收税员向国会议员提出增加薪金的要求。结果政府当局把他当作捣乱分子开除公职。这是1774年的事。这一年10月,他就离开英国赴

① Aptheker, The American Revolution, 1763—1789. p. 92.

美。他随身带来了富兰克林的一封介绍信，这是写给他的女婿巴切斯的信。信中推荐裴因是一位聪敏的、值得敬佩的人，希望让他在费城当"一名办事员或学校的助理教师，或者助理测量员"。但是经过巴切斯的介绍，他当上了"宾夕法尼亚杂志"的编辑。在1775年2月到9月，他写了不少文章，其中有要求实现妇女解放的文章，有抨击奴隶制度的文章。在列克星敦战斗发生之后，裴因的文章开始攻击英国的政策。1775年9月16日他在报纸上发表了一首诗，题曰"自由之树"，其最后一节攻击了英国国王及国会二者，并且号召北美人民团结起来用武力保卫自由①。

当时裴因看到北美人民反英斗争的最大弱点就是目的不明确，人民拿起武器与英国军队作战，但不是为独立而战。一般人对英国国王仍有幻想，对大英帝国仍有留恋，而没有使北美脱离英国而独立的想法。与此同时，他也看到领导斗争的辉格党人过于谨慎，不敢面对现实，不敢向群众说出直率的话，不敢宣布独立。他认为这大大影响了反英武装斗争的力量，使得英国有可能把北美革命运动扼杀在萌芽状态中。为了鼓励北美人民去与英国作战，为了克服他们的胆怯，他感到有必要把作战的目标告诉他们，就是说向他们指出：北美独立是战争的目标。总之，裴因决定改变北美人民的思想，把"人民的思想感情从依附[于英国]转到独立，并且从君主制转变到共和的政府形式"②。这就是他写小册子"常识"的思想背景。

"常识"是在1776年1月发表的。他在这本小册子里大胆地呼吁宣布独立，并且为此而提出一系列理由：第一个理由，1775年4月19日列克星敦的战斗已经终止了和解的一切可能。他认为英国用自己的行动证明她已成为一个公开的敌人，因而美利坚人此后就不可能"热爱、尊重和忠实地服务于把火和剑带到这个国家

① Foner, Labour and American Revolution. p. 160.

② Foner, Labour and American Revolution. pp. 160 ~ 161.

来的那个强国了”。他认为英殖民主义者的罪行只能加速英国与美利坚之间的联合的解体,而这种联合是“违背理性及事物的普遍秩序的,是与过去年代的一切范例相冲突的”①。第二个理由,便是英国的统治对于北美人民的害处,他写道:英国过去之保护北美殖民地,完全从本身的利益着想,并不是为了爱护北美人民。他指出英国统治如何不利于北美的繁荣发展。第三个理由,便是独立可以给北美带来一系列好处,因为这样做不但给美洲人带来自由,而且也使他们享受经济繁荣。第四个理由,便是英国国王乔治三世专制暴虐,北美人民继续处在他的统治下只有延长痛苦。他说国王是一个“冷酷的、脾气恶劣的法老”,“大不列颠的王家野兽”,决定消灭北美自由的就是他,这就使得爱好自由的美利坚人不可能继续留在大英帝国之内。他指出,国王并不是受内阁支配的,内阁实际上是他的傀儡。国王用津贴和官职去收买下院,因而在下院选出一个充当国王傀儡的多数,由这个多数产生的内阁就成了他的手中工具。国王的种种作法,使得英国成为一个暴君制国家②。

裴因之无情揭露乔治三世,在北美发生了巨大影响。此后,在北美人民的心目中,乔治三世不再是一个仁慈的君主,而是一个魔鬼,一个恶棍。他成了罪恶的化身③。

裴因不仅摧毁了关于乔治三世的美好形象,而且也破坏了英国君主制的神圣性。他指出英国国王的第一代祖先威廉王就是一个征服者,是“一个率领一支武装匪徒登陆并且对抗当地人的意愿而自立为英国国王的法国私生子,用简明的话来说,是一个来源很下贱、很卑鄙的人——出身确无神圣之可言”④。他们之创立王

① Miller, Origins of the American Revolution. p. 467.

② Miller, Origins of the American Revolution. pp. 467 ~ 468.

③ Miller, Origins of the American Revolution. pp. 468 ~ 469.

④ Aptheker, The American Revolution, 1763—1789. p. 96.

朝，得力于“野蛮的作风及阴险狡诈的品质”①。

最后，“常识”又在美利坚人民面前提出一个崇高的使命——使北美成为全世界自由的避难所，自由的最后堡垒：

“啊，热爱人类的你们！不仅敢于反对暴政，而且也敢于反对暴君的你们，站起来吧！旧世界的每块地方都遭到压迫的蹂躏。自由在地球上一切地方被追逐。亚洲和非洲早就把她放逐了。欧洲把她看作是一个陌生人，而英国已经向她下警告，叫她走开。啊！接受这个逃亡者，并且及时地为人类准备一个避难所吧！”②这样裴因不但呼吁北美宣布独立，而且也向北美寄托崇高的期待，希望北美成为全世界一切被压迫人民的避难所。

“常识”的问世，立刻产生巨大而广泛的影响，其影响之广泛，从“常识”的销售情况中可以看出。它刚一出版发行，立刻销售一空，在短短的三个月内，在人口不到三百万的北美殖民地上竟销售十二万册。可以说在1776年春，没有一个美利坚白人成年人没有读过或听过裴因的语言的③。

那么，“常识”到底产生了哪些方面的影响呢？

第一，他摧毁了乔治三世及英国君主在北美人民心目中的形象，从而消灭了北美人民对于大英帝国的感情的最后残余，割断了在北美人民心目中残存的对英国的感情纽带。这对于使人们倾向独立起了巨大的作用。

第二，对急进派起了推动作用，它使得过去不敢公然把“独立”二字说出口的急进派大胆地宣传独立了。他们发现他们可以毫不发抖地说出“独立”二字，并且也不致由此而引起广大美利坚人的惊疑。于是他们便也拿起笔来为独立而宣传。他们在宣传中，把独立后的美国描写成无限光明的国家。在他们的笔下，有无

① Miller, Origins of the American Revolution. p. 469.

② Aptheker, The American Revolution, 1763—1789. pp. 96 ~ 97.

③ Aptheker, The American Revolution, 1763—1789. p. 96.

限财富在等待美国人,世界市场都向他们开放。他们说:独立后,就会实现自由贸易,而自由贸易会使美国人取得“显要地位,并且成为人类羡慕和称赞的对象”。同时宣布独立后,美国人能够越过阿里根尼山向西去自由取得土地,有了土地就可以“永世摆脱奴隶制及纳税”。

在宣传中说:美国独立可以使美国摆脱欧洲战争,英国人不再能够“拉我们去追随他们参加一切掠夺性战争,而他们的绝望的环境、心地不正及贪婪总是推动他们参加这些战争的”①。这样,急进派在裴因的带动下,积极参加了鼓吹独立的行列。

第三,“常识”对于劳动人民的影响,提高了他们的觉悟,使他们拥护独立。关于劳动人民支持裴因的主张,有以下材料可资证明:甲,1776年5月4日,基本上由工人组成的宾夕法尼亚民兵的士兵委员会在当地报纸上发表了决议,决议说:“一致决议,‘常识’的独立的原则正是我们希望实现的,我们认为一旦可敬的大陆会议出于明智的考虑认为适当就应该马上实现它,因为我们认为,为了保障我们的自由及在世人眼中把叛徒这个不光彩的绰号抹掉,这样做是我们应该选择的唯一办法。”②乙,在1776年1月到7月间,裴因在“常识”中发表的主张,几乎每周都有人在报纸上支持他或反对他。其中有许多文章是工人写的,他们和裴因一样希望美国独立。工匠们不但拥护独立,而且还关心独立后的美国政治制度,他们主张对于殖民地时代的政治制度来一个改革。他们在文章中还指出,反对独立的就是殖民地上的富人阶级,因为他们害怕和英国断绝关系会放松他们对北美社会的严格控制。有一个工匠谴责宾夕法尼亚的富人为“小暴君”;他们之反对独立是因为他们梦想建立“数百万英亩的土地租佃制”③。

---

① Miller, Origins of the American Revolution. p. 473.

② Foner, Labour and American Revolution. p. 158.

③ Foner, Labour and American Revolution. pp. 163 ~ 164.

第四,"常识"的发表也影响了大陆会议辩论的内容。过去在大陆会议上的辩论内容完全是围绕在大英帝国范围内的殖民地的权利这个问题进行的,现在"独立"则成为辩论的中心①。约翰·米勒说得对,他说:"随着 1776 年 1 月'常识'的发表,裴因就打碎了慢慢地冻结了革命的坚冰。"②

总之,裴因的"常识",扭转了北美的舆论,不但广大人民倾心于独立,而且大陆会议也公开讨论独立问题了。

这样,英属北美殖民地宣布独立的条件成熟了。

三、宣布独立的背景

宣布独立的背景如下:

(一)殖民地上的王家政府的瓦解及革命政府的形成,为宣布独立准备了条件

从 1775 年 4 月 19 日武装冲突开始以来,军事行动规模越来越大,双方都把全部力量投入战争。在这场战争中,以总督为首的各个殖民地政府必然要站到英国方面去,处处与革命力量为敌。因此,为了战争的需要,必须用革命政府去代替王家政府。

实际上,早在 1774 年有些总督不肯召集殖民地议会开会,或者把已经在开会的议会解散了的时候,各殖民地的反英分子就组织了自己的革命议会(Congress)。最初,这些革命议会的活动限于起草抗议,选举代表参加大陆会议和执行不进口公约。在列克星敦战斗之后,为了配合军事行动,它们就扩大了活动范围,以致不久就履行着政府的职能。虽然王家官吏想遏止这个浪潮,但是没有成功。到 1775 年底,除了三个殖民地外,革命议会控制了所有其余的十个殖民地。到 1776 年夏,美洲已经没有一个王家或业

① Foner, Labour and American Revolution. p. 161.

② Miller, Origins of the American Revolution. p. 467.

主的政府了。而且,这时实际上每个殖民地革命议会都设有安全委员会作为执行机构,以招募士兵、管理军需供应、逮捕反革命分子。同时,在基层、各市镇、教区和县的通讯及监察委员会都行使了行政管理的职责。最终这些地方机构都置于各殖民地革命议会的控制之下,结果建立了一个比较有效的革命机构。总之,代替旧殖民地的英王政府而出现了新的地方政府①。

与此同时,大陆会议也由于军事上的需要,越来越履行中央政府的职能了。

1775 年 6 月 3 日,第二届大陆会议决议:"任命一个委员会,目的在于借六千镑,用于购买火药,以供大陆军队使用。"这就意味着成立一个财政部的雏形。为了进行战争,在这个期间还成立了其他政府机构。比如,1775 年 11 月大陆会议建立了一个秘密的通讯委员会,其使命是争取海外同盟者(到 1777 年它改名为对外事务委员会,并且是国务院的前身)。甚至更早,在 1775 年 9 月,大陆会议还成立一个购买委员会(到 1777 年改为商业委员会),这是后来商业部的前身。同样,在 1775 年又任命了一个委员会处理海上事务及财政,这就是海军部的前身②。这样,中央政府各机构的雏形都具备了。

与此同时,大陆会议也承担了指导地方政府的中央政府的职责。

1775 年 6 月 9 日,大陆会议为了答复麻萨诸塞的请求,通过一个决议:麻萨诸塞代表大会应举行人民的选举,以便选出一个议会,而这个议会又应选出一个委员会,由议会及委员会履行麻萨诸塞的政府职能③。

6 月 14 日,大陆会议又命令弗吉尼亚、马里兰及宾夕法尼亚

---

① Morais, The Struggle for American Freedom. pp. 183 ~ 184.
② 关于中央政府的雏形,均参考 Aptheker, The American Revolution. pp. 93 ~ 94.
③ 关于中央政府的雏形,均参考 Aptheker, The American Revolution. pp. 93 ~ 94.

各组织十个连的来复枪手,并且命令他们北上进军,与在波士顿包围英王军队的数千名新英格兰人会师。第二天,任命华盛顿上校为"全大陆军队的总司令……以便保卫美利坚的自由"①。

鉴于在某些殖民地上仍残存着王家政府,从事破坏活动,如果不推翻这些王家政府,对战争也是不利的,于是在1776年5月15日,大陆会议向各州提出建议,在建议前言中宣布:"在上述王权下面的每一种权力的继续都应全部予以制止。"②

这样,从中央到地方都形成了革命政府,以代替殖民地时代的王家政府。这就为正式宣布独立提供了前提或准备。

(二)各界人民的推动

由于英国政府的残暴行为,也由于"常识"的影响,到1776年春,独立的思想已经深入人心。各地人民纷纷写信给大陆会议,要求赶快宣布独立,使北美成为一个独立的国家。关于这一点,约翰·亚当斯写道:"要求独立的邮件每一天都像洪流一般涌向我们这里。"要求独立的主要源泉之一,便是美利坚大陆军队。早在1775年,大陆军队的士兵们就不为英国国王祈祷。这种精神也传染了各个殖民地③。

直接反映各地人民的要求的各殖民地革命议会或代表大会的代表们也对大陆会议在独立同题上的踯躅不前表示不耐烦,并且纷纷写信给大陆会议代表,要求宣布独立。麻萨诸塞的约瑟夫·浩利写信给萨姆·亚当士说:"防止不和和纠纷的唯一办法,便是趁热打铁。人民的血太热了,以致不容许迟延——如果不马上宣布独立,一切都会陷于混乱。由于不肯宣布独立,托利党分子在鼓起勇气,而许多辉格党人开始懊恼。许多地方都在说我们的议会在打瞌睡,或者正在消遣或正在等待与(英国)代表团订立一个以

① 关于中央政府的雏型,均参考 Aptheker, The American Revolution. pp. 93 ~ 94.

② Miller, Origins of the American Revolution. p. 482.

③ Miller, Origins of the American Revolution. p. 489.

我们的毁灭告终的条约。"浩利预言,除非大陆会议迅速行动,"市民和士兵的一个大的暴动会降临在费城,清洗大陆会议并会成立一个独裁政府"。艾尔布里奇·盖利宣称:弗吉尼亚对于这个事业是非常热烈的,以致如果大陆会议不愿意在宣布独立方面落在他们后面,它就应该早些宣布独立。新英格兰人说:"我们迟早也要起来叛乱,而我们最好现在马上叛乱,如果我们推迟十年或二十年,他们将在我们中间获得一个强大的政党,并且比他们现在更甚地折磨我们。"换言之,时间似乎对英国政府有利①。

总之,大多数人民倾向独立以及来自各个殖民地的压力,对于大陆会议之最后宣布独立起了有力的推动作用。

(三)争取外援也加速了大陆会议作出独立的决定

北美领袖在对英战争开始后不久,就清楚地认识到争取外援的必要性和可能性。在他们看来,要想战胜英国这个世界上最强大的海上国家,没有外援是不行的,因而深感争取外援的必要性。同时他们又看到当时的国际形势是:英国在17世纪开始的争取海上霸权的斗争,到1763年取得了最后胜利,建立了海上霸权,因而树立了好几个敌人——法国、西班牙和荷兰。这些敌人都伺机复仇,现在北美殖民地举行反英斗争,正好为这些国家提供了复仇的大好时机。因而争取这些国家的援助的可能性是存在的。鉴于争取外援的必要性和可能性,革命领袖就决定争取外援。

早在1775年12月12日,通讯委员会就指示当时驻在伦敦的阿瑟·李去了解欧洲列强对北美问题的态度。1776年2月,大陆会议公开讨论对外联盟的问题;3月通讯委员会又派出塞拉斯·狄安去试探法国大臣维热内的意见②。

但是法国对于帮助不想与英国正式割断联系而只希望在大英帝国内部享受一定自由的北美,不感兴趣,只有北美断然宣布独

① Miller, Origins of the American Revolution. p .485.

② Miller, Origins of the American Revolution. p. 482.

立，才愿意援助它，并且与之建立联盟①。

对此，许多北美革命者是很清楚的。弗吉尼亚的怀斯发问道："我们以什么身份进行交涉？作为大不列颠的臣民——还是作为叛乱者？如果我们向法国宫廷提出贸易，当我们承认是（英国）属民时，他们会款待我们比款待布里斯托尔或利物浦更好吗？不，我们必须宣布我们是一个自由的人民。"②

对于这一点，大陆会议也是很清楚的。亚历山大·哈米尔顿和理查德·亨利·李都认为如果他们宣布独立的话，法国一定会支持殖民地反英斗争的。他们指出：法国急于向英国复仇；而且整个欧洲是如此讨厌英国欺惯弱国的行径，以致它希望"高傲的大海中的女皇被迫采取一个更为谦虚的态度"。如果迟迟不肯宣布独立，会破坏一个反对英国的欧洲联盟。因为这使得英国可能有时间从容地在北美与它在欧洲大陆上的朋友之间打进楔子。理查德·亨利·李警告说：法国和西班牙在英国的引诱下，很有可能去帮助英国镇压北美运动，其交换条件便是英国允许法、西两国参加对北美大陆的瓜分。这样，当北美人还对英国恋恋不舍，不肯与其断绝关系之际，会发现他们的潜在的欧洲同盟者们已经同意和英国一道"瓜分"美洲战利品了③。

总之，问题很明显：如果得不到法国的援助，殖民地不可能长久地进行反对英国的战争；为了取得法国的援助，他们不得不向法国清楚地表明他们是为了独立，而不是为了和解而战的。因此，为了争取外援，也非宣布独立不可。这也是推动大陆会议的许多领导人倾向独立的主要因素之一④。

① 关于中央政府的雏形，均参考 Aptheker, The American Revolution. p. 98.

② Carl Becker, Declaration of Independence. p. 129.

③ Miller, Origins of the American Revolution. p. 483.

④ 关于中央政府的雏形，均参考 Aptheker, The American Revolution. p. 98.

四、宣布独立的经过

在走向独立的过程中，弗吉尼亚走在了最前面。

弗吉尼亚代表大会在1776年5月15日全体代表一致通过一项决议："向为了代表本殖民地而被委任为总会议（指大陆会议——引者）的代表们发出训令，叫他们向那个可敬的机构建议宣布这个联合的殖民地是自由而独立的国家……"[①]弗吉尼亚还在同一天在其首府威廉斯堡上空飘扬了"美利坚诸邦的联邦国旗"[②]。

于是到6月7日，弗吉尼亚的代表理查德·亨利·李便在大陆会议上按照训令的要求，提出了一项决议，其中有言："联合殖民地是，而且有权利是，自由而独立的诸邦，它们解除了对于英国国王的一切臣从的义务，因而它们与大不列颠国家之间的联系应该完全解体。"这个新国家也应该与外国成立联盟，并且制定一个邦联的宪法。

但是中部几个殖民地却从中作梗，它们自从独立问题提出的时候起就反对独立，现在仍然坚持反对独立。宾夕法尼亚的议会训令其驻大陆会议的代表"全然拒绝"任何把殖民地与母国分离的企图。新泽西及马里兰也都这样做了。这主要是因为同情和解的温和派控制了这几个殖民地的政权。德拉瓦尔、纽约殖民地的会议也和上述三个殖民地抱同一个态度。但是必须看到：与温和派不同，这些殖民地上的广大人民是同情独立的。比如，纽约市的技工委员会在1776年5月29日写信要求省的革命议会训令纽约出席大陆会议的代表们"促使这些联合的殖民地独立于英国"。但是结果这些要求被革命议会拒绝了，于是技工们把这封信公开发表出来，把独立问题摆在公众面前了。因此，当时一般人公认：

① 关于中央政府的雏形，均参考 Aptheker, The American Revolution. p.97.

② Miller, Origins of the American Revolution. p.489.

虽然保守派和温和派在独立问题上徘徊不前,“该市的技工却赞成独立”①。

由于中部几个殖民地的代表反对关于独立的决议,所以大陆会议决定把独立问题的表决延期到7月1日,希望在7月1日以前说服中部殖民地赞成独立。宾夕法尼亚的急进派发动一个政变,成立了省会议(provincial conference),剥夺了原来的议会的权利,并且在6月20日宣布该殖民地支持独立。德拉瓦尔和新泽西也取消了对于它们的代表的限制,容许他们自由投票。马里兰则授权其代表投票支持独立。但是,到1776年7月1日为止,纽约的代表由于没有得到本殖民地的训令,所以态度很暧昧,宾夕法尼亚省会议虽然表示支持独立,但是其在大陆会议上的代表大多数人反对独立。因此,关于宣布独立的决议推迟一天表决,到7月2日才举行表决。在表决这一天宾夕法尼亚的一贯反对独立的温和派约翰·狄金生,及罗伯特·摩理斯没有出席参加表决,结果使得宾夕法尼亚代表中赞成独立的人占多数。因而投票的结果,只有纽约的代表弃权外,宾夕法尼亚代表和其余各殖民地的代表一致投赞成票(按殖民地为单位投票,一个殖民地只能投一票),这样关于宣布独立的决议获得通过。7月4日又通过独立宣言,这一次纽约代表仍未投票。只有到7月15日纽约才表示同意独立②。

五、草拟《独立宣言》

如上所述,1776年6月7日,理查德·亨利·李以弗吉尼亚代表团的名义向大陆会议提出的关于独立的决议,是1776年7月2日被大陆会议最后表决通过的。因此,严格说来美国的正式独立

① Foner, Labour and American Revolution. p. 169.

② Miller, Origins of the American Revolution. p. 491.

日应说是在7月2日①。

在提出独立决议后的第三天,亦即6月10日,大陆会议投票决定成立一个委员会"起草以上述决议为内容的宣言"。第二天这个委员会成立了,其中有托马斯·杰斐逊,约翰·亚当斯,边甲敏·富兰克林,罗杰尔·谢尔曼和罗伯特·李文斯顿等五人,这个五人委员会一致推选杰斐逊起草宣言。杰斐逊在起草完毕后,曾给富兰克林和亚当斯二人传阅,请求他们改正。在6月28日,草稿提交大陆会议以前为止,一共修改了二十六处,其中有二十三处是措词上的,亚当斯改动二处,富兰克林改动五处,十六处是杰斐逊自己改动的。实际上这二十三处的改动都是杰斐逊分别与富兰克林和亚当斯商量的结果②。独立宣言不是原来的标题,杰弗逊在写第一个草稿时,给它以如下的标题:"集合在总会议中的美利坚合众国的代表们的宣言"。

7月2日在通过独立的决议后,大陆会议才开始审查这个宣言的内容,共用了两天半的时间。在审查当中,大陆会议又作了许多修改:第一是文体上的(或风格上的)修改,缓和了对国王的过分激烈的或放肆的口气,删掉了某些诽谤的话③。第二是原则上的重大修改,删去了原稿中关于谴责奴隶贸易的文字。在原稿里杰弗逊严厉地声讨了英国国王维护奴隶贸易的罪恶做法,说他一再否决殖民地议会通过的关于禁止或减削奴隶贸易的法案。在谴责奴隶贸易的文字中有这一段话:乔治三世"对于人性本身进行了残酷的战争,侵犯了从未触犯过他的遥远地区的人民最神圣的生命权利及人身自由,捕捉他们并且运到另一个半球当奴隶,或者在运往那里去的途中引起了他们的悲惨的死亡"④。

这一段话不但是对于奴隶贸易的有力鞭笞,而且也是对于奴

---

① Carl Becker, Declaration of Independence. p. 3.

② Carl Becker, Declaration of Independence. p. 137.

③ Peterson, Thomas Jefferson and the New Nation. p. 91.

④ Foner, Labour and American Revolution. p. 179.

隶制度的猛烈声讨。杰斐逊自己认为这是宣言中最精彩的部分之一。实际上它也是与宣言的整个精神合拍的,与自然权利说是一致的。为了维护人的自然权利,这句话可以说是最有力量的了,但是却被会议删掉了。这主要是因为在会议上遇到许多奴隶主分子的反对。

关于这一点杰斐逊在他的“记录”(Notes)中写道:“谴责奴役非洲居民的条款也被砍掉,这是为了讨好南卡罗来纳和乔治亚的代表,这些代表从未企图限制奴隶进口,相反地仍旧愿意把它继续下去。我相信我们北方同胞们对于这些谴责也有敏感,因为尽管他们的人民自己养的奴隶很少,然而他们运大量奴隶到其他地方去。”①

会议也对另一个问题作了修改,杰斐逊的原稿里有一大段话是谴责英国人民的,他指出英国人民没有以足够的力量反对他们自己的政府,也没有支持殖民地人民的战争,没有对英国政府施加压力使它改变对北美的高压政策。它宣称“我们的英国同胞”,“对于同胞的正义的声音充耳不闻”。会议把这一大段文字删掉,这是明智的做法,因为当时英国人民是同情北美的斗争的,杰弗逊的谴责是不对的②。

宣言于7月4日在大陆会议上通过,接着赶紧付印,四天后在一个阳光照耀的清晨在州会堂的院子里在群聚而来的人民群众面前正式发表。宣读完毕,听众报以热烈的欢呼声,同时群众便把州会堂前面的国王的纹章撤下来,接着便是一片钟声,到夜里点起篝火,一直热闹到深夜③。

---

① Carl Becker, Declaration of Independence. pp. 171 ~ 172.

② 关于中央政府的雏形,均参考 Aptheker, The American Revolution. p. 100.

③ Peterson, Thomas Jefferson and the New Nation. p. 92.

六、《独立宣言》的主要内容

独立宣言,并不是宣布独立,因为早在两天前(7月2日)就通过决议,宣布独立了。这个宣言是向全世界及美国本国人民阐明美国为什么要独立,美国人民宣布独立的正义性,美国人民拿起武器争取独立的理由。这样做很有必要,因为这样做可以博得全世界人民的同情和支持,可以统一美国人民的思想,可以使美国人民知道为什么而战,从而鼓舞美国人民为独立而战斗的勇气,增强人民把战争进行到底的决心。

独立宣言在形式上采取了逻辑上的三段论法:第一部分就相当于大前提,第二部分相当于小前提,第三部分相当于结论,这个结论就是从两个前提推论出来的。

第一部分有这样一大段话非常重要,可以说是宣言的精华。现照抄如下:"我们认为下面的真理是不言而喻的:人人生而平等,他们都被他们的造物主赋予了某些不可转让的权利,其中包括生命权、自由权和追求幸福的权利。为了保障这些权利,所以才在人们中间成立政府,而政府的正当权利,则系得自被统治者的同意。如果遇有任何一种形式的政府损害这些目的,那么,人民就有权利来改变它或废除它,以建立新政府。"①换言之,在人类中间成立政府的目的就是为了保障人民的基本权利,如果政府侵犯人民的基本权利,人民就应该或有理由把它推翻。当然,在上面这一大段话下面,宣言接着还对于人民推翻侵犯人民权利的政府问题作了一个解释,那就是:也并不是一旦政府侵犯人民权利,人民马上就应该推翻它。宣言认为,只有政府侵犯人民权利,任意压迫人民而达到倒行逆施怙恶不悛的地步,人民经过深思熟虑后才起来推翻它,而不应该草率从事。总之,这第一部分是,先讲一番原则大

① 转引自中山大学译:《世界近代史参考资料选集》,第18页。

道理。

第二部分是列举英国国王乔治三世压迫北美殖民地人民的严重罪行。杰斐逊在这里共列举二十八条罪状,并且指出乔治三世这样做的目的,是想把北美人民置于他的绝对专制的暴政之下。简言之,英国国王政府侵犯了北美人民的基本权利,变为压迫人民的政府了。

从以上两个前提,很自然地得出第三部分的结论:应该推翻英国国王在北美的统治,北美成立独立的国家。

这样,独立宣言严格地按照逻辑推理,来说明北美人民脱离英国而独立是正当的,是有充分理由的。

这里应该指出的是:宣言在第二部分只是谴责英国国王,把他描写为帝国内一切罪恶的根源,而不谴责英国国会,实际上对殖民地的压迫和掠夺,英国国会和国王一样,也要负很大责任的。如一系列高压政策及压迫北美人民的法案都是英国国会通过颁布的。杰斐逊所以这样做,是因为和裴因一样,他也看到:在 1764 年以来的殖民地反英斗争中,殖民地把目标主要集中在英国国会身上,到 1776 年宣布独立时为止,已经把英国国会骂了十一二年之久,在宣言里再继续攻击英国国会,也不起什么大的作用。相反地,在过去十一二年的反英斗争中,殖民地上的许多人,仍对英国国王抱有幻想,因此这些人不愿宣布独立。在这个情况下,为了推动这些人同情独立,有必要破除他们对国王的幻想,为了破除对国王的幻想,就必须突出国王的罪行,把他的罪行揭露出来。可以说裴因在《常识》中开始的工作,杰斐逊在宣言中予以完成了①。

这样,宣言的中心思想不外乎从理论上,从实际上说明北美人民脱离英国的殖民统治而宣布独立,是理所当然的,是合乎天理人情的。但是,杰斐逊在这篇宣言中超出了这个范围,他抓住这个机会,以格言式的精炼的语言阐明了这个新生国家的立国的理论基

① Miller, Origins of the American Revolution. p. 492.

础，这体现在第一部分的文字里面。这一部分虽然只有 150 个单词，但是却包含了博大精深的理论，深入浅出的大道理。其中提出了一系列重要的资产阶级民主主义理论。

第一，关于平等的理论。宣言写道："人人生而平等。"这虽然只是短短一句话，但是却有很深刻的含义。首先，杰斐逊之提倡人人平等，是有科学根据的。他认为，每个人都有一种内在的道德意识，都有推理的能力，都有相同的生理上的需要，因此人人都应该平等。其次，杰斐逊提出人人平等，有两个主要内容：第一，是政治上的平等，每个人在法律面前平等，都有权利过问政治，都应直接或间接参加国家的管理。第二是经济上的平等，他反对大土地所有制，反对殖民地上的贵族借长子继承制及限定嗣续法维持其大土地所有制。他把财产所有权的巨大的不平等，特别是土地财产的不平等，看成是"造成人类大多数人的那么多的灾难"的原因，以致在 1785 年他坚持主张"立法者应该想出大量的方案来重新分配土地"①。他主张采取措施消灭贫富悬殊这个不合理现象。最后，杰斐逊强调人人平等，是针对殖民地时代政治上的不平等、经济上的剥削而提出的。虽然有其幻想的成份，特别是经济平等，但是，具有反封建意义，因此是进步的。

第二，自然权利学说。自然权利学说早在 16 世纪文艺复兴时代就被提出来了，经过 17 世纪 40 年代英国平等派思想家，17 世纪八九十年代的资产阶级新贵族思想家(特别是约翰·洛克)及 18 世纪法国启蒙思想家的发扬，到 18 世纪下期已成为风靡一时的学说了。在北美独立战争前夕，自然权利学说广泛传播，并且深入人心。

先进的资产阶级思想家提出自然权利学说，是人类思想史上一次非同小可的革命。因为它的锋芒是直接指向中世纪的封建专制主义，是对于封建专制主义的大胆的否定。众所周知，在封建专

① 关于中央政府的雏形，均参考 Aptheker, The American Revolution. p . 105.

制制度下面,人们是不平等的,人民被剥夺了一切权利,而贵族僧侣都高高在上,享有很多的特权。封建统治阶级利用特权,任意践踏人民的自由,人民不但失去作为一个人的尊严,而且也失去了独立的存在。如果一个人一旦当上了官,便以为比老百姓高一等,便任意欺压老百姓。而老百姓也有自卑感,认为自己天生就是应该受官长欺压的。正如马克思所指出的,专制制度的唯一原则,"就是轻视人,蔑视人,使人不成其为人"①。

但是自然权利学说一出现,就从理论上摧毁了专制主义存在的基础。因为按照这个学说,人一生下来就应该是自由的、平等的,而这些权利是大自然所赋予的,不是创世主所赋予的,不是世间哪个权威"恩赐"的,也不是人民从统治者那里乞求来的。正是因为它是自然所赋予的,所以它是不能被剥夺的,也不能让渡给任何人。因此,自然权利学说一下子提高了人民的地位,承认了个人的尊严。个人的存在本身就是目的,而不是达到某种目的手段,更不是任何统治者手中的工具。

正是这个自然权利学说被杰斐逊全盘接受下来了。他早在1770年就公开说过,在自然法则下面,一切人生来都是平等的②。这是他关于自然权利的最早的言论。后来到1774年他在他的"英属美利坚权利概观"(A Summary View of the Rights of British America)这篇文章中又谈到自然权利,他指出:人们的权利"来源于自然法则,而不是他们的国家元首所赐予的"③。但是,只是在1776年他在他所执笔的独立宣言中,才对这个学说作了正面的、比较完整的阐述。他在这个文件的原稿中宣布:"人人生下来就是平等的和独立的,因为他们都应该享有与生俱来的、不能转让的权利,其中包括生命的保存,自由和追求幸福的权利。"据杰斐逊在他的一

① 《马克思恩格斯全集》,第一卷,第411页。

② Malone, Thomas Jefferson and His Time. Vol. I, p. 175.

③ Boyd, The Papers of Thomas Jefferson. Vo1. I, p. 134.

封信里所说的,他提出这些自然权利,是为了"唤醒人们去打碎铁链"①。

杰斐逊的这句名言显然脱胎于约翰·洛克的学说,因为洛克曾经说过,每一个人都被自然赋予某些权利,其中包括生命、自由及财产权利。但是杰斐逊却没有照抄这个现成的公式,他用追求幸福的权利代替了洛克的"财产权利"。洛克在他的《人类悟性论》一书中曾指出追求幸福是人类活动的主要动力,但是他并不认为它是一个自然权利,因此他在他的《两篇政府论》一书中的"第二篇"中就根本没有谈到追求幸福②。幸福(个人的和社会的,或二者)作为人生最高目的的观念,早在古代希腊时代就出现了,在18世纪的思想中是最常见的③。在与杰斐逊同时代的有影响的人物,如哥尔德斯密斯·普利斯特利和亚丹·斯密的著作中更屡次出现④。但是杰斐逊却是第一个宣布追求幸福是一个权利,而且是自然权利。他认为每一个人都有权利按照自己的方式,根据自己的才能去追求幸福⑤。

杰斐逊把追求幸福作为人们的自然权利,可以说是当代政治理论中的一次革命⑥。因为它打破了否定现世的生活而把希望寄托于来世或天堂上的中世纪的观念。在中世纪,基督教宣传这样一种观念:人一生下来就是有罪的(他们称之为原罪),因此在现世生活中受苦是应该的,人们应该忍受现世的苦难及贫困,只有温顺地忍受一切痛苦,逆来顺受,才有可能在死后升入天堂,才能在天堂上享受幸福。基督教的这种思想,当然很荒谬;但是在中世纪科学落后的时代,起了迷惑人的作用。这种谬论,是适应中世纪的

① 关于中央政府的雏形,均参考 Aptheker, The American Revolution. p. 104.

② Peterson, Thomas Jefferson and the New Nation. p. 94.

③ Peterson, Thomas Jefferson and the New Nation. p. 94.

④ 关于中央政府的雏形,均参考 Aptheker, The American Revolution. p. 105.

⑤ Peterson, Thomas Jefferson and the New Nation. p. 94.

⑥ 关于中央政府的雏形,均参考 Aptheker, The American Revolution. p . 102.

封建制度的需要的，是为封建主及暴虐的君主的剥削和压迫人民的现实服务的，因为它可以麻痹人民的斗争意志，使人民服服帖帖接受统治阶级的压榨。

现在杰斐逊提出了相反的看法，他指出：地上的现实生活并不是痛苦的境界，人们的生活的意义并不在于为进入天国而作准备。人类应该追求现世生活的幸福，人并不是为受苦而活着的，应该是为了享受现世的幸福而生活着的。追求幸福不但不是罪过，而且是一种权利，是人人都应该享受的、不可转让的权利。

杰斐逊不仅认为追求幸福是一种自然权利，而且也把促进人民的幸福作为政府的重要目的之一。1810 年他在给波兰革命家科休兹科（1746—1817）的信里写道："人的自由与幸福应该是政治组织的目的，而且也是一切科学一切人的努力的目标。"

但是必须看到，在杰斐逊的心目中，幸福并不单纯是物质上的享受，他认为肉欲横流的生活并不是幸福。他主张用理性和道德去防止个人生活上的无节制和放肆。在他看来，道德对于幸福是很重要的，道德就包括对别人的义务，单纯的自私就取消了道德。因此追求幸福并不是单纯的自私的活动，它必须把追求公众的幸福考虑在内。可见，在杰斐逊看来，所谓幸福的生活，不但包括某种程度上的物质上的满足，也包括一种高尚的情操在内①。

在另一方面，杰斐逊也并不完全抹煞财产权的重要性，因为在他看来，如果一个人通过自己的劳动而挣到的财产得不到保障的话，也就没有幸福之可言了。因此他主张政府有责任保障财产权。但是他主张财产权只不过是公民权，而不是自然权利，因为他认为财产只是一种手段，是达到人类幸福的手段之一，所以不能把财产权提高到不可转让的自然权利的地位上去②。如果把财产权提高到至高无上的地位，不仅会贬低人的价值，而且也会助长大财产所

① Peterson, Thomas Jefferson and the New Nation. pp .94 ~95.

② Peterson, Thomas Jefferson and the New Nation. pp.94 ~95.

有者、大地主的气焰，使他们有可能利用这个理论为自己的剥削行为作辩护。总之，杰斐逊对于幸福及财产的看法，反映了美国劳动人民的要求和渴望。

因此，杰斐逊用“追求幸福”的权利取代“财产权利”并不是简单的几个字的问题，而是另有他的深刻含义在其中，也可以说在一个带有原则性的问题上与洛克分道扬镳。洛克站在英国资产阶级新贵族的立场上，竭力维护私有财产制度，而杰斐逊则打破了洛克的自然权利学说的资产阶级局限性，而把广大人民的渴望和要求反映到自然权利学说中来。这样一来，他就赋予自然权利学说以浓厚的民主主义色彩，从而创造性地发展了这个学说。杰斐逊在宣言里提出的“追求幸福”的权利的思想，构成这个宣言的核心，并且用它的光辉的、不朽的语言，使这个文件永远振奋人心①。

第三，人民主权学说：“为了保障这些权利，所以才在人们中间成立政府。而政府的正当权利，则系得自被统治者的同意。”这寥寥数语，标志了政治理论中的革命。在过去封建统治阶级的政治理论中，政府是高踞于人民之上的，以国王为代表的统治集团是奉上帝的旨意来统治人民的。在政府与人民的关系中，政府位置在上，是主，人民位置在下，是从。人民是手段，政府或统治阶级是目的，人民当牛作马，是为了养活及服侍统治阶级而存在的。而独立宣言则把这二者之间的这种颠倒了的关系纠正过来，以人民为主，以政府为从，以人民为目的，以政府为手段，抬高了人民的地位，降低了政府的地位。政府是为了人民而存在的，是服从人民的意志的，是为了人民的幸福，为了保碍人民的权利而存在的。这就是说：人民是主权者，政府的一切权利来自人民。

这里必须指出：杰斐逊所阐明的平等学说、自然权利学说及人民主权说，是出于上升中的资产阶级革命家的主观愿望，而不是为了欺骗人民。但是这种主观愿望在资本主义社会的实际生活中是

① 关于中央政府的雏形，均参考 Aptheker, The American Revolution. p. 104.

行不通的，因为在贫富悬殊的社会，上层有产阶级利用其经济力量，必然要在政治民主的幌子下，篡夺真正的统治大权。但是不管怎样，杰斐逊当初提出并且鼓吹的这些学说，在当时的历史条件下是有积极意义的。

第四，人民的革命权利的理论。以自然权利学说及人民主权思想为基础，杰斐逊也发挥了关于人民的革命权利的理论。在他看来，既然成立政府的目的是为了保碍人民的自然权利，既然政府的权利来自人民，所以一旦政府不履行自己的职责，侵犯人民的权利，并且成为祸国殃民的压迫者，而且无可救药，人民就理所当然地有权利举行革命或起义来推翻这样的政府。而且，在他看来，不仅在一个封建专制国家有革命权利，而且在建立起民主政府之后也有革命的权利，因为民主政府在经过多少年后，也有可能变质，变为压迫人民的政府[①]。

那么，独立宣言的思想是杰弗逊个人的思想吗？不是。它的思想属于北美进步人民，而不属于个人，它是北美思潮及思想趋势的反映。这个宣言是杰弗逊用高度的技巧把群众的思想集中地概括起来、提炼出来的结果。他自己的话就证明了这一点。在宣言发表后若干年，有的人对这个宣言加以吹毛求疵，说它是陈词滥调，没有创新之处。杰弗逊为了回答这个指责，坦率地承认他没有创立新的原则和观点。他写道："既不想标榜在原则或见解上有什么独创性，也不是抄袭任何私人或前人的著作，我的目的仅仅在于表达美国人的思想，表达这个重大时刻所诱发出来的气氛和精神。"[②]

但是，宣言之反映时代思潮及北美普遍的思想情绪，就意味着反映了杰弗逊个人的思想。因为他的思想与北美思想潮流是一致的，也可以说他的民主思想集中地表现了北美广大人民的要求和渴望。而且还必须看到，在这部宣言中，也打上了杰弗逊个人的天

① 关于中央政府的雏形，均参考 Aptheker，The American Revolution. p .103.

② Peterson，Thomas Jefferson and the New Nation. p. 90.

才的印记。它具有“文字表达上的特殊技巧”,它简练、明确、直率、雄劲有力和充满义愤的口气,正适合于谴责狂暴的乔治三世。在另一方面,在阐述人权时,则用温柔敦厚的笔调。它在修辞上,典雅谨严,未摆脱贵族的气味,不像汤姆·潘恩的文章那样大胆、热切和通俗化①。

① Peterson, Thomas Jefferson and the New Nation. p. 90.

第六讲　美国第一次革命的成就

17 世纪的英国革命，18 世纪末的法国大革命与 18 世纪下期的美国第一次革命，都是早期资产阶级革命。但是好多年来国内史学界一提到早期资产阶级革命，首先想到的便是英国革命和法国大革命，在谈到早期资产阶级革命的特点或规律性时，也离不开这两次革命，也总是喜欢从这两次革命中总结历史经验和教训。相形之下，介于这两次革命之间的美国第一次革命则被忽略了。其实，美国革命无论就其所取得的成就及其在美国历史发展中的作用来说，抑或就其对于世界的影响来说，其重要性并不亚于英、法革命。而且，美国革命还有其与英法革命截然不同的独特之点，其中有许多经验值得总结和借鉴。下面仅就美国第一次革命的成就，谈一些个人的初步看法。

一、革命取得了丰硕的民主成果

对于美国第一次革命，美国有一些历史家有一种奇特的解释，他们说这只不过是一场对外的反英的、争取独立的战争，而美国内部并没有发生什么革命或变革。第二次大战后出现的以罗伯特·布朗和丹尼尔·布尔斯丁为主的“新保守派”就持这种观点。在布朗看来,独立战争前的北美殖民地是一个非常民主的社会,居民一般地在经济上是平等的,在政治上是自由的,而且大多数白人享有投票权。只是英国在1764年以后想剥夺北美人民所享受的自由权利,才激起独立战争。因此,他相信美国革命是"历史上独特的革命之一——是一次为了保存民主社会而不是为了争取一个民主社会而进行的革命,是一次为了阻止变革而不是为了促进变革而进行的革命"①。

这个观点之错误是显而易见的。实际上,正如美国历史学家卡尔·贝克所指出的:"美国革命不仅仅是一个争取脱离英国的民族独立的运动,它也是一个争取美国社会和政治的民主化的运动。"②

但是,只承认美国革命有对内争取民主的斗争一面,是不够的。如果对这次革命的过程作全面而仔细的考察,我们会发现这一次革命除了赢得对英独立这个众所公认的成就而外,在对内方面所取得的成就也是巨大的。这首先表现在各州所争取到的各种民主成果上面。

第一个重大成就便是取得丰硕的民主成果,这些成果,可以分为四类。

第一类,各州内部的政治进一步民主化。这主要是通过制定新的州宪法而实现的。

美国学者克利斯托尔写道:在革命中制定的州宪法,"对于现存的政治制度很少有基本的改变"③。这个说法是违反事实的,实

① 布朗:《中等阶级民主与麻萨诸塞的革命》(Robert Brown, Middle ~ Class Democracy and the Revolution in Massachusetts, 1691—1780),第303页。

② 卡尔·贝克:《合众国——一个民主的实验》(Carl Becker, The United States: An Experiment in Democracy),第35页。

③ 参看欧文·克利斯托尔:《美国革命是一次成功的革命》(Irving Kristol, American Revolution As a Successful Revolution),载《美国继续革命》(America's Continuing Revolution),第13页。

际情况是:州宪法对于北美现存政治制度作了重大的改变,并使其大大民主化。

甲.宣布共和制。独立前的殖民地时代实行的是君主制,因为英国国王就是包括北美殖民地在内的大英帝国的元首,殖民地居民就是英王的臣民。弗吉尼亚等三个州在1776年后制定的州宪法中分别宣布成立共和国。州宪法彻底摧毁了“国王的职位”,并且“绝对地剥夺它的一切权利、权力和特权”,为的是“所有其他人将永远不会享有这些东西,这个职位今后不许存在,无论在名义上或实质上,在这个殖民地上都不许重建”①。

乙.保障人民基本权利的措施。革命领袖都认识到:为了防止人民受压迫,从法律上保障人民的基本自由权利非常重要。他们都回忆到1689年英国国会所制定的“权利法案”对于遏制国王的权利膨胀和防止暴政的出现,起了巨大作用。因此,在所有的州宪法的开头部分都附上“权利法案”或“权利宣言”,其中作了保障人民各种自由权利的规定。

丙.禁止官职世袭及畀与贵族头衔。早在殖民地时代,北美人民就讨厌贵族头衔。而且他们对下面情况也深致不满:在某些殖民地上,包括上院成员及法官在内的某些官职实际上变成世袭的了。因此,革命中产生的州宪法(如麻萨诸塞,新罕布什尔)宣布禁止官职世袭。在1776年颁发的马里兰州的“权利宣言”中规定:“在本州不得授予贵族头衔及世袭的高级官职。”北卡罗来纳宣布:“在本州不得授予世袭的津贴、特权或勋位。”宾夕法尼亚的“权利宣言”也宣布摈弃贵族头衔。乔治亚的州宪法规定:剥夺任何要求拥有头衔的人的投票权或担任官职的权利②。

丁.扩大官职选举的范围。在革命前,只有自治殖民地的总督

① 戈登·伍德:《美利坚合众国的创立》(Gordon Wood,The Creation of the American Republic),第136页。

② 约翰·奥尔登:《美国革命史》(John Alden,A History of the American Revolution),第358~359页。

通过选举产生，王家及业主殖民地的总督都是由英王或业主任命。州宪法改变了这个情况，各州州长均通过选举产生。有八个州的州长由选民选出，有六个州州长由州议会任命（实际上是间接选举）。在乔治亚，州以下的地方官吏也是选举的①。

戊.削减州长的权力和增大州议会的权力。在殖民地时代，总督作为英王的代表（指王家殖民地）是压迫的象征，而议会则是保卫殖民地的机构，因此，在革命中人民普遍要求增大议会权力及减削州长权力。人民的这个要求在州宪法中得到反映。过去，王家总督对议会的立法有否决权，现在大多数州的宪法限制了州长的否决权。北卡罗来纳甚至取消了州长的否决权，宪法规定，只要议会的议长签字，法案就获得法律的效力，在纽约，由一个“修正委员会”（由州长及数名法官组成）行使否决权。大多数州只要立法机关的简单的多数票就可以抵制州长的否决。只有麻萨诸塞要求有立法机关的三分之二的多数票。殖民地时代，总督作为行政首长掌握大部分任命官吏的权限。现在州宪法限制了这个权利。在纽约，由州长和参事会共同行使任命权，在决定中州长只有一票。在新泽西，任命权划归立法会议②。一些州宪法还容许立法机关弹劾州长等官员。在殖民地时代，法官由总督推荐，英王任命，现在州宪法把这个任命法官的权力送给立法机关③。

己.参事会的改革。在殖民地时代，王家殖民地总督下面的参事会，是先由总督遴选殖民地上的知名人士（即绅士）向英王推荐，然后由英王任命。参事会一身而三任：为总督出谋献策，因而是行政机构；兼立法机关的上院，因而是立法机构；接受和审理下级法院的上诉案件，因而是司法机关。这无异于贵族官僚干涉立

① 狄利：《美国州宪法的成长》（Dealy, The Growth of the American State Constitutions），第36页。

② 凯利·哈比逊：《美国宪法的起源及其发展》（Kelly Habison, Origin and development of the American Constitution），第96~97页。

③ 戈登·伍德：《美利坚合众国的创立》，第142、160页。

法权和司法权,久已为人们所不满。现在新的州宪法把参事会与上院分开,也把参事会与司法机构分开,把参事会改为州务会议(行政机关),另成立单独的上院,单独的上诉法院及平衡法院。同时,州务会议不再由长官任命,而是改由议会选出,而且宾夕法尼亚及佛蒙特则由选民直接选出。州务会议的地位也比参事会提高,过去的参事会是总督的助手,现在州务会议控制了州长,这样一来,过去的参事会这个“官僚贵族的微弱的痕迹”也被根除了。

庚.州议会的民主化。州议会虽然保留了两院制,但是比殖民地时代的立法机关更加民主化。第一,与革命前的王家殖民地的上院(即参事会)通过任命产生不同,现在的州上院是选举的,尽管许多州为上院议员规定了很高的财产资格。第二,议会改选时期缩短,一般都是一年一改选。这可以保证议员不脱离选民的控制。第三,实行比例代表制。革命前的代表制极不合理。沿海诸县聚居大种植场主及富商巨贾,人口少,但是在议会中的席位都多,西部诸县的主要居民是贫苦的农民及拓荒者,人口多,但在议会中的席位却少。这种情况显然有利于上层有产者集团。现在大多数州的宪法规定了比例代表制,各县在议会里的代表人数与该县人口(纳税人口)成正比例,这就有利于西部劳动人口。

辛.选举权扩大。在殖民地时代为选举权规定了财产资格。现在,各州的宪法对于财产资格作了不同程度的改变。在十三个州中,有九个州降低了财产资格。在佛蒙特州,新宪法甚至确立了成年男子普选制。选民的扩大引起了一些保守分子的反感,北卡罗来纳有一个人悲叹道:“那个最美妙而重要的权利(指选举权)扩充到森林中每一个二足动物身上了。”①

这样,州宪法大幅度地扩充了州的民主。无怪乎本杰明·富

---

① 约翰·詹姆逊:《作为社会运动的美国独立战争》(John F. Jameson, The American Revolution Considered as a Social Movement),第28页。

兰克林在1777年5月“以狂喜的心情”阅读了这些州宪法①。

第二类:范围广泛的民主改革。旨在维护大土地所有制的“限定嗣续法”及“长子继承法”被废除了。一些殖民地上的官方教会被取消了,从而实现了宗教自由。以弗吉尼亚为首的几个州实行教育改革,从而向普及教育迈出了一步。北部、中部诸州废除了奴隶制度。刑法也改革了,缩小了判处死刑的范围,只有谋杀及叛国才处以死刑。革除了一些野蛮残酷的刑罚,实行了罪罚相称的制度。

第三类,南方大批黑人奴隶获得解放。南方黑人奴隶之得到解放,是通过两个渠道。第一个渠道是:逃亡奴隶参加英军后得到解放。从战争一开始,英军当局就引诱奴隶参加英军方面作战,并且许诺在战后解放他们。结果逃到英军方面者极伙,共达十万之众。他们中间有不少人在战后得到自由,但是也有许多人死亡或者被英方卖到西印度重新当奴隶。第二条渠道是通过参加美军而获得自由(至少有五千人)②。大批奴隶之获得解放,沉重地打击了奴隶制度。

第四类:半封建大地产租佃制之局部瓦解。在战争期间,革命政府(州)没收了托利党人③地产,这些地产有相当一部分转到劳动者手中,因而增大了农民土地所有者的数量。

上述第一、第二类民主成果之取得,是民主运动推动的结果。

这个民主运动在1776—1777年达到高潮,并且持续到80年代末。

运动的群众基础是农民,边疆拓荒者,工匠、工人、小店主及黑人,运动的领导者是资产阶级民主知识分子。其中最突出的有三个人——托马斯·杰斐逊,塞缪尔·亚当斯和本杰明·富兰克林。

---

① 赫伯特·阿普特克:《美国革命,1763—1783》(Herbert Aptheker, American Revolution, 1763—1783),第232页。

② 赫伯特·阿普特克:《美国革命,1763—1783》,第218,225~226页。

③ 托利党人即殖民地上的亲英派,他们从事破坏活动,给革命造成巨大损失。

人民群众在运动中提出了广泛的要求：

第一，要求实现资产阶级的政治民主。他们不但要求驱逐王家总督及英国委派的官吏，而且也要求打倒殖民地时代控制议会的“大人物”或“贵族党”，希望把整个政府机构都置于人民的控制下面。他们要求实行代议制民主，取消对于选举权的财产限制，实现公平合理的代表权。他们反对上院，认为设置上院是对下院的一种限制，因此要求一院制。他们认为以总督为代表的行政权是压迫的象征，所以他们要求无限加强作为人民的代表机关的议会的权力，而尽量削减行政权力。他们也主张实行短期选举制，官职轮换制①。尽可能削弱中央政府的权力，把权力重点放在各州一级。这是因为美国人民从过去的经验中体会到一切政府都是压迫人民的工具，从而相信：“统治最少的政府，是最好的政府。”②

第二，要求消灭一切前资本主义制度，消灭贫富悬殊的现象；消灭宗教压迫，以实现宗教自由。

参加争取民主改革斗争的称民主派。站在他们对立面的是保守派，保守派代表大资产阶级，大种植场主的利益。参加保守派的一般都是富商、大种植场主，收入丰厚的律师，圣公会及公理会的牧师等等。他们主张在政治经济上维持现状，尽可能少作变动。他们强调“上等人，有价值的人，有经验的人”应该统治国家，因此要求限制选举权，主张成立两院制议会，扩大行政权，确立立法者及州长的财产资格。保留官方教会和维持不平等的代表制③。他们还要求建立强大的国家机器及加强中央政府的权力，以便更有效地保护富人利益和镇压人民的反抗。在经济上，他们反对消灭大土地所有制，反对以民主方式解决土地问题，反对触动前资本主义制度。

---

① 戈登·伍德：《美利坚合众国的创立》，第227~231页。

② 赫伯特·莫里斯：《为自由而奋斗》（Herbert Morais, The Struggle for American Freedom），第220页。

③ 约翰·奥尔登：《美国革命史》，第334~335页。

这样,保守派的纲领和民主派的纲领是针锋相对的。所以人民群众争取民主改革的斗争,实际上就是民主派与保守派之间的斗争。

各州政治的民主化,就是在制定州宪法的过程中民主、保守两派进行你死我活的斗争的产物。在佐治亚,两派的斗争达到不可调和的地步,以致一个时候出现两个立法机关两个行政机关对峙的局面①。1779 年在费城展开的两派间的斗争演变为武器冲突,造成两人死亡②。

虽然在制定州宪法的斗争中,保守派在大多数州取得胜利,但是慑于群众的力量,他们也不能完全忽略人民的愿望:第一,他们在反英斗争中揭橥出人民的权利的口号,因而感到拒绝把一定程度的权利送给"卑下的美国人"是很难的。第二,他们看到完全不顾人民的要求,也不利于全局,因为只要反英战争在继续进行,人民群众的支持是为取得战争胜利所必不可少的,而为了赢得人民的支持,就不能不对人民作一定的让步③。

各州之所以能实现一系列民主改革,也是和民主派的努力分不开的。第一,一系列改革法案之获通过,一方面得力于以杰斐逊为首的民主派领袖在各州议会内的争取,另一方面也是议会外的民主派群众施加压力的结果。

杰斐逊是广泛的民主改革的倡导者和推动者,他认为反英战争正是争取内部民主改革的千载难逢的大好时机,因为这场战争激起人们的爱国热情和革命热情,利用这种热情来推行改革,可以减少许多阻力④。为了在自己的家乡弗吉尼亚推进改革,他宁愿

---

① 查尔斯·比尔德和玛丽·比尔德:《美国文明的兴起》(Charles Beard and Mary Beard ,The Rise of American Civilization),第 1 卷第 261 页。

② 约翰·奥尔登:《美国革命史》,第 336 ~ 337 页。

③ 约翰·奥尔登:《美国革命史》,第 336 页。

④ 梅里尔·彼得逊:《杰弗逊与新国家》(Merill Peterson, Thomas Jefferson and the New Nation),第 99 页。

放弃大陆会议委派给他的出使法国的光荣使命，他在弗吉尼亚专心致志于四项主要改革工作，取消限定嗣续法，废弃长子继承法，实现宗教自由，实行普及教育。因为在他看来，完成这四项改革具有非常重大的意义，他说：这些改革合在一起，就“形成一个制度，靠这个制度就可以根除古老的或封建的贵族的每一根纤维，并且为真正共和主义奠定基础”①。

各种改革法案之获得通过，关于民主派群众的压力所起的作用。查尔斯·巴克尔写道：在革命期间，“抗议的政治”甚为发展，在18世纪70年代的十年中，“选举宣誓，对代表的训令，群众大会、委员会及协会之出现，都从立法机关的大门外加强了人民群众对政府的压力，增加了对于政治决策的影响”②。

当然，某些改革之实现，也有客观因素。如北部中部诸州之废除奴隶制度，固然是民主派（黑人及白人）争取（通过请愿或其他方式）的结果，但是另一方面也是由于上述地区的自然环境不利于奴隶制度，奴隶制度对于奴隶主来说已无利可图了。

第三、第四两类民主成果之取得，是战争促成的。美国历史学家尼斯贝特说过：战争总是伴随着革命，特别是当战争拖长的时候③。这个道理也适用于独立战争。大批奴隶之获得解放，不消说，是战争造成的。就是大地产租佃制之局部瓦解，也与战争有莫大关系。被没收地产的都是托利党人，他们站在英国方面从事破坏活动，显然不利于独立战争之进行。没收他们的地产，是出于战争的需要。不过，还必须看到，革命政府之采取这个措施在某种程度上也反映了两种情况：（一）北美佃农的斗争。在革命前夕佃农普遍有土地改革的要求。被谴责为“抢劫和谋杀普通穷人的”李文斯顿家就预感到佃农要起来夺取他们的土地。（二）在人民中

---

① 梅里尔·彼得逊：《杰弗逊与新国家》，第111页

② 赫伯特·阿普特克：《美国革命，1763—1783》，第236页。

③ 罗伯特·尼斯比特：《革命的社会影响》（Robert Nisbet, Social Impact of the American Revolution），载《美国继续革命》第81~82页。

间流行的财产平等思想。1776年宾夕法尼亚的宪法草案中有一个条款(这个条款后来被删掉了)写道:“大量财产之归少数人所有,对于权利是有害的,并且会破坏人类的共同幸福;因此,每一个自由国家都有权利利用法律去阻止大财产所有制。”①

二、取得丰硕民主成果的深层原因——民主运动具有高度的自觉性

综观取得的上述民主成果,我们可以作出如下评价。第一,这些成果是丰硕的,并不像很多人所想象那样微不足道 。我们可以对它作出如下的估价。第二,美国革命的某些改革的激烈程度如没收托利党人土地,甚至超过法国大革命时没收逃亡贵族土地的革命行动②。第三,与法国大革命相比,美国革命的民主成果,涉及的范围更为广泛,更有特色。从政治到经济,从社会到宗教,从文化教育到刑法,莫不发生深刻的变革,而这是法国革命所不及的,因为法国革命根本就没有触及教育及刑法。

经过这一系列的民主改革及革命变革,在法国爆发大革命前,美国成为全世界首屈一指的最民主的国家。

因此,我们可以得出结论说:美国第一次革命不愧为一次民主成果丰硕的资产阶级革命。

为什么美国革命能收获如此丰硕的民主果实?为什么它所完成的变革的范围比法国更为广泛,这样有特色?在我看来,这不仅是由于群众性的民主运动的推动,也是由于这个民主运动具有高

① 里查德·莫里斯:《我们合众国人民,人民革命二百周年》(Richard Morris, We People of the United States, The Bicentennial of A People's Revolution),载《美国历史评论》第82卷第1号第17页。

② 里查德·莫里斯:《我们合众国人民,人民革命二百周年》,载《美国历史评论》第82卷第1号第16页。

度的自觉性。

这个运动的高度的自觉性，首先表现在人民群众身上。人民群众在反英战争中清楚地意识到，不但应该推翻英国的殖民统治，而且也应该通过民主改革，为提高人民的政治经济及社会地位而斗争。

早在1776年上半年，纽约市技工委员会就提出了“谁应该在国内进行统治”的问题。他们热烈希望在美国建立“一个自由的，人民的政府”。工匠们纷纷讨论独立后的新政府形式，一致要求建立与殖民地时代不同的政治制度，群众还警告说：“有某种地位的人们”梦想在北美建立在欧洲常见的“主公与封臣，或长官与属官的制度”。纽约的一个工匠还告诉大家说；必须丢弃只有“富人”才有权当官的观念；关于“人民过于愚昧所以不能管理国家大事”的论点，只不过是富人造谣。费城一个“穿皮围裙”的工人在一篇文章（1776年3月14日刊于宾夕法尼亚晚邮报上）里写道：“不是工匠和农民构成美利坚人民的百分之九十九吗？如果这些人由于职业的关系而不能参加选举他们的统治者或选择政府形式的话，立即承认完全由绅士组成的英国国会的管辖权难道不是最好的吗？”①

在群众中间要求实现社会经济平等的思想也开始流行。弗吉尼亚的兰多福上校在1784年抱怨道：“独立的精神变为平等的精神了。”②

许多民主派领袖的思想言论反映了群众的这些要求。但是在民主派领袖中，只有杰斐逊的思想最全面地，最深刻地，最集中地体现了人民的思想感情和渴望。

杰斐逊对这次革命抱有最殷切的期待，他满腔热情地希望在

① 菲利普·方纳：《劳工与美国革命》（Philip Foner, Labour and the American Revolution），第164～166页。

② 赫伯特·阿普特克：《美国革命，1763—1783》，第259页。

革命中实行广泛而彻底的改革,把殖民地时代遗留下来的全部污秽一扫而光,俾实现自己的民主理想。他梦寐以求的是在美国建立一个民主共和国,在这个共和国里,既没有剥削,也没有压迫,既没有镇压人民的官僚警察的国家机器,也没有吮吸人民膏血的豪门巨族。人人参加国家管理,个个享受自由平等的权利。每个人都过着有道德、有文化的幸福生活。为了达到这个令人神往的目标,他要求实行全面的改革:在政治上革除殖民地时代的政治积弊,实现代议制民主政治;改革选举法以保证人民在国家事务中的发言权,实行三权分立以杜绝暴政,废除长子继承法及限定嗣续法,以根除殖民地上的旧贵族势力;取消官方教会,以实现宗教自由,颁布土地改革法,以扩大小农土地所有制,实行教育改革,以普及文化知识,改革刑法,以实现人道主义,废除奴隶制度,以实现人人平等的原则,等等。

这个民主改革总纲的最高原则,便是他在"独立宣言"中所宣布的原则:"人人生而平等,他们都被造物主赋以某些不可转让的权力,其中包括生命权,自由权和追求幸福的权利。为了保障这些权利,所以才在人们中间成立政府,而政府的正当权利则来自被统治者的同意。如果有任何一种形式的政府变成是损害这个目的的,那么人民就有权利改变它或废除它,以建立新的政府。"

杰斐逊在制定这个行动纲领时,还有一个宏伟的抱负:希望在美国建立起来的民主共和国,成为全人类的楷模,俾全世界普遍建立这样的共和国,把黑暗的封建专制制度及一切不合理的现象统统从地球上抹掉。下面让我们读一读他那热情洋溢的话吧!"我们有一个目的,那就是使代议制政体成功,而且这并不单单为了我们自己而活动,也是为了全人类而活动。我们的实验是为了证明人类是否有自治的能力。受苦受难的人类正在以渴望的心情把我们看作是他们唯一的希望……我希望和坚信:全世界或早或晚会从我们关于人的权利的主张中得到好处。”①

值得注意的是，杰斐逊在制订他的改革纲领时，并不是简单地反映人民的心声，而是把来自群众的原始素材加以综合，提炼、加工和提高。

第一，杰斐逊的纲领比群众的革命要求更为全面，更为系统。群众往往囿于狭隘的视野，只能提出片面的、零碎的、眼前的要求，缺乏全局观点及周密的考虑。而杰斐逊则能高瞻远瞩，洞察秋毫，因而他能提出一个涉及各个方面的、宏伟而缜密的纲领。

第二，杰斐逊能抓住改革的根本，他认识到教育改革是一切改革的关键。在他看来，为了建成一个巩固的民主共和国，只是进行政治上的民主改革，是远远不够的，还必须大力发展教育事业，因为教育是民主的基础，在一个广大群众愚昧无知的国家，民主政治等于建立在沙堆上面的楼阁。他指出：“地球上每一个政府都有人类弱点的一些痕迹，腐化和蜕化的一些萌芽……每一个政府，当它整个被委托给人民的统治者的时候，就要蜕化，因此人民本身才是它的唯一可靠的保管人。为了使他们成为可靠的，他们的头脑必须改善到一定的程度……必须修改我们的宪法，以促进公众教育。”②他认为防止权力堕落为暴政的有效手段，便是在“实际可行的范围内普遍地启迪人民的智力”③。而且，他还指出了教育在其他方面的功能：(一)培养德才兼备的国家管理人材，即他所说的“自然贵族”，以保证每一代人都有一个贤明正直的政府。(二)提高人民的文化知识和科学水平，以增进人类的物质，精神的幸福。(三)提高人民的道德品质。

第三，杰斐逊的纲领用意更深，更切合实际，这里至少有两点

---

① 菲利普·方纳：《杰弗逊选集》(Philip Foner，Selected Writings of Jefferson)，第39页。

② 菲利普·方纳：《杰弗逊选集》，第77页。

③ 凯莱布·帕特逊：《杰斐逊的宪法原则》(Caleb Patterson，The Constitutional Principles of Thomas Jefferson)，第174～175页。

可谈。首先,美国人民群众赞成一院制议会,因为殖民地的经验告诉他们:议会上院是为了抑制下院中的人民代表而设置的。但是杰斐逊却主张保留上院,他保留上院的用意在于使它与下院收互相补充之效。在他看来,立法机关的两院应该分别建立在不同的原则和利益上,上院应该发挥智慧的作用,下院应该发挥维护人民的利益的作用。因此他主张选出有经验有学识的人为上院议员。他认为上、下两院互相配合,才能使立法工作臻于完善①。显而易见,杰斐逊的主张更有见地,更有深意。其次,群众继承殖民地时代议会反对总督的斗争(这个斗争的目的在于提高议会的权力和地位)传统,要求确立议会的至高无上的地位。而杰斐逊则反对这种作法。他说,议会权力无限增加,同样会产生暴政。"这些权力由多数人行使而不是由一个人行使,也不会减轻[暴政的程度]。一百七十三个暴君(弗吉尼亚下院有一百七十三个议员——引者注)和一个暴君一样,都会压迫人。他们即使是由我们自己选出的,也不会有什么好处。一个选出来的暴政并不是我们争取的政府"②。他主张以三权分立来代替立法机关权力至高无上的原则,认为只有这样才能保证政府不致蜕化为暴政机关。

此外,对许多问题,杰斐逊也善于提出更为精辟而深透的见解。比如,他在反对官方教会的统治和要求实现宗教自由这个问题上,和广大人民是完全一致的;但是对于国家干涉宗教自由的害处及实现宗教自由的益处,他的认识就更深入了一层。他写道:用国家的力量,采取高压手段,强制人民去接受某种信仰,其效果只能是"在世界上制造出一半愚人及另一半伪善者"。"只有谬误的思想才需要政府的支持"。真理本身是用不着权威来支持的,不同的思想自由竞争,对于真理的发展有百利而无一害③。"限制[思

① 梅里尔·彼得逊:《杰弗逊与新国家》,第104~105页。

② 杜马斯·马伦:《杰斐逊和他的时代》(Dumas Malone, Jefferson and His Times),第1卷第380页。

③ 梅里尔·彼得逊:《杰弗逊与新国家》,第138页。

想]会使他成为伪君子,从而使他变得更坏,而绝不会使其成为一个更诚实的人"①。

杰斐逊不但从群众中汲取滋养②,而且还接受了欧洲的启蒙思想。

整个18世纪,欧洲特别是英国与北美之间的思想接触始终没有间断,到18世纪,这种接触更加频繁了。欧洲及英国的书刊源源不断地运到北美,因而英法启蒙思想——洛克、孟德斯鸠及伏尔泰的思想也流传到北美,同时,英国不信国教者(英国政治生活中的左翼)的思想也渗入北美③。不过,美国革命领袖受洛克的思想影响最大。正如米勒所说的:"如果说有任何一个人统治了美国革命的政治哲学的话,他就是洛克。"但是如果说"美国政治思想主要是对于洛克的注解"④也是不对的。因为以美国民主运动的主要领袖杰斐逊来说,他就没有墨守洛克的教条。比如前面引的杰斐逊执笔的《独立宣言》中的一段话虽然脱胎于洛克的自然权利学说,但是杰斐逊却用"追求幸福的权利"去取代洛克的财产权利⑤。实际上,这并不是简单几个字的问题,而是杰斐逊在有原则性的大问题上与洛克分道扬镳。洛克站在英国资产阶级新贵族的立场上,竭力维护财产权,而杰斐逊打破了洛克学说的资产阶级局限性,把人民群众的愿望吸收到自然权利学说中来。这样,他就赋予自然权利学说以浓厚的民主主义色彩,从而创造性地发展了这

---

① 赫伯特·阿普特克:《美国革命,1763—1783》,第242页。

② 有人根据杰斐逊在上述思想主张上与群众的差异,竟把杰斐逊划为中间派,这是不对的,如约翰·阿尔登就持这种错误观点。

③ 伯纳德·贝林:《十八世纪美国的政治经验与启蒙思想》(Bernard Bailyn, Political Experience and Enlightenment Ideas in Eighteenth-Century America),载《美国历史评论》第67卷第2号第343~344页。

④ 约翰·米勒:《美国革命的起源》(John Miller, The Origin of American Revolution),第166页。

⑤ 对于这个问题的进一步分析,可参看拙文:"美国独立与独立宣言",载《山东师大学报》1982年第5期。

个学说。正是杰斐逊的这种博大精深的思想及宏伟的行动纲领，指导了美国民主运动，指导了美国革命。如果说罗伯斯庇尔为首的雅各宾主义是法国大革命的灵魂的话，那么以杰斐逊为代表的民主思想是美国革命的旗帜。

诚然，杰斐逊思想中有不少成份在资本主义制度下只能是幻想，但是他的思想及纲领标志了美国革命的高度自觉性，使美国革命具有深厚的思想内容或“知识容积”①。美国革命之所以能够收获如此丰富的民主果实，它所实现的民主改革之所以如此广泛而有特色，与革命期间的民主运动的这种高度的自觉性有莫大的关系。

三、革命的另一重大成果——联邦宪法的制定

1787 年制定的联邦宪法也是美国革命的一个重大成就。

如果说上面讲到的一系列民主成果之取得主要应归功于民主派的努力，那么赢得联邦宪法这个重大成就就是保守派的业绩。但是这也是保守派与民主派之间的十余年斗争的结果。

在 1776 年宣布独立后，过去的十三个殖民地实际上成了十三个主权国家。虽然中文译为州，在 1776—1777 年制定的“邦联条款”（下面简称“条款”）在本质上并设有改变各州作为主权国家的地位。因为“条款”中所规定的中央政府的权力太小了。

在 1781 年“条款”实施后，美国不过是一个松散的国家之间的联盟。

“条款”的这个特点，主要反映了大陆会议中民主派代表的观点，民主派根据殖民地时代的经验，生怕中央权力太大，会压制人

① 这是借用克利斯托尔的现成语汇。参见《作为成功的革命的美国革命》（Kristol, American Revolution As A Successful Revolution），载《美国继续革命》（America's Continuing Revolution），第 6 页。

民的自由,侵犯人民的权利,会产生暴政。

诚然,其他势力在其中也起了一定的作用。第一是南方种植场主。南北经济制度不同,利害关系迥异。南方种植场主代表害怕中央权力过大,会为北方大商人所利用,把不利于自己的政策强加于己。第二是小州的代表。小州的代表之所以反对中央权力加强,是因为害怕一个强大的中央政府会使大州有可能通过中央政府来压迫小州。

但是在制定"条款"中起主要作用的是民主派。可以说"条款"的通过,是民主派对保守派的胜利。

保守派早在"条款"在 1781 年生效以前,就起来反对,他们认为按照"条款"规定建立的中央政府过于软弱,无力阻止人民运动的发展和镇压人民的暴动,无力保护私有财产。他们要求加强中央权力。

在各州制定出新的州宪法之后,保守派加强中央权力的要求更加强烈。这是因为他们感到州宪法的民主成份太多,只有加强中央权力。保守派的这个态度,在兰多福的言论中表露无遗。他在 1787 年制宪会议上宣称:主要危险来自"我们的[州]宪法的民主成份。下面的格言是颠扑不破的;人民所行使的政府的权力会把其他部门吞没。没有一部[州]宪法规定了足以抑制民主的办法"①。

经济上的利害关系进一步加强了保守派加强中央权力的要求。

一些有势力的经济集团在"条款"下处于不利地位。公债持有权者集团希望战后能由政府清偿公债,但是按照"条款"的规定,国会没有征税权力,当然也就无力偿还公债。因此,这个集团要求建立一个强有力的中央政府。金融家集团也感到不安,他们

---

① 詹森:《邦联条款》(Merrill Jensen, The Articles of Confederation),第 XIV、3 ~ 4 页。

的利益在“条款”下受到多方面的损害。由于中央权力太小，它无力保护制造业，无力保护对于西部土地的投资，无力保护美国海上航运业。这就使得金融家找不到有利可图的，安全的投资场所。而且，中央无权限制各州的银行滥发纸币，致使金融家们在放贷方面吃亏不小。由于各州保留很大权力，货币不统一，货币规格不稳定，以致货币制度陷入混乱，这也不利于金融家。制造业、航运业集团也不满“条款”。早在1785年4月，费城的著名商人及实业界人士就向州议会提出备忘录，抱怨国会没有“充分而完全的权力去控制合众国的商业”，希望让国会享有这样的权力，以保护幼稚的美国工业及航运业。西部土地投机者也有同感。在“条款”下面，中央政府不能维持军队，西部边疆的安全得不到保障。所以，他们也要求有一个强大的中央政府①。

保守派中间有许多人参与上述集团，因此政治原因和经济原因结合在一起，推动保守派发动一个制定新宪法的运动。

不过在统治阶级内部步调很不一致。南方种植场主和小州的统治集团都对强大的中央政府存有戒心，对这个运动持观望态度。但是1786年的谢司起义震动了整个统治集团。他们不约而同地认识到加强中央权力的必要性及迫切性，认为只有这样才能有效地防止和镇压人民运动。因此，南方及小州的统治集团都捐弃原来的成见及顾虑，同意参加制定新宪法运动。

1787年费城制宪会议之召开及联邦宪法之制定，终于使保守派的夙愿得偿。因为这部宪法规定了如下的内容：

第一，联邦政府（全国政府）的权力大大加强，它获得如下权力：征税，征兵，发行纸币，规定度量衡，制定工商业政策，决定军事外交及对外政策，决定对外和战，管理邮政及对外贸易等等。联邦政府还有偿付国债的权力。

---

① 查尔斯·比尔德：《对于宪法的经济解释》（Charles Beard, An Economic Interpretation of the Constitution），第31～33、40～50页。

第二,总统作为行政首脑享有很大的权力。他不但有行政大权,而且还有对于国会立法的否决权,更重要的是有指挥军队的大权。他和他的内阁不向国会负责,国会的不信任票不能促成总统及其内阁辞职。

第三,三权分立。如比尔德所指出的,宪法为了抵消人民群众及民主力量对政府的影响,设置了重重障碍。制定宪法的保守派鉴于州宪法所确立的议会权力至上,容易造成"过度的民主",对上层有产集团不利,因此便在宪法中贯串了三权分立的原则,来消弭人民群众对联邦政府产生的影响。他们知道,在联邦政府机构中,唯有国会的众议院议员是各州选民直接选出的,因此群众对于众议院的影响,是在意料之中的。在这个情况下,为了限制众议院的权力,他们便在众议院上面设置了参议院,以便减少人民对政府的影响,因为参议院是各州立法会议选出的,距离选民更远一些。但是,这样保守派还不放心,他们害怕万一人民对国会发生影响,于是又设置拥有大权的总统,以图抑制国会的权力——他有否决国会立法的权力。对于国会及总统还不放心,还担心它们受到选民的影响(因为它们都是选举产生,尽管有的是间接选举),保守派又设置一个高等法院,企图用它去箝制国会及总统的行动①。孟德斯鸠之提倡"三权分立",目的在于限制君权,而现在美国保守派之在联邦宪法中确立"三权分立"原则,却是为了限制人民的权力。

这样,联邦宪法所确立的全国政府,既可以有力镇压人民革命运动及限制人民和民主力量的影响,又可以满足保守派所代表的各个集团的经济要求。因此,联邦宪法的制定,不能不是保守派对民主派的胜利。

然而,这部宪法是不是像比尔德派历史学家所说的那样,是一

---

① 查尔斯·比尔德和玛丽·比尔德:《美国文明的兴起》,第1卷第326页。

部仅仅有利于这几个经济集团的所谓"经济的文件"[①]呢？我认为这种看法是片面的。

首先，联邦宪法虽然满足了保守派的政治、经济上的要求，但是我们不能忽视它同时也有利于整个美利坚民族，有利于人民。这是因为它确立了一个真正的全国政府，它用一个名副其实的国家去代替"条款"下面的一个松散的、众多的主权国家之间的联盟，这一方面有利于一个全国性市场的形成，有助于资本主义的迅速发展，另一方面使得这个新国家有可能维持足够的军队，以对付英国和西班牙的侵略[②]。因此，仅仅在这一点上，这部宪法就是一个进步的文件。

此外，这部宪法还包含了大量的民主要素。

第一，宪法中的"三权分立"原则虽然有压抑人民的消极作用，但是也有其积极的一面，而这是比尔德所没有讲到的。按照宪法的规定，固然总统可以限制国会的权力，最高法院可以限制国会及总统的行动，但是同样按照宪法规定反过来，国会也可以限制总统的权力，因为国会可以弹劾总统，总统任命高级官员要得到参议院的批准。总统及参议院在任命最高法院法官方面的决定权，也可以对法官起制约作用（虽然制约得不够）。这样，三个权力机构之间的这种互相制约、均衡的作用，可以防止出现独裁或暴政[③]，可以保障资产阶级民主。

第二，联邦宪法虽然比起"条款"来说，大大加强了中央的权力，但是它还把相当多的权力保留给各州。换言之，该宪法确立了一个"联邦制"国家制度。这个"联邦制"既避免了"条款"的极端，又避免了中央政权的弊害，既把各州团结成为一个国家，又可以保

---

① 查尔斯·比尔德：《对于宪法的经济解释》，第152页。

② 赫伯特·莫里斯：《为自由而奋斗》(Herbert Morais, the Struggle for American Freedom)，第257页。

③ 赫伯特·阿普特克：《美国革命，1763—1783》，第239~240页。

障人民自由及发挥地方的积极性[1]。要知道,在18世纪下期,全世界绝大多数国家(至少是大国)是中央集权的封建专制国家,在这个时代环境中,独有美国革命家创造了现代"联邦制"国家形式,这不能不说是对于人类的重大贡献。

第三,确立了共和制。如前所述,首先宣布共和制的是各州。各州的这个行动得到了联邦宪法的认可(宪法第四条第四款),有趣的是:共和主义在美国革命刚一开始(1776年)就取得胜利,而在以启蒙思想传统自豪的法国一直到革命爆发后第四年(1792年8月)才获得胜利,在英国则在革命爆发(1640年)后经过九年,到1649年才宣布共和。这个现象应该这样解释:共和主义在北美有比欧洲更为深厚的社会基础,"共和主义传统在殖民地上始终是强大的,移居到这些殖民地上的大多数人是同情体现在克伦威尔共和国里面的思想的宗教不同意见者。而且北美的政治制度一开始就在事实上接近共和主义,特别是新英格兰的清教徒社会的政治制度"[2]。而且,美国是近代史上全世界第一个在幅员广阔的国土上建立共和制的国家,因而开创了很好的先例,这是她对人类的另一个贡献。

第四,实行民选政府制度。国会是选举产生,总统是选举产生——至少在形式上把资产阶级革命家所标榜的关于政府应该建立在被统治者的同意上的理论付诸实施。这也在全世界树立了一个良好的榜样。

第五,联邦宪法体现了文官政府的权力高于军权及文官政府控制军事大权的原则。

第六,宪法规定了修改宪法的程序,这体现了杰斐逊的思想,杰斐逊认为死人不能统治活人,上一代人所制定的宪法不应该束

① 纳尔逊:《美国革命的性质》(William Nelson, The Revolutionary Character of the American Revolution),载《美国历史评论》第70卷第4号第1012页。

② 参看欧文·克利斯托尔:《美国革命是一次成功的革命》,第11页。

缚下一代人,下一代人必须结合当代的实际对宪法作必要的修改。

由于具备了以上几种重要的民主成份,这部宪法是一个进步文件,无怪乎在美国历代人民中间受到很大的尊重。

这里出现一个问题:既然这部宪法主要是保守派制定的,而且他们大都是上层有产集团的代表人物,那么为什么能够在他们手中制定出一部含有大量民主成份的宪法?其实这个问题是不难解答的。第一,诚然参加制定宪法的大多数人是有钱有势的大种植场奴隶主、大商人,显赫的律师及其他头面人物,但是同时他们也不像比尔德所理解的那样个个都是斤斤计较本集团及个人利益的自私的"斗箕小人",在他们中间不乏有文化素养的,有开明的政治头脑的、识大体的人物。虽然他们也关心本阶级本集团的物质利益,也多半热衷于当官掌权,但是他们也不能不同时关心整个国家的命运、国家的繁荣昌盛、社会安宁、国家的长治久安及国防的安全①。而且,他们中间有许多人毕竟是上升时期的资产阶级代表,是为国家民族的自由而奋斗的带头人,还保留一定的革命锐气,从而是可以突破狭隘的阶级局限性的。第二,他们中间大多数是久经磨炼的政界人物,他们认识到,如果不把人民群众在这次革命中所争取到的果实中的某些部分保留下来,如果不向人民作一些让步,势必会激起人民的新的起义。第三,他们也不能不受欧洲启蒙思想的影响。比如,宪法中的"三权分立"原则显然受法国孟德斯鸠的学说的影响。第一届大陆会议在"致魁北克人民书"中就强调了"三权分立"的重大意义,它写道"许多国家的历史"显示出这个简单的真理:"靠一个人或一组人的意志生活,会造成一切人的灾难。""把几个权力分开,分配给不同的机构,以便互相抑制"的办法,是"人类智慧所能想出来的可以促进自由和繁荣的最有效的方式"②。这种想法,自然地也支配了1787年的制宪者。

---

① 约翰·奥尔登:《美国革命史》,第512页。

② 戈登·伍德:《美利坚合众国的创立》,第150页。

总之,联邦宪法既确立了一个有利于美国繁荣发展的全国政府,又带有浓厚的民主色彩,它的制定无疑是美国第一次革命的一个伟大成就,又使这个政府建立在资产阶级民主法治的基础上,从而给美国带来了长期的政治安定的局面。美国建国二百年来从未发生过一次政变,便是一个明证。因此,戴厄蒙所说的联邦“宪法的制订才意味着美国革命的完成”①这句话是有一定道理的。联邦宪法的制订,不能不说是美国革命的另一个重大成就。

美国革命不但收获了丰富的民主成果,而且又制定了一部进步的联邦宪法,因此成就是巨大的。但是,这次革命的成就也有其局限性或不彻底性。

四、美国革命的局限性

收获丰硕的民主成果和制订一部进步的联邦宪法,是美国革命对内的两大成就。这两大成就,对美国历史发生了深刻的影响。

第一,促进了美国经济的飞快发展。美国建国后经济有了长足的进展,并且到19世纪头二十年已开始了工业革命。当然,美国经济发展得如此之快,主客观原因很多,但是革命期间的民主改革及“联邦宪法”之制定,显然是决定性的因素。

第二,部分贵族的“式微”和“新人”之上台。在殖民地时代,北方的商人贵族及南方的种植场主贵族,以及中部的大地主等构成上层统治集团,他们形成一个牢固的政治经济势力。但是这个集团中的一部分在革命中遭到沉重的打击,因而没落了。其重要原因便是他们参加了托利党,因而被剥夺了政治权利及财产,还有许多人被驱逐出境。与部分上层集团没落的同时,“新人”上台了。费城一个贵族悲叹道:革命把所有的社会“渣滓”搅到社会上

---

① 马丁·戴孟德:《革命的实事求是的前景》(Martin Diamond, The Revolution of Sober Expectations),载《美国继续革命》第32页。

层来①。所谓"渣滓"是指旧时代的劳动人民及中小商人等普通老百姓而言。这些人中间有不少人靠个人能力、魄力及进取心而成为暴发户，不仅经济地位上升了，面且政治地位也抬高了。据詹姆斯·麦迪逊说："州的每一次新的选举都发现有一半代表换了人。"②这种变动，显然是革命期间所完成的民主改革及政治生活的民主化所促成的。

但是，这次革命的成就也有很大的局限性——许多民主任务没有完成。

第一，没有摧毁南方奴隶制度，黑人奴隶继续处在水深火热之中。

第二，州宪法未能实现普选制，仍保留选举权的财产资格。在人民中间，不但黑人奴隶及白人契约奴，而且自由白人中间的无产者及雇佣工人享受不到选举权。

第三，西部土地问题没有以民主方式解决。诚然，西部土地在革命期间实现了国有化，但是并没有采取措施无代价地把土地分配给无地和少地的劳动者。

第四，半封建的租佃制虽然遭到沉重的打击，但是还有一部分保存下来。这是以下两种情况造成的。首先，在革命政府分小块拍卖没收来的托利党人土地时，也有许多大商人或土地投机者用种种非法手段抢购这些土地。如有的人利用假名套购大量土地。他们在取得大块土地后，继续实行半封建的租佃制剥削。其次，革命当局只没收了托利党人的土地，而未触动非托利党的大地主的土地。因此，这些大地主的地产及其半封建的租佃制都完整地保存下来。

那么，为什么美国革命出现上述局限性，或者说，这样不彻底？

---

① 里查德·莫里斯：《我们合众国人民，人民革命二百周年》，载《美国历史评论》第82卷第1号第18页。

② 里查德·莫里斯：《我们合众国人民，人民革命二百周年》，载《美国历史评论》第82卷第1号第18页。

原因何在？列宁指出：一切资产阶级革命的彻底的程度如何，取决于下层群众的压力大小。美国革命之所以不彻底，主要原因在于“下层”人民对于革命领导集团的推动及对他们施加的压力不够。这就是说，美国革命采取了温和的方式，没有出现法国那样疾风骤雨式的群众行动的惊天动地的场面，没有出现一再发生在巴黎的那样狂飙般的群众暴动。诚然，在美国革命期间，可以看到“下层”人民中间流露出来的反对富人及特权的思想倾向，也发生了反对囤积者及破坏限价的商人的粮食暴动和示威，其中轰动一时的是发生在费城的群众袭击奸商詹姆斯·威尔逊住宅事件①。但是，在美国革命期间，没有发生1789年7、8月席卷法国农村的农民暴动②，“没有发生农民从一个封建城堡奔向另一个封建城堡，烧掉一切法庭档案及屠杀地主的情景”③。因而在美国没有形成一股压力，迫使革命领导集团把改革进行到底。

为什么没有出现群众性的疾风骤雨般的行动？为什么没有形成法国那样大的“压力”？美国有的学者认为这是由于盎格鲁—撒克逊人所特有的“理智”，“清醒”的缘故④。这样解释实际上还是唯心主义老调。其实真正的原因应该到美国革命的具体条件中去找。

第一，独立战争是美利坚民族反对英国殖民统治的民族解放战争。在这次战争中，人民把主要仇恨集中在英国殖民者身上，把大部分精力用在反英斗争及反英战争中去，这就相应地削弱了争取民主改革的力量，减弱了对领导集团的压力。在1764至1776年的反英斗争中，群众运动一浪高过一浪，列克星敦的战斗可以说

---

① 里查德·莫里斯：《我们合众国人民，人民革命二百周年》，载《美国历史评论》第82卷第1号第8页。

② 里查德·莫里斯：《我们合众国人民，人民革命二百周年》，载《美国历史评论》第82卷第1号第16页。

③ 约翰·詹姆逊：《作为社会运动的美国独立战争》，第48页。

④ 约翰·詹姆逊：《作为社会运动的美国独立战争》，第48页。

是美国的攻陷巴士底狱的行动。而在内部斗争中始终没有出现这样的群众运动的规模和热情。

第二,独立战争前的北美殖民地的社会经济矛盾及阶级矛盾都没有达到大革命前的法国那样尖锐程度。在革命前的法国,广大人民群众在封建专制制度的残酷的压迫和敲骨吸髓的朘剥下,辗转呻吟,处在水火之中。在这个情况下,一旦革命到来,群众感情便像火山一样爆发出来,因而在思想和行动上也就容易走极端。消灭一切不合理现象,推翻一切不平等的制度的想法激动了每一个人。于是群众的暴力行动纷至沓来,这对整个领导集团形成一种压力,因而革命步步深入,甚至过头的地步。在北美则不然,革命前的北美虽然处在英国的殖民统治及殖民地上的统治阶级的双重压迫下,但是广大人民群众并没有贫困到衣不蔽体,食不果腹的地步,在政治上也没有达到完全处于无权地位,任意受官府的宰割的地步。之所以如此,如纳尔逊所说的,是因为"欧洲古老社会中的法律上的不平等及特权的那种精密的压抑人的制度在北美并不存在,即使存在也采取粗略的,不发达的形式"①。就是说,尽管在北美殖民地上存在人剥削人的制度,甚至前资本主义剥削制度,存在阶级矛盾和阶级压迫,存在贫富的差别及政治上的不平等,但是在北美没有欧洲式的中世纪特权,没有专制制度的压迫,白人居民中有相当一部分人享有选举权及某种程度的民主,存在限制总督权力的议会制度等等。而且,如艾利舍·道格拉斯所指出的,北美殖民地也是一个有"高度伸缩性的社会"。大量廉价土地的存在缓和了社会的痛苦,缓和了潜在的变乱②。在北美谋生之道也比较容易,富兰克林写道:"尽管发财的机会并不是每个人都有的,但是凡是会装钓饵或者会勾扳机(指用猎枪打猎)的人都能在北美

① 纳尔逊:《美国革命的性质》,载《美国历史评论》第70卷第4号第1007~1008页。

② 赫伯特·阿普特克:《美国革命,1763—1783》,第230~231页。

找到食品。”[①]在北美“没有折磨人的压迫或勒索”。又如摩理斯所说的,以农村的阶级对立来说,法国地主对农民的榨取,比美国大地主对佃农的榨取更重的多,因而美国佃农对地主的仇恨不如法国农民对贵族地主之甚[②]。北美政治、经济及社会的这些具体情况,决定了北美人民在革命期间没有做出种种过火行为或恐怖。

第三,美国革命是一个分散的革命。革命前分成十三个殖民地,革命后成立的十三个州只有到1789年实行联邦宪法后,才浑然成一整体。除了在反英战争及制定全国宪法的工作中的共同行动外,政治革命基本上都是在各州范围内分散进行的。这种分散的革命造成人力的分散,这就很自然地缓和了群众运动的规模及激烈的程度[③]。

第四,在革命时期的美国没有大革命时期法国那么多的大城市,也没有像巴黎那样的全国中心。1771年纽约市人口才将近二万,1775年费城人口也只有三万左右。巴尔的摩和查尔斯顿是南方两个最大的城市,1775年其人口分别为六千和一万二千人[④]。南方其他所谓城市,不管是安那波利斯也好,还是威廉斯堡也好,永久性居民都不超过几百人[⑤]。因此,也就不存在法国巴黎、里昂和马赛那样大城市所特有的城市下层集团——无产者、流浪者乃至流氓,要知道,这样集团的存在,正是激进思想及群众暴动的温床。

---

① 亚当斯:《北美殖民地社会》(Truslon Adams,Provincial Society)第57~58页。

② 里查德·莫里斯:《我们合众国人民,人民革命二百周年》,载《美国历史评论》第82卷第1号第16页。

③ 尼斯贝特:《美国革命的社会影响》(Robert Nisbet,The Social Impact of the Revolution),载《美国继续革命》第90页。

④ 格林:《革命的世代》(Evarts Boutell Greene,Revolutionary Generation),第306~307页。

⑤ 马歇尔:《激进派,保守派和美国革命》(Peter Marshall,Radicals,Conservatives and the American Revolution),载《过去与现在》(Past and Present)1962年第23期第49页。

五、革命成果得以保存发展的原因

美国革命虽然有上述局限性，但是就其所已经取得的成就而论，它们并不是昙花一现，而是一直牢固地保存下来，并且得到发展。其主要原因是：美国第一次革命没有经历英、法革命所经历的那样的反复。

17 世纪英国革命虽然在人民群众及平等派运动的推动下步步深入，并且在 1649 年推翻了君主制，建立了共和国，但是在达到这个革命顶点之后，革命走了下坡路，共和国蜕化为克伦威尔的护国政治，反革命势力 1660 年卷土重来，被推翻的旧封建王朝复辟了。只有到 1688 年发生"光荣革命"，英国政局才稳定下来。由于经历了这样大的簸动和反复，英国革命所收获的某些民主成果——共和制及一院国会制——完全被消灭了。

法国大革命自从 1789 年爆发后，是沿着上升路线发展的，到 1793—1794 年雅各宾专政时达到顶点，但是自从热月政变后，也是步步走下坡路，经过热月党统治及拿破仑的军事独裁，以及十五年的震撼全欧的拿破仑战争，到 1815 年出现了波旁王朝的复辟，此后又经历 1830 年革命，1848 年革命，1851 年政变，1870 年革命及 1871 年巴黎公社，到 1875 年法国政局才最后趋于稳定。我们可以说，法国革命经历了八十余年的动荡纷扰及杌陧不安的过程。因而雅各宾时期法国人民所争到的民主果实（特别是 1793 年民主宪法）丧失殆尽。

英、法革命之所以出现反复，究其原因，恐怕就是如恩格斯所指出的，在于"过分的革命活动"①。这就是说，在英法，革命都超越了时代，这样势必要发生反动。

美国第一次革命则没有经历这种反复。与美国邻国——19

① 《马克思恩格斯选集》第 3 卷第 392 页。

世纪20年代独立的许多拉丁美洲国家的政变频仍,世局多变相比,美国的政局要稳定得多。

美国革命之所以没有出现反复,原因是多方面的。

第一,没有“过分的革命活动”,没有超越时代的限度。具体言之,美国革命只是破坏或局部破坏了已经过了时的、陈腐不堪的制度(大地产租佃制,长子继承法及限定嗣续法等)或濒于灭亡的制度(北部中部的奴隶制度),而没有触动正在上升发展中的制度(如北部中部的资本主义制度和自由劳动制)或尚有生命力的制度(南方种植场奴隶制),因而也就没有伤害政治经济上最有势力的阶级或集团。而革命之是否会有反复,在很大程度上取决于革命行动是否损害当代正在发展中的势力强大的阶级的利益。而美国革命既然没有伤害这个阶级,因而也就减少了发生反复的机会。

第二,美国革命是一次流血较少的革命(当然这里是把战场上的流血除外),这就是说,在美国第一次革命中,没有像法国大革命那样实行恐怖,没有建立法国式的革命法庭和断头台。当然,在与托利党人作斗争时,爱国的群众也使用了各种惩罚办法,甚至也处决了少数顽固的,手拿武器的托利党人①。因此,克利斯托尔说托利党人没有一个被处死,是不合事实的②。但是不管怎样,美国革命流血不多,没有实行过火的恐怖,则是事实。革命政府对待没有反革命行动而只有不同政见的托利党人表现了异常的宽大。这种政策,缓和了敌人对革命的仇恨情绪,这就是为什么在1783年独立战争结束后,在美国没有发生过托利党人叛乱的原因之一③。

第三,在法国,封建特权等级(贵族和僧侣)是一个累代培植起来的根深蒂固的势力,“百尺之虫,虽死不僵”,在革命的风暴中他们虽然被打倒了,但是远远没有被消灭,不但没有被消灭,而且

① 约翰·奥尔登:《美国革命史》,第455页。

② 参见欧文·克利斯托尔:《美国革命是一次成功的革命》,载《美国继续革命》(America's Continuing Revolution),第9页。

③ 约翰·奥尔登:《美国革命史》,第498页。

还保存有雄厚的力量(加上有外援),因而在19世纪的几十年中他们一再兴风作浪,一直演出了复辟的丑剧。但是在美国则大异于是,在革命打击下丧失财产和权力的托利党人只是一个势力薄弱的少数集团;还有不少贵族上层分子站到爱国阵营方面,从而减弱了托利党人的力量①。后来在革命高潮中,托利党人中的活跃分子都被驱逐出境(有的逃到加拿大,有的逃回英国),其人数达十万人之众。这更减少了革命敌人捣乱甚至复辟的可能性。

第四,美国政府虽然在革命期间剥夺了托利党人的一切政治权利,但是在战争结束后又恢复了他们的政治权利,为了发展商业,美国政府在战后放松了对于被放逐者的限制,允许他们回国并且恢复其公民权。到1787年,约翰·杰伊报告说:大多数托利党人已经恢复了权利和地位。许多托利党人回国后不但重新取得了公民权,而且取得了相当的社会地位。彼得·万·莎克是一个被放逐的托利党人,回国后他不但恢复公民权,而且也被允许操律师业,并且成为一个地位很高的律师。另一个被放逐的托利党人理查德·哈利逊在回国后当上了纽约代表大会代表②。

第五,联邦宪法对一系列问题的安排处理得当。为了解决小州、大州之间的矛盾,宪法规定,国会的参议院议员每州两名,而不论州大小,这是对于小州的照顾。它又规定:各州在众议院中席位多寡,与州人口成正比例,这是对于大州的照顾③,为了安抚州权主义者(包括民主权,小州派及以南卡罗来纳为首的一些南方种植场主)宪法放弃了中央集权制度,而采用了联邦制度。为了避免南方分裂出去,宪法在奴隶制问题上向南方作了让步,默许了南方奴隶制度的存在,尽管少数北方代表和弗吉尼亚的梅逊基于道德上

---

① 里查德·莫里斯:《阶级斗争和美国革命》(Richard Morris, Class Struggle and the American Revolution)载《威廉和玛丽季刊》(William and Mary Quarterly)1962年第1期第16页。

② 格林:《革命的世代》,第306~307页。

③ 约翰·奥尔登:《美国革命史》,第515页。

的理由反对承认奴隶制度[1]。为了调和南北之间的矛盾,宪法规定,在征税及分配国会众议院席位上,南方黑人以五分之三计算[2]。总之,宪法制定者善于调处各种矛盾集团之间的关系,因而避免了矛盾的爆发。

六、总 结

美国第一次革命虽然远不如法国大革命那样有声有色,那样轰轰烈烈,但是从实际效果来看,美国革命在不声不响之中完成了卓有成效的各项民主改革和改造工作。这些改革实际上为美国资产阶级国家制度打下了坚固的基础,为资本主义顺利发展扫清了道路。而且,这些改革还在这方面表现了首创性,开创了世界的先例,如共和制、联邦制、三权分立及成文宪法等等。这些制度先后为世界各国所采用。

美国革命虽然不如法国大革命那样彻底,但是它所取得的革命果实是牢固的,在革命后一直被保存下来,成为革命所遗留下来的宝贵遗产,为子孙代代所享用。相反地,法国大革命虽然很彻底,但是革命成果中有相当一部分,特别是在政治方面的成果只是昙花一现,在热月政变后就被取消了。

而且,美国第一次革命除了对内取得两个重大成就而外,对外还取得了对英的独立。因此,这次革命取得了三个方面的重大成就。这次革命的重大意义也在这里。

最后,如果说美国第一次革命具有与英法革命不同的特点的话,那个特点便是:它是一次温和的、没有经历反复的和取得多方面成就的资产阶级革命。

---

① 法兰德:《宪法的结构》(Max Farrand, The Framing of the Constitution),第 149 页。

② 法兰德:《宪法的结构》,第 517 ~ 518 页。

第七讲　托马斯·杰斐逊的民主思想

托马斯·杰斐逊(1743—1826 年)是美国第一次革命时的重要理论家。他是与华盛顿、林肯齐名的美国三大伟人之一。美国人民所以推崇杰斐逊,并不仅因为他是美国开国元勋之一,更主要的是因为他是美国资产阶级民主传统的奠基人。

本讲不准备对杰斐逊的民主思想作全面的、系统的阐述。这里只是根据个人的管见,就杰斐逊的民主思想的几个主要方面提出自己的看法。

一、自然权利学说

维护资产阶级在反封建斗争中所倡导的人的自由、平等权利是杰斐逊民主思想的重要内容。

早在 16 世纪文艺复兴时代就有人提出了自然权利学说。这个学说认为,在人类成立政府之前,人们生活在“自然状态”之中,他们享有一系列“自然权利”,过着自由平等的生活。他们不受任何人管辖,他们只是服从“自然法则”。经过 17 世纪英国平等派思想家和资产阶级新贵族思想家(特别是约翰·洛克)以及 18 世纪法国启蒙思想家的发扬,到 18 世纪末它已经成为风靡一时的学说了。在美国第一次革命前夕，这个学说也在美国广泛传播。

杰斐逊深受这个自然权利学说的影响。他早在 1770 年就公开说过：在自然法则下面，一切人生来都是平等的①。后来他在《英属美利坚权利概观》这一文件中又谈到自然权利。但是只有到 1776 年在他执笔草拟的《独立宣言》原稿中，他才对自然权利学说作了正面的阐述："我们认为下面这个真理是神圣的和无法否认的：人人生下来就是平等的和独立的，因而他们都应该享有与生俱来的、不能转让的权利，其中包括生命的保存，自由和追求幸福的权利。"②

杰斐逊的这句名言显然脱胎于约翰·洛克的学说，因为洛克曾经说过：每一个人都被自然赋予某些权利，其中包括生命、自由及财产权利。但重要的是杰斐逊用"追求幸福"的权利去代替洛克的"财产权利"。这是一个带有原则性的改变：洛克站在英国资产阶级新贵族的立场上竭力维护私有财产制度，而杰斐逊则打破了洛克的自然权利学说的局限性，把广大人民的渴望和要求反映到自然权利学说中来。这样一来，他就赋予自然权利学说以浓厚的民主主义色彩，从而创造性地发展了这个学说。

以后，杰斐逊又一步一步地充实了自然权利的内容。

1789 年法国大革命爆发时，杰斐逊正任驻法公使。当时他的老朋友拉斐德为法国国民会议起草了一部"人权宣言"，在草稿里拉斐德在列举人民的自然权利时，把"财产权"加了进去。当他向杰斐逊征求意见时，后者建议把"财产权"删掉，另外加上"生命权、享有自己的劳动果实的权利、发挥个人才能的权利、追求幸福的权利以及抵抗压迫的权利"（马隆：前引书，第二卷，第 223 页）。

杰斐逊不仅继承了前人关于自然权利的学说，进一步发展了

---

① 马隆：《杰斐逊和他的时代》（Dumas Malone, Jefferson And His Times），英文版第一卷，第 175 页。

② 博伊德：《杰斐逊全集》（Boyd, The Papers of Thomas Jefferson），第一卷，第 423 页。

它，丰富了它的内容。更重要的是，他以自然权利学说为依据，为争取人民的一系列自由权利而进行过顽强的斗争。他是第一个把自然权利学说写进官方文件中的人。他对1787年联邦宪法缺乏保障人民自由权利的条款非常不满，要求把保障人民自由的"权利法案"加到宪法中去，主张在"权利法案"中规定人民的一系列自由。

他首先强调人民的言论自由。他认为：一个共和政府必须尊重人民的言论自由，并且从法律上加以保障。他指出：人们如果没有思想自由及表达思想的自由，人就不过是一架肉的机器，只能靠外力而活动[①]。他主张人民有权利批评政府，不管这个批评对与不对，政府不应该加以禁止或治罪[②]。他说：在人们的意见变为公开的行动之前，政府不应当干涉意见的表达[③]。"政府的立法权力只能干涉行动，而不能干涉意见"（帕特森：前引书，第183页）。他相信：人是有理性的，有良知良能，如果享有言论自由和思想自由，就会使真理愈辩愈明。

其次是出版自由。他认为出版自由甚至比言论自由更为重要，因为后者只影响少数人，而前者可以影响全国各个角落。他指出，出版自由的益处很多，特别是它可以防止野心家篡夺国家大权。

他承认在美国，报纸是真理、投机、推想及谎言的大杂烩。但是他相信在通过公共教育提高广大读者的文化水平后，他们自然会识别真理与谎言的区别。

他虽然从经验中认识到：出版自由时常会起伤害或有害作用，

---

① 帕特森：《杰斐逊的宪法原则》（Patterson，The Constitutional Principles of Thomas Jefferson），英文版，第183页。

② 科克、佩登：《杰斐逊的生平和著作选》（Koch，Peden，The Life and Selected Writings of Thomas Jefferson），第544～545页。

③ 比尔德夫妇：《美国文明之兴起》（Charles Beard，Mary Beard，The Rise of American Civilization），英文版，第一卷，第380页。

但是他还是相信政府的检查制度所造成的害处，比出版自由的害处大一万倍。他指出：一个政府，只要本身正直廉洁，是不怕受报纸攻击的，更不会由于受到恶意攻击而倒台的（同上书，第187页）。

杰斐逊还特别重视宗教自由，这是因为在殖民地时代，宗教是极端不自由的。国教教会是与政权合一的，政府强迫居民信仰国教。国教教会对于异教徒进行残酷的迫害。针对这些情况，杰斐逊才提出宗教信仰自由的要求。他指出；信仰纯粹是个人的事情，国家不应该干涉。他有一句名言："我的邻居说上帝有二十个或者没有上帝，这对于我来说，并没有任何损害。既没有掏我的腰包，也没有打断我的腿。"（马隆：前引书，第一卷，第275～276页）他不仅要求信仰自由，而且还要求国家与教会分离，并且反对强迫居民纳税来维持教会的存在。他说："强迫一个人捐献金钱为的是普及他所不信仰和讨厌的见解，是一种犯罪的、暴虐的作法。"①他认为国教是富人的宗教，非国教教徒完全是穷人，因此应该免除非国教教徒的纳税负担。

总之，精神自由是杰斐逊所最关心的东西，而宗教信仰自由是精神自由的一个重要部分，因此他为了宗教自由的实现而进行了坚持不懈的斗争。他在1779年向弗吉尼亚州议会提出了宗教自由法案，并且获得通过。他颇以此而感到自豪，认为这是他一生中最大的成就之一。最后，为了保障人民的自由，他还提议取消常备军，建立陪审员制度等等，这里就不一一细述了。

但是必须看到：杰斐逊虽然为争取人民的自由权利而作出了很大的努力，但是他都没有坚持到底，在某些地方是言行不一致的。比如，1776年他在为弗吉尼亚州草拟宪法时曾建议，宗教自由"不能被理解为替任何反对民政政府的权威的煽动性说教提供

① 潘凯克：《革命的哲学家杰斐逊著作选》（Pancake，Thomas Jefferson；Revolutionary Philosopher；A Selection Of Writings），第321～323页。

法律根据”。1783 年他在为弗吉尼亚州提出另一部宪法时,虽然使报纸免除了事先的审查,但是却规定要对于所谓报道不真实者追究刑事责任。在他任总统期间,他的共和党政府在纽约对一个联邦党编辑起诉,理由是他对杰斐逊总统进行过煽动性的诽谤。在同一年,杰斐逊写信给宾夕法尼亚州州长,并且把无情地攻击他的一份报纸附在信里,要求该州长对这家报纸进行起诉,因为据他说,这样做“对于恢复报纸的诚实会发生有益的影响”。1840 年,他在给艾比盖尔·亚当斯的信里写道:“虽然我们否认国会有权限制出版自由,但是我曾经主张州长有这样的独占权利。”①

虽然如此,在资产阶级民主的历史上,杰斐逊维护人民自由的功绩还是应该肯定的。

二、人民革命权利学说

人民革命权利学说是以自然权利学说为出发点。

在封建专制的神权时代,君主政府是神圣不可侵犯的。因此,新兴资产阶级要想推翻封建统治者,就必须从理论上证明革命的合理性和正当性。这就是提出革命的权利的历史由来。为了向全世界人民表明北美人民拿起武器反抗英国压迫是正当的行为,杰斐逊也不能不求助于革命的权利的思想。他在 1776 年 7 月 4 日的“独立宣言”里声称:成立政府的目的就是为了保障人民的自然权利,“如果遇到任何一种形式的政府损害这个目的,那么人民就有权利来改变它或废除它,以建立新的政府。……当一个政府在一个时期开始实行的一连串的暴政和倒行逆施(并且一成不变地追求同一个目标)表明它决心要把人民放在绝对专制权力的淫威之下的时候,人民就有权利,也有义务,去推翻这样的政府并且为他们未来的安全设立新的保障。”(博伊德:前引书,第一卷,第 423

① 转引自《美国历史评论》杂志,第六八卷,第一号,第 25 ~ 26、23、30 ~ 31 页。

~424 页)

虽然,人民革命权利的思想也不是杰斐逊首先提出来的,但是杰斐逊第一个把这个思想写进官方文件里,并且在美国人民反英斗争方兴之际宣布了这个思想,使这个理论成为巨大的精神力量,对于激发美国人民的革命精神和战斗力来说,起了不可估量的重大作用。

由于杰斐逊有了这个思想,所以在 1789 年震动全欧的法国大革命轰然爆发后,他以饱满的热情歌颂了法国人民的英雄业绩,1793 年 1 月 3 日他在一封信里毫不含糊地表示同情法国人民在雅各宾党人领导下废除君主制的划时代的伟大举动,并且赞许了巴黎人民镇压反革命的行动。

他不但强调人民的革命权利,而且还歌颂人民的反抗精神。他认为人民之有反抗精神,是好事,而不是坏事,应该培养和发扬这种反抗精神。他写道:"……但愿我们每隔二十年发生这样一次叛乱。"因为人民可以通过暴动来警告统治者:人民是不可侮的,这样就会使统治者有所顾忌,不敢为非作歹,不敢继续侵犯人民的自由(博伊德:前引书,第十二卷,第 256 页)。他又写道:"时常发生一点儿暴动是一件好事……在某种场合,反抗政府的精神是如此可贵,以致我希望这种精神永远保持下去。它往往被运用错了,但即使这样也比完全不被运用更好。我喜欢时常发生一点儿叛乱,它好像大气中的暴风雨一样。"(马隆:前引书,第二卷.第 158 页)

他认为保持人民的这种反抗精神,至少有以下两点好处。第一,可以"防止政府的蜕化变质";第二,可以"助长人们普遍关心国家大事"。他说:在暴力政府下面,不容易发生叛乱,因为政府对人民的控制很严,而在自由政府下面,则容易发生叛乱,因为人民享有很大的自由,"但是……我宁愿喜欢会引起危险的自由,也不愿意有平安无事的奴隶制"(博伊德:前引书,第十一卷,第 92 ~93 页)。杰斐逊关于反抗精神的言论,可以说是发展了关于人民的革命权利的理论。

杰斐逊这些大胆的言论,在当时的美国资产阶级社会里真可谓“惊世骇俗”的了,因此在统治阶级内部引起许多人的反感。甚至他的传记作者约翰·马士也认为他的这些言论是“愚蠢的”。

写到这里应该说明三个问题:第一,杰斐逊虽然主张人民有举行革命或暴动的权利,一再歌颂革命,歌颂人民的反抗精神,但是实际上他并不是暴动的煽动者。约翰·马歇尔的传记作者把杰斐逊说成是一个人民叛乱的煽动者,是不符合事实的①。杰斐逊的传记作者马隆的见解是正确的,他认为杰斐逊有关革命或暴动的言论,一般都不是直接对人民群众讲的,而是私下对统治阶级人物讲的(往往是私人通信),他既没有号召人民起来暴动,更没有直接领导人民起来暴动(马隆:前引书,第二卷,第166页)。谢斯起义时,他正在法国。

第二,到晚年,杰斐逊已不再坚持革命权利的思想了,而且还反对过激的革命行动。他这种态度,在拿破仑战争结束后特别显著。他在1815年2月19日致拉斐德的信里写道:法国共和主义者不满足于建立君主立宪制,而要求实行更进一步的改革,“……法国国民接着所蒙受的苦难及罪恶,都来自共和主义者这个改革的错误;来自他们和你本人及立宪派的分道扬镳……结局,用他们所取得的有限制的君主制换得了罗伯斯庇尔的无原则的、血腥的暴政以及波拿巴的同样无原则的疯狂的暴政”(科克、佩登,前引书,第521~522页)。

1817年他又强调了这一点,他在致法国朋友马尔布阿的信里写道:“当我在八九年末离开法国时,你们的革命,在我看来,是在有能力的正直的人们的领导下进行的。但是,他们的一些后继者们的疯狂,其他人的恶德”等等,“形成了人类历史上一个可悲的时期”(博伊德:前引书,第十二卷,第356页)。

到晚年,他在自传里又写道:“我们应该把(法国)王后幽禁在

① 莫尔斯:《杰斐逊传》(John T · Morse: Thomas Jefferson),第91页。

一个修道院里，使她的权力不致为害，并且把国王放在他的位置上，授以有限的权力，我相信这个权力他是会按照他所理解的程度老老实实地行使的。这样就不会产生招致一个军事冒险家（指拿破仑——引者注）的篡夺的王位空虚，也不会有机会使这些穷凶极恶的行为蹂躏世界诸国并且毁灭它的几百万生灵。”（马隆：前引书，第二卷，第158页）

因此，菲力普·方纳教授认为杰斐逊并没有对“过度的民主”（亦即过火的革命行动——引者注）感到不愉快，是不合事实的，至少是不全面的。

杰斐逊到晚年之所以不继续强调革命的权利，甚至反对激烈的革命行动，只能说明他的革命意志衰退了①。

第三、在杰斐逊看来，行使人民的革命权利，是非常手段，它只适用于统治者暴虐无道的国家；对于“自由”国家来说，人民无需诉诸革命行动，只要定期审查、修改国家基本大法就够了，具体作法便是召开人民代表大会，由代表大会审查、修改宪法或法律，然后把审查、修改的结果提交给全体人民去表决。他认为这样做，就可以保证国家制度及方针政策适应人民的要求，从而可以清除人民不满的根源。

他认为在任何一个社会，宪法和法律都不应该是一成不变的，到一定时期，必须重新审查它，修改它，以适应新时期的需要。为了说明自己的主张，他发表了许多精辟独到的见解，现在把他的见解归纳为如下几点：

---

① 在这个问题上，杰斐逊的传记作者马隆的观点是错误的：第一，他没有看到杰斐逊谴责过火的革命行动是晚年的事情，而错误地认为杰斐逊有时歌颂革命，有时谴责革命行动。第二，他没有看出杰斐逊的反对过火的革命行动是他晚年革命意志衰退的表现而错误地说：“杰斐逊对各个阶段的法国革命的态度，在很少程度上反映了他在政治上的两重性：一方面他忠于他认为是超时间的普遍性原则，另一方面他又是一个有经验的政治家，有敏锐的现实主义感，他意识到环境不适宜的时候，把抽象的原则推行过远的危险……”（马隆的著作《杰斐逊和他的时代》，第三卷，第39页）

一、世界始终属于活着的人，他们有权利管理世界和支配自己。死去的人没有权利以自己所制定的宪法或法律去支配下一代的活人。如果把上一代人制定的宪法、法律强加在下一代人身上，那就是暴虐行为。

二、有的人认为上一代人的智慧过人，所以他们所留下来的宪法、法律、制度、方针及政策都应该原封不动地继承下来。这个看法是错误的。上一代人不论如何明智，但是他们却没有"今天的经验"，他们预见不到他们死后的时代变化，因之他们所留下来的典章制度不能适应时代的要求，必须加以必要的改革。

三、法律和制度必须和人类精神的进步一道前进。当人类精神愈益发展，愈益开明时，当有新的发现，新的真理被揭露出来而且习俗和见解也随着环境的变化而变化时，制度也应该前进，以便与时代保持同一个步调。

四、欧洲之所以发生了流血革命，就是欧洲的君主顽固地抱着旧时代留下来的法律、制度不放，不肯进行改革的结果。

五、只有活着的人，而且只有活着的大多数人，亦即人民群众才有权利制定、修改宪法和法律，并且使宪法成为他们认为对他们是有利的宪法。

总之，在杰斐逊眼中，活人比死人更重要，大多数人的幸福比法律更为神圣，宪法和法律应该为活着的大多数人的幸福服务。

杰斐逊还为宪法和法律的审查、修改规定了年限。他主张每隔 19 年重新审查、修改一次旧的宪法、法律及制度，因为他认为 19 年正好是一个世代。他还警告说；假如不这样做的话，就有爆发革命的可能。

总的说来，杰斐逊之宣传革命的权利的思想，是有积极意义的。在 18 世纪法国大革命的前夕，当世界绝大部分地区的人民在封建专制的黑暗统治下呻吟的时候，杰斐逊之高唱人民的革命的权利，的确起了发蒙启聩的作用，它不但在美国独立战争中鼓起了人民的斗志，而且对于即将到来的欧洲及拉丁美洲的革命风暴，也起了推动作用。美国历史学家阿瑟·M·施莱辛格认为“在独立宣言”中宣布的固有的、普遍的革命的权利的观念，是美国对于人类文明的十大贡献之一，而且是首要的贡献①。这个说法虽然未免有些夸大，但是也道出了一定的真实情况。

三、反对和防止暴政

反对和防止暴政，在杰斐逊的民主思想中占有重要地位。他曾经警告说：万一在美国出现个人独裁的暴政，一切为了争取自由而参加独立战争的人，都“一定会感到困惑和沮丧！”他仇视暴君到这样程度，以致他在自己的图章上刻下如下的格言：“反抗暴君，就是服从上帝。”

为了防止暴政的出现，他苦心构想出一套缜密的方案。

他在分析欧洲制度的弊害时，得出一个结论：各国政府的发展趋向是权力的自我膨胀，以致超出了人民的控制之外，结果势必产生腐化和暴政。为了防止美国政府权力膨胀及走向暴政，他赞成从国家组织上采取两个重大措施：

第一便是实行三权分立，以收立法、行政、司法三个权力互相牵制、互相平衡之效。他认为把三个权力都集中在一个主体或个人手中，就会产生压迫人民的暴政。把三个权力都集中在一个机构手中，“恰恰就是一个暴虐的政府”。因此他要求建立这样一个政府：“它不仅仅建立在自由原则的基础上，而且在几个政权机构之间实行分权和互相平衡，俾无一个政权机构能够超越其合法限度之外，而由其他机构予以牵制和限制。”（马隆：前引书，第一卷，第380页）

在他看来，不仅三个权力要分开，而且三个权力还要互相牵制，互相平衡，不使任何一个权力过大，以致凌驾于其他权力之上。

---

① 《美国历史评论》杂志，卷六七，第三号，第647页。

他认为尽管三个权力分开,如果一个部门的权力过大,也会发展为暴政。他感到:如果议会权力过大而不加以限制,也会产生暴政。他说:“这些权力由多数人行使,而不是由一个人行使,也不会减轻(暴政的程度)。173 个暴君(下院有 173 个议员——引者注)和一个暴君一样,都会压迫人。他们即使是由我们自己选出的,也不会有什么好处。一个选出来的暴政,并不是我们争取的政府。”(同上)

但是,他认为最大的危险来自行政元首的权力。他尤其担心美国联邦宪法规定的总统连选连任制,他认为这样将为总统的终身职 铺平道路,而总统的终身职必然导致总统权力膨胀及个人独裁。他在致麦迪逊的信里表示坚决反对总统连选连任制,认为这是违反官职轮流制的精神的。因此他主张实行总统一任制(四年任期期满之后,不能第二次被选为总统)。后来他又作了让步,同意总统在第一任期满时,可以连选连任,但是第二任期满就不能被选为第三任总统了。为了履行自己的主张,他自己在任八年总统后,主动放弃竞选,目的在于创造一个先例。

其实,问题并不限于总统的连选连任,比这更重要的是宪法授给总统的权力过大。按照联邦宪法,美国总统不但掌握全部行政大权,而且也可以干预立法大权,因为他享有否决权,可以否决国会所通过的任何一项法案。而且,他在战时还有统帅整个陆海军的大权,可以行使独裁权力。易言之,总统的权力远远超出行政权力的范围,因而有发展为独裁者的危险。但是,杰弗逊对于这一点却没有提出过任何反对意见,这是他不彻底的地方。

后来,他又看到破坏三权的牵制平衡和侵犯人权的最大威胁来自最高法院。当时联邦最高法院首席法官约翰·马歇尔时常利用联邦宪法规定的司法权,任意以“违宪”为理由判决国会所通过的法律为无效,往往一些进步性的法律被他否决掉了。因而,司法机关的权力骎骎乎凌驾于国会和总统之上,并且成了阻碍进步的反动堡垒。因此,谴责联邦最高法院的文字充满了他的书信和文章。他指出:“认为法官是一切宪法问题的最后的仲裁者的学说,是很危险的。这个学说会把我们放在一个寡头统治的暴政下面……”他认为司法机关这样专权,是会取消大多数人的意志,会毁灭民主的。他警告说:“在大多数人的法律停止被承认的地方,政府就会终止;最强者的法律就取而代之。”(帕林顿:前引书,第一卷,第359页)

他也要求州政府实行三权分立,并且使三个权力机关互相牵制互相均衡。为此,他提出如下的具体建议:

第一,为了限制州的立法、行政及司法等三个权力机构中的任何一个权力机构的擅权及越权行为,成立一个弹劾法庭,这三个机构都有代表参加这个法庭,任何机构如有不法行为或擅权行为者,均应在这个法庭中受审。

第二,为了防止州长的专权,应规定州长由州立法会议两院联合投票选出,任期为五年。这样就把州长放到议会的控制之下。又成立州务会议,由八人组成,由州立法会议两院联合选出,任期为七年。州务会议有自己的主席,在州长缺席时,可以由主席主持会议。在州长死亡、辞职、免职或无能时,可以由主席执行州长职务。州务会议向州长提出的建议,“在任何场合对于他们都是一个制裁”。可以说,州长处在州务会议的经常监督之下。而且,州长任期五年期满时,不能连选连任,以免导致州长的独裁。

第三,为了限制立法会议的专权或轻举妄动,还成立一个修改法律委员会,这个委员会由州长、州务会议的两名委员及三名法官组成。该机构对立法会议的立法有否决权,立法会议只有三分之二的多数票才能取消这个否决。

关于杰斐逊的三权分立的主张,还需要辩明下面两个问题。第一,杰斐逊与法国伟大的启蒙思想家卢梭都是自然权利及人民主权论者,但是在权力划分的问题上,卢梭的见解主张却与杰斐逊大相径庭。卢梭反对三权分立,认为权力不可分割,理由是:人民的总的意志是不可分割的。显然,卢梭的这个论点是不切合实际的。如果按照他的主张去作，只能导致暴政，而这也是与卢梭的主观愿望背道而驰的。从这里可以看到：杰斐逊的思想比卢梭的思想更为接近现实主义。

第二，比尔德和马隆二人都认为杰斐逊的三权分立主张与联邦党人一致①。这个观点并不完全正确。实际上，尽管杰斐逊和联邦党人都强调三权分立，而且杰斐逊也表示赞同1787年联邦党人所制定的联邦宪法中所体现的三权分立原则②，但是二者在目的及具体主张上有很大的不同。杰斐逊强调三权分立的目的是为了防止政府蜕化为压迫人民的暴政机关，是为了杜绝独裁的出现；而联邦党人实行三权分立的目的，却在于抵消人民群众及广大选民对于政府机构的影响③。在具体主张上，如前所述，杰斐逊反对联邦宪法中关于总统可以连选连任的规定，因为这会造成总统终身职从而造成个人独裁；他也反对联邦宪法界与司法机关的权力太大，认为这会破坏三权的平衡，造成司法机构的专横及对于人民权利的蹂躏。

总而言之，杰斐逊之强调三权分立及实行严格的互相牵制、互相平衡的制度，对防止暴政是有一定作用的。不但杰斐逊的三权分立主张值得肯定，而且法国孟德斯鸠的三权分立学说也应该肯定，因为孟德斯鸠提出三权分立，目的是为了限制君权，是对于君主专制制度的大胆挑战，不仅如此，而且近代许多资产阶级国家所实行的三权分立，也有其限制暴政及保障资产阶级民主的一面。

杰斐逊所提出的防止权力膨胀及暴政的第二个措施是地方层层分权制。

---

① 参看比尔德：《杰斐逊民主的经济起源》：（Charles Beard：The Economic Origins of Jeffersonian Democracy），英文版，第452～453页；马隆：前引书，第一卷，第380～381页。

② 1787年12月20日在致麦迪逊的信里，杰斐逊就有这一表示。

③ 关于这一点，比尔德夫妇论述得最为精辟，见二人合著：《美国文明之兴起》英文版，第一卷，第325～327页。

孟德斯鸠认为共和制度只能在小国寡民的国度推行，杰斐逊反对这个观点。他认为在美国这样广土众民的大国照样可以实行共和制度。不过，在他看来，为了保障人民的自由和权利，为了真正实现共和制度，中央集权是不行的，必须实行地方层层分权制。他举出许多理由痛陈中央集权的害处，他写道："如果国内外一切政务，事无巨细，均集中到作为一切权力中心的华盛顿的话，一个政府部门对于另一个政府部门的牵制就成为无力的了，并且变为和我们与之分离的那个政府（指英国政府——引者注）同样腐败和暴虐的了。""把一切州权都集中到全国政府手中，就会增加盗窃、投机、掠劫、冗官及钻营官职的机会。"（帕特森：前引书，第106～107页）

因此，他建议把国家的权力分散到地方各级政府。1816年2月2日在致卡贝尔的信里他提出了关于地方分权的具体方案："把国家的防务、对外及州际关系委托给全国政府；各州掌握公民权利、法律、警察及一般涉及州的事务的行政管理；各郡掌管郡的地方事务，各区管理区内有利害关系的事务。这就是把全国层层分割和再分割为大小不同的共和国，从联邦一直到个人自己管理小农场；使每个人管理自己的眼睛可以监视到的范围，俾一切都可以管理得尽善尽美。……"关于这个方案，他进一步作了如下的说明：每个人都应该"成为有关他本人的权力的保管人，只要他胜任，而只是把超出他的能力以外的东西，按照一个综合的程序委托给层层更高的官吏等级，以便受委托的人的寡头程度越大，委托给他的权力就越小。区的基层共和国、郡共和国、州共和国以及联邦共和国形成层层的权力等级，每一个等级都照法律办事，都掌管被委托的那部分权力，在基本上组织成为真正互相牵制平衡的政府制度"（科克、佩登：前引书，第660～662页）。

杰斐逊特别对于基层单位——区——的组织及职能作了细致的描述："把郡分成每个公民都能参加大会并且亲身发生作用那样大小的区，让他们管理区内一切与他们有关的事务，由他们选出

一名法官、一名警察、一个连的民兵、一个巡逻人员,由他们照管区内的贫民,区内的公路。”(潘凯克:前引书,第34~35页)

杰斐逊认为实行这样的层层分权的地方自治,好处甚多:

第一,可以防止“我们的政府的蜕化,可以防止它的一切权力集中到一个人,少数人,出身名门的人或多数人手中。”(科克、佩登:前引书,第662页)

第二,可以收人民监督政府之效。他说:“我们国家太大,以致不能由单一的政府去管理它的一切事务。公仆距离他们的选民的监视是如此遥远,以致无法管理和照看一切为了很好地治理公民所必需的细节;同样,由于他们的选民无法识别,会促成公仆的腐化、掠夺和浪费。”(帕特森:前引书,第106页)而实行地方层层分权,就可以免除上述种种困难和弊病。

第三,可以使得每个人都关心政治及国家大事。他认为:只有每个人都关心公共事务,才会有好的政府,而要想使每个人都关心公共事务,只有实行地方分权,把行政管理的区域加以限定才有可能。如果政府远离人民,或者高高在上,那么群众的关心就会消失。

第四,可以避免形成臃肿庞大的官僚机构。官僚机构是中央集权的产物,相反地,如果实行地方层层分权的地方自治,则官僚机构就没有存在的余地了,它不但不必要,而且也不可能生存和发展。杰斐逊素来就反对官僚制度,他之所以反对官僚制度,是因为他感到官僚制度不仅是人民自由的大敌,而且也增加国家财政支出(养活一大批官僚,需要一大笔费用),从而增加人民的负担。他之所以主张地方分权,目的之一就在于摧毁官僚制度形成的基础。

总而言之,为了限制政府权力,为了防止出现独裁和暴政,杰斐逊不但要求实行三权分立,而且也要求实行地方层层分权,这二者都是互相牵制互相平衡的原则的体现。如果说三权分立是这个原则的横的表现的话,那么地方层层分权就是其纵的表现。

为了更有效地防止政府走向暴政和腐化，他又提出通过发展教育提高全体人民的文化知识水平，使人民有可能更好地行使自己的民主权利，更有成效地监督政府，从而可以防止它蜕化变质，防止出现暴政及独裁者。也可以说，他认为教育是防止暴政的最好的手段。关于这一点，他解释道："经验表明：即使有了最好的政府形式，那些被委托以政权的人们总有一天，靠缓慢的动作，把政权转化为暴政；我们相信防止这个转变的最有效的手段，便是普遍地尽可能启迪人民的精神，特别是授给他们以历史知识，以便掌握其他时代其他国家的经验，使他们能够识别一切形式的野心，并且迅速地运用他们的自然力量来击败它的目的。"（潘凯克：前引书，第212～213页）

以上便是杰斐逊为了防止暴政的产生而考虑出来的一套方案，尽管这个方案不是尽善尽美的，但是他的用心是可贵的。

以上谈的都是杰斐逊的政治思想。另外，他的社会改革方案的内容也是相当丰富多彩。

四、杰斐逊的社会改革方案

杰斐逊不但以实现政治上的自由平等为己任，而且也梦想建立一个社会上经济上相对平等的、没有剥削的、以小农为主体的社会。为了建立这样一个社会，他提出以下几个方面的改革方案：

（一）铲除"人为的贵族"，用"自然的贵族"取而代之

杰斐逊本人虽然出身贵族，但是他最看不起贵族。他认为当代美国的贵族是以门第和财富为基础的，并且称他们为"人为的贵族"。他指出：这种"人为的贵族"之存在，是造成社会不平等的重要原因。因此，他要求铲除这样的贵族。为此，他提议采取以下几种措施：第一，废除嗣续限定法；第二，废除长子继承制。他认为实施这两项措施将从经济上打击"人为的贵族"，"砍掉人为的贵族之根"。弗吉尼亚之废除这两种制度，就是他努力的结果。他得意

地说:在整个独立革命中,没有任何改革比弗吉尼亚之废除嗣续限定法及长子继承制更为重要的了。但实际上如贝林所指出的,嗣续限定法和长子继承制从来都没有在北美生根,甚至在潮水地带的弗吉尼亚也是如此。在土地价廉和容易取得土地的地方,这种法律上的限制,是没有多大实际意义的。因而,在革命期间及革命后在法律上废除嗣续限定法及长子继承制,并未起过实质性的作用。而且,在这以前,北美地广人稀的条件就已经判决了它的死亡①。其实,在南方,为了砍掉贵族的根,更有效的办法莫过于消灭种植场奴隶制度,而对于这一点,杰斐逊似乎没有认识到。

在铲除"人为贵族"之后,他还主张另外培养"自然的贵族"来代替"人为的贵族"管理国家。在他眼中,所谓"自然的贵族"便是德才兼备的人材。他主张通过学校教育来培养"自然的贵族"。1779年他在他所草拟的弗吉尼亚州普及教育法案中指出:"鉴于人民的幸福取决于法律良好及管理良好,而这二者又取决于制定法律的人及管理法律的人之贤明和正直与否;因此,为了促进公众的幸福,那些被自然赋予天才及道德的人们,不论是贫富、出身高低或其他偶然状态或环境,都应该通过自由教育养成保卫公民同胞的神圣的权利和自由的能力,他们应当担负起那个责任。"(潘凯克:前引书,第212~213页)

(二)消灭贫富悬殊现象

他反对财产上的极端不平等的现象。1785年10月28日他在致麦迪逊的信里就指出财产上"这种极大的不平等的后果给广大群众带来那么悲惨的生活"。他说:"无论何时在任何国家出现荒废土地及失业的穷人,这就说明财产法扩展到侵犯自然权利的地步。"(博伊德:前引书,第八卷,第682页)他看到富人对于穷人的掠夺,感到痛心疾首,并且认为这是人吃人的现象。1785年秋他在法国枫丹白露,由于亲眼看到农民过着牛马不如的悲惨生活而

① 《美国历史评论》杂志,卷六七,第二号,第345页。

伤感不已,并且感到:财富过分集中在少数人手中是造成农民贫困的主要原因。

然而,他又“感到平均分割财产是行不通的”,所以他主张采取温和的措施:“让它的分割与人心的自然感情联系起来进行,静悄悄地缩小财产上的不平等。”(科克、佩登:前引书,第389~390页)他提议采取下述几种措施:第一,实行累进所得税:“豁免财产在某种标准以下的一切人的税,而按几何级数向财产在这个标准以上的人征税”。第二,把未开垦的土地分配给无地的人。他说:“土地是作为共同的财产被送给人类供他们耕种和生活于其上的。……耕种的基本权利应该归还给失业者”,应该“采取一切可能的办法尽量减少无小块土地的人”(同上)。

他相信土地是财富的最可靠最耐久的基础,穷人有了土地财产,他们的自由权利也就有了保障,也就会产生独立自主的精神,这对于维持政治民主是大有好处的。1776年他向弗吉尼亚的代表大会提议:凡土地财产不及五十英亩的人,都应该无代价地分到五十英亩的土地;土地财产在五十英亩以上的人则无权分到土地。他同情在边远地区的“占地人”,他赞成把西部国有土地分成小块无代价地分配给他们,而不是卖给他们,并且希望这些贫苦的劳动者在分到土地后,不必向州政府缴纳地租。他反对政府把国有土地赠送已经拥有大量地产的人。

但是,杰斐逊关于无代价地分配西部国有土地的主张,只是停留在口头上,当他在1800年任美国总统后,他并没有把这个主张付诸实施。1804年他所颁布的土地法虽然降低土地出售的条件,而且还可以分期付款,但是距离无代价分配土地还很远。

(三)建立一个以农民为主体的农业社会

他对于上升发展中的资本主义所产生的种种弊端抱很大的反感。在英国的旅行,使他亲眼看到英国劳动人民在资本主义制度下所蒙受的苦难。而且,他还看出:资本主义把财富集中在少数人手中,使大多数人陷于赤贫和破产,“把社会上大多数人变成贫穷的自动机器”。他认为商人在市场上贱买贵卖,这个职业不可避免地导向狡猾欺骗,并且通过投机、阴谋及操纵造成大量财富的集中①。因之,他很自然地要求美国避免资本主义灾难。按照他的想法,为了避免资本主义灾难,应该在美国建立一个以小农为主体的农业社会。他希望美国人民既不从事工商业,也不从事航海业,全体公民都是农民。

在他看来,美国得天独厚,有条件成为一个以小农为主体的农业社会。他说在欧洲,土地或者被开垦出来,或者被封锁起来不让耕种者染指,因此,不得已只好依靠制造业来维持其过剩人口。但是,美国却有大量土地在引诱农民去耕种。他之所以希望美国成为一个以农民为主体的农业社会,还因为他感到自由平等的和独立的农民是政治民主的最好的基础,而工业资本主义的发展将破坏民主政治的基础。一个以小农为基础的农业社会,则会培养人民的善良的品德,从而对于民主政治的巩固发展大有裨益。

其次,他认为从经济角度来衡量,农业也远比工业更为优越,因为前者所创造出来的财富比后者更多得多。显然杰斐逊的这些观点都是错误的,不科学的。

但是,如马隆所指出的,杰斐逊之喜爱农业社会而讨厌工业社会,更多地基于道德的政治的理由,而不是基于经济上或者其他方面的理由。

不言而喻,杰斐逊的思想带有重农主义色彩。他研究过重农学派的许多著作,与法国重农学派尼摩尔交往甚密,因之重农学派对他发生影响是很可以理解的。但是对于重农学派思想中的反民主倾向他是反对的。

杰斐逊关于建立以小农为主体的农业社会的整个想法,是乌托邦的,因为在资本主义上升发展的条件下,要想维持这样的社会,是根本不可能的。小农经济并不是一成不变的,它必然要发生

① 比尔德夫妇:《美国文明之兴起》,英文版,第一卷,第378页。

分化，必然要走上资本主义道路。而且，他对于工业，农业的看法，也充满了主观唯心主义偏见。特别是他夸大了小农的品德，也是不符合实际情况的。

杰斐逊到晚年改变了原来的主张。在拿破仑战争中，中立国船只遭到掠劫，使欧洲工业品无法运到美洲来，这就使得他认识到美国发展工业的必要性及迫切性。

但是，美国应该工业化到什么程度，是否让它发展到超出本国需要之外并且与外国竞争的程度，以及美国将要走上一条怎样的道路，这些都是杰斐逊所没有解决，也不能解决的。

(四)废除黑人奴隶制度

最初杰斐逊曾经由于发现黑人在才智方面低劣于白人而感到难过。但是后来当他发现一位黑人学者本杰明·班尼克在科学方面取得卓越的成就时，他非常高兴。他在给这位黑人学者的信(1791年8月30日)里表示：没有一个人比我更愿意看到像你所表现出来的事实，这个事实证明：自然赋予我们黑人同胞的才能是与其他肤色的人相等的(科克、佩登：前引书，第508~509页)。

过了几年之后，他进一步相信一般黑人才能的低下是环境造成的，而并非生来就是如此。并且他还认为即使黑人劣于白人，也不应该成为他们被奴役的理由。他说："艾萨克·牛顿在理解能力方面是优于别人的，但是他不应该因此而当别人的主人"(同上书，第594~595页)。这是因为他拳拳服膺于自然权利学说，相信每一个人都应该是平等的，而奴隶制度是违反这个原则的。

实际上，早在1770年他就公开反对奴隶制度，后来他在《英属美利坚权利概观》一文中又强调了这一点。在1776年他所起草的《独立宣言》原稿中，他郑重宣布：奴隶制度就是"向人性本身进行的残酷的战争"，它侵犯了黑人的"最神圣的生命和自由的权利"(科克、佩登：前引书，第25页)。

1779年杰斐逊向弗吉尼亚州议会正式提出了关于解放奴隶的法案，该法案虽然未获通过，但是他在法案中提出的解放方案却是值得仔细研究的。按照该法案,在法案通过后诞生的一切奴隶都应该得到解放。他们应该和双亲一道生活一个时期,并且由政府出费训练他们的职业技能,一旦到成年时,就把他们送到美洲大陆腹地,在那里帮助他们建立一个自由、独立的国家。这个国家应该与美国建立同盟关系,一直到它强大得足以自立时为止。在移出黑人的同时,也把同样数目的白人移民从欧洲招来,以取代黑人的位置。

那么为什么他要求把获得解放的黑人移出去呢?他的理由是,白人的根深蒂固的偏见;黑人对于他们所受虐待的大量回忆,以及许多其他情况,会引起骚动,结果只能导致一个种族或另一个种族的歼灭。

杰斐逊之提议移出黑人,也出于对黑、白人种混血的恐惧。他在《弗吉尼亚纪事》中写道:"在罗马人中间,解放奴隶只需要一次努力。那里的奴隶在得到解放时,可以和主人混合而不至于玷污主人的血液。但是在我们这里,还需要第二次努力,这是史无前例的。当被解放时,他应该被移出去,以避免混血"(潘凯克:前引书,第315~316页)。

那么他为什么主张采取缓和的步骤解放黑人奴隶的呢?因为他担心如果采取激烈的办法立即解放奴隶的话,会引起社会的动荡。

从这里不难看出:杰斐逊在奴隶制问题上的主张,具有很大的局限性:不是一下子解放,而是长期缓慢的解放;解放后不是把黑人留在国内,而是把他们放逐到国外去。这充分说明杰斐逊还未能彻底摆脱种族主义及社会上保守势力的影响。其实,杰斐逊解放黑人奴隶的计划之所以如此不彻底,还有更为重要的原因:他本人就是一个奴隶主,家中蓄有不少奴隶,而他并没有决心去解放他们。

总之,杰斐逊在他的社会改造方案中固然提出一些独到见解,发前人之所未发,但是存在的问题也是不少的,特别是空想的成份占了很大的比重。因此,他的社会改造方案是他整个民主思想体系中最薄弱的一环。

五、总 结

杰斐逊的民主思想并不是他凭空构想出来的。一方面,他吸取了从古代希腊罗马到18世纪的许多杰出的政治思想家的思想精华。另一方面,他经常接近人民,关心人民的疾苦。这是形成杰斐逊的民主思想的另一个重要因素。杰斐逊虽然出身于贵族,但在策马出游时,却经常地在小农或手工业家门前下马,与他们攀谈,了解他们的生活和要求。

杰斐逊幼年居住在弗吉尼亚边境的农业地区,他在八岁以前还未见过超过二十家的村庄。他的邻居和同辈人都是参加地方政府管理的刚强精干的边疆民主派分子。他所熟悉的都是边疆的自给自足的小农的自然经济。他耳濡目染了边疆的朴素自然的民主生活。因此,对于民主的信仰,对于农民的热爱,自幼就扎根在他的思想深处。

另外,他出使法国,旅游欧洲,使他亲身接触到18世纪末法国大革命前夕欧洲封建统治下的暴政及其积弊,也使得他进一步认识到争取自由的必要。

杰斐逊的民主思想,是封建社会向资本主义社会过渡,资本主义社会的阶级矛盾尚处在萌芽状态中的历史阶段的产物,它在本质上是反映了劳动农民的要求的小资产阶级民主主义思想。他所追求的一个没有剥削没有压迫的、人人享有最大限度的自由和平等的民主权利的小农共和国,正是美国广大农民梦寐以求的理想王国。

但是,杰斐逊的思想里既有大量的积极的成份,也有不少的消极的成份。他之反对奴隶制度,反对贵族门第特权,反对暴政,主张限制权力,维护人民的革命的权利及人民的民主权利,以及重视教育的作用等等,都是有积极意义的,而且其中不乏真知灼见及独到的见解。但是,他之希望使美国摆脱资本主义矛盾,使他从发展中的资本主义社会倒退到田园式的小农社会,这无疑是空想的、落后的、不切实的幻想,充分反映了他的世界观的局限性。这是他思想中的消极面。而且,就是那些积极部分,也没有坚决地贯彻到实际中去。在任总统八年中,许多地方与现实妥协了。

虽然如此,杰斐逊的民主思想的伟大的历史意义还是无法抹煞的。第一,他的民主主义纲领在独立战争中,在战后年代里以及他担任总统期间在一定程度上促进了美国政治和社会经济的民主化。第二,他为美国资产阶级民主传统奠定了基础,他的民主思想对于美国人民争取政治民主及社会进步的斗争是有利的。

第八讲　杰斐逊与美国现代化

托马斯·杰斐逊(1743—1826 年)曾经向往过一个恬静的小农社会,醉心于朴素的田园生活,因此有人认为他的思想是与现代化格格不入的。但是要知道,杰斐逊是一位思想极其复杂而矛盾的人物。如果认真、仔细地考察他的全部思想和行动,就可以发现,他不但执行了现代化政策,而且在思想上也是一位现代化论者。更有意义的是,他所渴望的现代化是以人民福祉为目的的现代化,并且在当时的美国可谓独树一帜。因此,研究他的思想,能给即将跨入 21 世纪的人类提供一些有益的启示。

一、他的农业共和国幻想是与现代化思想背道而驰的

为了厘清杰斐逊在美国现代化问题上的思想纠葛,首先必须从他的农业共和国幻想谈起,因为支配这个幻想的价值观,乃至他的全部思想,包括他的现代化思想,直到他逝世前也没有改变。

杰斐逊曾经勇往直前地投身于如火如荼的反英斗争,且以高度的革命热情领导弗吉尼亚的民主改革,然而他却醉心于一个幽静的、充满田园风光的农业社会。早在 1781—1783 年撰写的《弗

吉尼亚纪事》中,他就提出了把美国变成一个农业共和国的奇妙的构想。在该书“第 XVⅢ问”中他写道:“我们对于农业的感情是如此深厚,对外国制造品是如此爱好,以致不管明智与否,我们的人民将尽早回到原料品的栽培(指农业——引者注)上来,并且用这些原料品去交换比他们自己生产的更为精美的制造品。……当我们有土地可耕的时候,让我们不要希望看到我们的公民在工作椅上工作或摇动一个卷线杆……让我们的工场留在欧洲吧。”[①]同书“第 XXⅡ问”里他又写道,美国应该放弃海洋,把海洋让给其他国家,“让他们把我们所需要的(工业品)运来,把我们能够省下来的东西(指农产品——引者注)运走”。“这会使我们在欧洲面前不致受害……并且会把我们全体公民都变为农民去种地”[②]。

1785 年在写给霍根道普的信里,他再次重复了这个想法:“……倘若让我坚持我自己的理论的话,我希望它既不从事航海事业,也不从事商业,而是在对待欧洲的关系上站在中国站的立足点(即以农立国——引者注)上。这样我们就可以避免战争,我们所有的公民都将是农民。”[③]

杰斐逊在许多其他场合一再重申这个论调,这说明他寤寐以求的是要把美国建成一个完全由农业人口组成的农业共和国。而且,在他看来,这个农业共和国也应该是一个小农社会,因为杰斐逊在许多场合表达了建立小土地所有制的殷切期望。在他草拟的弗吉尼亚宪法草案中,他提出了在弗吉尼亚无代价地分配土地的建议:“未被拨用的或被没收的土地应该由州长在州务会议的同意下予以拨用。每一个尚未拥有 50 英亩土地的成年人都有权利被

① 梅利尔·彼得森编:《托马斯·杰斐逊集》(Merrile Peterson, Thomas Jefferson' Writings)美国图书公司 1992 年版,第 290 ~ 291 页。

② 梅利尔·彼得森编:《托马斯·杰斐逊集》第 300 ~ 301 页。

③ 梅利尔·彼得森编:《托马斯·杰斐逊集:一个侧面》(Merrile Peterson, Thomas Jefferson :A Profile)纽约 1967 年版,第 144 页。

拨给50英亩的土地,而且虽有土地但不足50英亩的人,应予以补足。"①

杰斐逊还力图证明小土地所有制的合理性,他从历史中为这个土地所有制寻找根据。他说这种土地制度是"古已有之"的:美国人的远祖、英国人的祖先撒克逊人就曾在这个制度下度过他们的黄金时代。1774年他在《英属美利坚权利概观》一文中说,撒克逊人的生活是异常幸福的,这是因为根据撒克逊人的财产法,人们凭绝对的所有权拥有土地,可以自由地支配自己的土地财产。只有诺曼人入侵英国后,封建制度才代替了自由的小土地所有制②。

那么应该如何评价杰斐逊臆想出来的这个小农共和国呢?

美国学者乔伊斯·阿普尔比在评价这个小农共和国时写道,对于这个共和国来说,"更基本的"是"对于农业的商业性的开发。他的农民国家的幻想,使他专心一意地制订一个扩大基本农产品的国际贸易的长期纲领。从他当大陆会议中的弗吉尼亚代表时起,到他寓居巴黎,当国务卿、当总统……时为止,出卖美国过剩产品就一直吸引了他的注意力。……他设想农民参加世界市场,而不寻求自给自足。"③从这一大段话中可以看出,阿普尔比认为这个农业共和国的基调是开发农业经济。这等于暗示这个共和国的幻想有现代化思想倾向。

阿普尔比立论的根据是,该共和国的农产品是用于出口的。而实际上,在杰斐逊心目中出口农产品只不过是为了交换欧洲的工业品,其终极目的是为了保持这个共和国的农业性质。显而易见,出口农产品是手段,而保持共和国的农业性质才是目的。这就决定了出口农产品在杰斐逊内心中只占次要地位。据此来断定这

---

① 梅利尔·彼得森编:《托马斯·杰斐逊集》,第343页。

② 梅利尔·彼得森编:《托马斯·杰斐逊集》,第751~752页。

③ 乔伊斯·阿普尔比:《在杰斐逊的政治哲学中什么在当前的美国仍有活力?》(Joyce Appleby, What is Stile American in the Political Philosophy of Thomas Jefferson?)《威廉·玛丽季刊》第39卷第2期,第295页。

个共和国的基调，是犯了推理上的错误。因此，阿普尔比关于该共和国的基调是开发农业经济的观点是没有根据的。

那么这个共和国的基调到底是什么呢？这需要从杰斐逊之所以一心一意追求这个农业共和国的一系列理由中去寻找答案。他追求这个共和国的理由，大体说来有三：

第一，天天与大自然接触的农民是最有道德的，他们朴实淳厚，性格刚健。杰斐逊不止一次地歌颂农民的品德。他在《弗吉尼亚纪事》里写道："在土地上劳作的人们，是上帝的选民……上帝有意使这样的选民的胸怀成为特别贮藏他那丰富纯真的道德的地方。"[①]"土地的耕作者是最有价值的公民，他们的精力最为旺盛、自尊心最强、最有道德。"[②]

相反地，他认为城市生活及工业社会却会败坏人的品德，使人们趋于堕落。他说：城市生活"会养成卑躬屈节和见利忘义的品格，扼杀道德的萌芽，并且为野心家的阴谋培养合适的工具"。在商业社会，居民不像农民那样自食其力，而是"依靠偶然性和顾客的反复无常的性格"。换言之，在他看来，工商业都远离大自然，容易产生淫巧和机心。他甚至把"大城市的暴民"比之为脓疮[③]。

第二，小农是民主政治的群众基础，他们与民主政治血肉相连。他说，小农"与他们的国家紧密相连，并且用持久的纽带与它的自由和利益结合在一起"。"在这里，每一个人都拥有土地并且自己在上面劳作，如果他愿意的话……每一个人，由于自己有财产，或者由于处在满意的地位，与法律和秩序有利害关系因而愿意支持他们。这样的人们全面控制他们的公共事务，是可以令人放

① 梅利尔·彼得森编：《托马斯·杰斐逊集》，第290~291页。

② 朱利安·包伊德编：《托马斯·杰斐逊集》（Julian Boyd, The Papers of Thomas Jefferson）普林斯顿1953年版，第8卷第426页。

③ 梅利尔·彼得森编：《托马斯·杰斐逊集》，第290~291页。

心的"[1]。

第三,农民的职业有利于社会秩序的稳定。1787 年,杰斐逊在写给华盛顿将军的信中说:"靠投机和掠夺得来的财富,在性质上是瞬息即逝的,并且使社会充满赌博精神。而农民的适度的、可靠的收入则会产生永久性的改进、安静的生活和安分守己的行为。"[2]

从杰斐逊向往农业共和国的上述理由中,我们可以看出他所追求的农业共和国是一个有道德的、充满民主精神的、人民安居乐业的理想社会。

具体来说,在他心目中这是一个"最合理"的社会,在这个社会里不但实现了社会正义,人人都过着舒适的物质生活,而且更重要的是,人人都有充实的精神生活。在这里,人们的行为都合乎道德规范,互助互爱蔚为风尚,掠夺、投机、赌博及贪污腐化都绝迹了,人人都享受政治自由和社会经济自由。小土地所有制将会使人们过平等而自由的生活。正如 C·B·麦克佛逊所说的:"一个人如果拥有自己的小块土地,他就不能从属于别人了。而且小块地产是防止政府暴政和防止经济压迫的重大保障。杰斐逊之希望美国保持为一个小土地所有者国家,就是为了保证个人自由,以及只有在坚固的独立经济中才能成长的一切品德。"[3]因此,在这个共和国里,人们的工作是悠闲的,有节奏的,他们过着无忧无虑的、自由自在的生活。在他看来,这样的社会秩序和那充满牧歌情调的自然环境,会使人们心灵深处的渴望得到最大的满足。在这个农业共和国里,对杰斐逊最有吸引力的是以家庭为单位的小农经济,因为这种小农经济使得家庭全部成员有可能生活在一起,劳动在一起,从而最能实现合乎人之常情的天伦之乐。

---

① 转引自理查德·马休士:《杰斐逊的激进政治》(Richard Mathews, Radical Politics of Thomas Jefferson)堪萨斯大学出版社 1986 年版,第 31 ~32 页。

② 理查德·马休士:《杰斐逊的激进政治》,第 40 页。

③ 转引自理查德·马休士著:《杰斐逊的激进政治》,第 51 页。

总之，在杰斐逊看来，在这个自由的天地里，人们可以体验到真正的生活乐趣，人的尊严将受到尊重，人的价值可以最大限度地得到实现。他在这个共和国里看到了充满“友谊、幸福和自由”的“美好的生活”[①]。A·惠特尼(Whitney)说得很肯綮，他说：“对他(指杰斐逊——引者注)来说，农业首先并不是财富的来源，而是人们的道德和民主性格的来源。它具有一种社会学上的价值，而不是经济价值。这便是他在这个问题上的一切言论的基调。”[②]

把“友谊、幸福、自由”放在第一位，把经济放在第二位——这便是这个农业共和国的基调，也是支配杰斐逊的农业共和国幻想的价值观。正因为如此，杰斐逊的这个农业共和国幻想，与现代化精神是大相凿枘的。而且，它在经济结构上也是与现代化背道而驰的。第一，这个农业共和国的小土地所有制是现代化的绊脚石。我们知道，现代化在农业上意味着机械化的、以集约生产为特点的大农场制度，而小土地所有制限制了大农场制的发展。第二，现代化的先决条件是工业化，而杰斐逊的这个小农社会恰恰缺少工业。

正是基于这个情况，美国有些学者把杰斐逊说成是与现代化格格不入的、留恋过去的复古主义者。比如佛瑞斯特·麦克唐纳就说，杰斐逊害怕现代化，而留恋“伊甸园的过去”，并且把杰斐逊与英国复古主义者波灵布罗克(Bolingbroke)相提并论[③]。J·G·A·波科克也把杰斐逊描写成为充满怀古幽情的、害怕现代化的思想家，并且把他与否定人类一切文明而提倡回到自然法的卢梭等量齐观。

然而，这些史学家们忽略了杰斐逊思想的多层面性、复杂性、发展性和矛盾性。向往富于牧歌情调的农业社会，只不过是杰斐

---

① 理查德·马休士：《杰斐逊的激进政治》，第124页。

② 亨利·戴斯洛夫编：《杰斐逊与美国的民主》(Henry Dethloff, Thomas Jefferson and American Democracy)麻萨诸塞1971年版，第46页。

③ 佛瑞斯特·麦克唐纳著：《杰斐逊总统任内》(Forrest Mcdonald, The Presidency of Thomas Jefferson)堪萨斯1976年版，第19页。

逊思想中的一个层面,尽管是一个重要的层面。如果我们全面而不是片面地,从发展的角度而不是静止地,深入地而不是肤浅地看问题,我们就可得出相反的结论,就可以发现杰斐逊不但执行了现代化政策,而且在思想深处也是一位现代化论者及其鼓吹者。

二、被迫同意现代化

杰斐逊梦想在美国建立一个实现"美好的生活"的农业共和国,说明他是一位理想主义者,但也是一位现实主义者。他并没被这个农业共和国的美妙幻想所陶醉。他说过:"在像政治经济学那样复杂的学科中,没有一个原则对于一切时代及一切环境都是正确的、有用的。"①他没有不分时间和条件而顽固地坚持自己的农业共和国幻想,在严峻的现实面前他不能不修正自己的原则。早在1791年6月23日在致戴维·汉佛莱的信里,他就公开承认美国之逐步转到制造业,是明智的②。到18世纪末他已经不反对工业了,他同意发展工业。1801年,他在总统就职演说中,已经以肯定的口气谈到"农业、制造业、商业及航运业,我们繁荣的四根柱子"了③。他的态度的重大转变,与拿破仑战争有很大关系。在这场波及全世界的战争中,中立国的船只在海上遇到交战国船舰的肆意掠夺,以致欧洲工业品运不到美国来,给美国人的生活造成了严重困难。对此,杰斐逊不得不同意发展制造业。他在致杜邦·得·尼莫尔的信里说:"我们的禁运及断绝交往法(Nonintcrcourse Law)所造成的对英贸易的中断及英国露骨地让我们屈服于海上侵夺的企图,已在我国产生了在制造业方面自力更生的,把在商品方面依赖英国的数量缩小到最低限度的普遍精神。……工业的精

① 梅利尔·彼得森编:《托马斯·杰斐逊集》,第1372页。
② 转引自理查德·马休士著:《杰斐逊的激进政治》第48页。
③ 梅利尔·彼得森编:《托马斯·杰斐逊集》,第507页。

神已在我们中间根深蒂固,而其基础是靠大量的费用建立起来的,所以不能放弃。"①

杰斐逊之所以向工业让步,还有两个原因:第一,如司徒亚特·布鲁奇所说的,"他想让多数人的意志,而不是让他自己的私人价值,表现出来"。杰斐逊感到他没有"权利按照他自己的爱好去决定他的国家的命运"②。这就是说,杰斐逊同意国家工业化,是由于他愿意放弃个人主张而服从大多数人的意志。实际上,杰斐逊后来在总统任上所推行的许多政策,也反映了这一点。用他自己的话来说就是:"那些被委托管理国家事务的人们有责任按照他们的选民们的选择办事。"他还进一步说明了其中的理由:"实用的东西一定要时常控制纯理论上的东西,而被统治者的习惯在很大程度上决定实用的东西。"③这表现了杰斐逊特有的政治家风度。

第二,杰斐逊的这种转变,也基于他的爱国主义立场。他写道,在拿破仑战争中,欧洲工业产品的来源断绝了,"为了自食其力地实现生活上的舒适,我们就应该自己从事制造。……难道我们生活上的舒适与否,要受外国人的意志摆布吗?因此那些现在反对国内制造业的人们,一定是赞成让我们或者依附于外国,或者身穿兽皮,像野兽一样过穴居生活。我可不是这样的人,经验告诉我:制造业现在对于我们的独立和生活上的舒适都很重要"④。

这样,杰斐逊的农业理想主义终于向工业现实主义妥协,他终于认可了工业在美国的发展。那么,他所认可的是什么样的工业呢?

最初,他只是同意家庭制造业的发展。只有在他入主白宫的后期和退休以后,即1807—1816年间,他的态度才有了进一步转

---

① 梅利尔·彼得森编:《托马斯·杰斐逊集》,第1208页。
② 亨利·戴斯洛夫编:《托马斯·杰斐逊与美国的民主》,第62页。
③ 亨利·戴斯洛夫编:《托马斯·杰斐逊与美国的民主》,第48页。
④ 梅利尔·彼得森编:《托马斯·杰斐逊集》,第1371页。

变，因为在这个时期美国手工工场和大工厂突飞猛进地发展。杰斐逊看到了这一点，他在1812年给朋友的信中曾承认："在大城市有许多工场在生产优质的商品，而且许多新的工场每天都在出现；生产美利努呢绒的工场我们已有数千家了。"①在事实面前，他不得不放弃扶植家庭制造业的政策，而接受了工厂制度的现实②。在1816年他不得不表示："我们现在必须在农民的身旁安放工厂主。"③

但是必须看到：杰斐逊在被迫接受工厂制度和工业化的时候，对于美国应该工业化到什么程度，是否让它发展到超出本国需要之外并且与外国竞争的程度，还不太清楚。但是，可以断言的是，对于工业化，他是按社会需求而不是按照资本家的账目表来衡量的④。而且，杰斐逊同意工业化及工厂制度的发展，是很勉强的，是在严峻的现实面前让步的结果，而不是心甘情愿的。因为在1812年美国对英战争爆发后他写给朋友肖特的信中就说："我们的敌人（指英国——引者注）感到恶魔般的安慰，因为他们把我们第一代双亲（指农业——引者注）从天堂移开；他们把我们从一个和平的、务农的国家变为一个军事的、制造业的国家。"⑤

尽管他在认识到工业化的迫切必要性之后放弃了他的农业共和国的幻想⑥，但是支配他的农业共和国幻想的价值观始终未变，而且一有机会就不自觉地暴露出来。1804年，他已经承认发展工业势在必行，但是他在同年写给法国经济学家J·B·赛伊的信

① 梅利尔·彼得森编：《托马斯·杰斐逊集》，第1266页。

② 梅利尔·彼得森编：《托马斯·杰斐逊：一个侧面》，第155~159页。

③ 梅利尔·彼得森编：《托马斯·杰斐逊集》，第1371页。

④ 参见弗尔农·派林顿：《美国思潮中之主流》（Vernon Pallinton, Main Currents in American Thought）第1卷，纽约1927—1930年版，第348页。

⑤ 转引自理查德·马休士著：《杰斐逊的激进政治》，第49页。

⑥ 我不同意格利斯沃德（Griswold）关于杰斐逊一直到逝世前始终不渝地把农业共和国看作是最好的理想的观点（参看亨利·戴斯洛夫编：《杰斐逊与美国的民主》第50页）。

里，仍然说农民在道德上和物质上优于"城市工人"[①]。直到1816年他成为保护贸易论者之后，仍坚持农业优越论的观点[②]。他对于1824年的关税法表示气愤，因为该法提高了工业品进口税，而损害了购买欧洲工业品的南方农业集团的利益。在他逝世前6个月给麦迪逊的信里，他悲愤地写道："在为了支持制造业等等而实行的关税下面农业集团所遭受的普遍的挫折，以及我们纸币价值的灾难性波动，使得农业处在悲惨的萧条状态"之中[③]。

这样，一方面他在感情上始终不忘情于农业，另一方面在理智上又不得不同意工业资本主义的发展。这是他身上表现出的最大的矛盾之点，也是他被政敌说成是无原则的政客和伪善者的原因之一[④]。

然而，不管内心的思想感情怎样，杰斐逊之同意工业化则是事实。而这就意味着他是支持现代化的。

三、现代化政策的执行者

杰斐逊不只同意工业化、现代化，也是现代化政策的执行者。早在美国革命高潮中，他在弗吉尼亚进行的一连串民主改革，如废除长子继承制，限定嗣续法，实现宗教自由等方面，都在不同程度上为清除封建残余、推进工业化和现代化作出了贡献。

尤其值得一提的是他在任总统期间的业绩。为了给工农业发展提供充足的劳动力，他在1801年建议国会放宽入籍法的限制，以便鼓励外国移民来美。1802年他又建议国会采取措施，鼓励人们向印第安人让出土地所有权的西部地区移民。这有力地推动了西部的开发。

---

① 梅利尔·彼得森编:《托马斯·杰斐逊:一个侧面》,第140页。
② 梅利尔·彼得森编:《托马斯·杰斐逊:一个侧面》,第140~141页。
③ 亨利·戴斯洛夫编:《杰斐逊与美国的民主》,第62页。
④ 亨利·戴斯洛夫编:《杰斐逊与美国的民主》,第156页。

为了推动工商业的发展，必须发展交通事业。在第六、第八年度国情咨文中，他曾请求国会考虑把财政收入的剩余部分用于“公共教育、道路、河川、运河”的修建上[①]。1802 年 4 月，国会乘俄亥俄加入联邦的机会，责成政府以出卖州内公共土地总收入的 5% 用于修建道路。这就为国道的大规模修建奠定了始基。

同年，他在咨文中还劝说国会采取措施以“保护适应于我们环境的制造业”，以及“扶植捕渔业和海上养鱼场”。他在咨文的末尾说：“至于我，你们可以相信我一定欣然同意每一项为公众谋福利的措施。”[②]1804 年他又提请国会注意范围更为广泛的、一大批具有重大利益的事情。他说：“农业、制造业、商业及航海，我们繁荣的四根支柱，当被交给个人企业去自由经营后，已经兴旺发达起来了。如果在您的观察和研究的过程中，它们看来需要我们宪法权力限度内的任何援助的话，你们对它们的重要性的认识，就足以保证它们引起你们的注意。”[③]

正如希纳德所指出的，这最后一句话“只能有一个意思，那就是：这位总统并不想完全地、彻底地离开汉密尔顿鼓励制造业的政策”。“如果在杰斐逊当政期间工业和农业利益在美国第一次发生冲突是真实的话，我看不出总统做出任何努力去靠牺牲工业的利益来帮助农业”[④]。

杰斐逊也支持保护贸易政策。他在提交第六个年度国情咨文时，正面临 1806 年政府财政盈余的前景。但是他并没有建议国会放弃保护关税措施。他说：“难道我们取消关税，把好处送给外国制造业而危害本国制造业吗？”[⑤]

---

① 梅利尔·彼得森编：《托马斯·杰斐逊集》，第 529 页。

② 亨利·戴斯洛夫编：《杰斐逊与美国的民主》，第 64 页。

③ 转引自亨利·戴斯洛夫编：《杰斐逊与美国的民主》，第 64 页。

④ 吉尔伯特·希纳尔：《杰斐逊评传》(Gilbert Chinard，Thomas Jefferson：The Apostle of Americanism) 密西根 1975 年版，第 394 ~ 395 页。

⑤ 梅利尔·彼得森编：《托马斯·杰斐逊集》，第 529 页。

在总统任期内,杰斐逊为美国现代化作出的另一个贡献是:采取措施促使印第安人从原始社会的狩猎生活过渡到农耕生活。在这里,他主张采取说服的方式,而不是暴力的手段。他曾多次写信给印第安人酋长,反复向他们解释农业生活对狩猎生活的优越。他写道:"兄弟,在您已经着手干的伟大的改革中继续前进吧!劝说我们红色同胞们冷静一些去耕种他们的土地,并且说服他们的妇女为他们的家人纺织吧!不久您将看到你们的妇女和儿童都丰衣足食,你们的人在和平和富裕中幸福地生活,而且你们的人口将一年比一年增加。"①结果,许多印第安人部落开始放弃狩猎而从事农业。印第安人生活的这个变动有双重意义:第一,推动印第安人社会的发展,使他们能跟上现代社会的步伐。第二,印第安人放弃狩猎转而从事农业,意味着把大量用于狩猎的土地变为农田,有利于农业的发展,进而推动美国的现代化。

杰斐逊为美国现代化作出的最大贡献,是在他的总统任期内,于1803年从法国手中购买路易斯安那地区。路易斯安那的购买表现出杰斐逊的胆识:第一,他是冒着违反宪法的危险购买这块广阔土地的;第二,他认识到路易斯安那地区对于美国未来发展的巨大意义;第三,他洞悉当时的复杂的国际关系,利用法国皇帝拿破仑的困境,不失时机地以极低的价格将此买到手。购买路易斯安那使美国领土几乎增加了一倍,为美国带来了说不尽的益处。正如杰斐逊自己所说:"密西西比河及其水系的财产权及主权,不但为西部诸州的产品取得了一个独立的出口,及一条贯穿整个河道的不受(外国)控制的航路,这条航路可以避免与其他强国发生冲突以及由此产生的对我们和平的威胁,而且这片土地的肥沃,它的气候和地域的广阔,在适当的时候肯定对我们的国库是一个重要的帮助,并且为我们的子孙后代提供充足的粮食,为自由和平等的

① 梅利尔·彼得森编:《托马斯·杰斐逊集》,第556页。

法律祝福提供了一个广阔的场地。”①

事实也是如此，美国在购买了路易斯安那以后，一跃而成为一个大国，农业基地扩大了，市场广阔了，自然资源增加了，这为美国在19世纪末20世纪初成为头等现代化工业强国，起了重要作用。

总而言之，杰斐逊之认真执行现代化政策，对于加速美国工业化、现代化作出了杰出的贡献。

但是，这里必须严格划分他所执行的政策与他内心思想之间的界线。他执行的这些政策，其中大部分或者是迫于现实，或者是为了服从大多数选民的意志，并没有反映他个人的主观愿望。这一点，他自己也承认。他在1801年曾说：“我的主张是：在两种方案都同样正确时，采纳最合乎人民的意愿的方案，是对人民应尽的责任。”所以，他宁愿放弃自己的观点和主张而服从人民中大多数的观点和主张②。实际上他在执行上述许多政策时，其内心是另有一套现代化思想的，尽管这一思想没有付诸实践。

四、内心深处的现代化思想

如果说在杰斐逊政治生涯早期（18世纪80年代末以前），他的农业共和国幻想在他的思想中占主导地位的话，那么到他政治生涯的后期（18世纪90年代初以后）直至晚年，他的现代化思想就越来越占上风。

（一）作为美国建国初期的一位启蒙思想家，杰斐逊相信未来，对人类前途充满信心和乐观情绪。他认为，人类历史便是一部进步的历史。在这方面，他的言论俯拾皆是。1816年8月1日，他在给约翰·亚当斯的信里宣称：“我对于未来的梦想，比对于过去

① 梅利尔·彼得森编：《托马斯·杰斐逊集》，第512页。
② 亨利·戴斯洛夫编：《杰斐逊与美国的民主》，第59页。

的历史,更为喜爱。"[1]1818年,在他起草的弗吉尼亚大学筹备委员会的报告中,强烈表达了他反对倒退的思想。他指出,美国印第安人所以过着悲惨的生活,就是因为他们"顽固地崇拜他们祖先的所谓智慧,并且荒谬地认为为了追求更美好的事物必须向后看,而不是向前看,似乎在渴望返回吃橡实树皮的时代……"[2]他的这个信念,到逝世前两年仍未改变。1824提9月6日在给一位朋友的信里又说:"您在您7月30日的来信里所提出的,社会是在从它的原始状态向现在已经达到的状态进化的思想,与我所猜想的似乎是一致的,的确,我们亲眼看到的许多现象证明了这一点。……野蛮社会在此期间在[社会生活]改进的稳步前进的脚步面前退却了。"[3]

简言之,他相信人类社会是不断前进的,人的生活水平也将随之提高,而且这种进步可以达到"无限定的(尽管不是无穷尽的)程度"[4]。

(二)他相信科学技术可以无限度地改进人类的生活。1818年,他在一封信里写道:"当我想到在我一生这个期间在科学及工艺、发明方面所完成的巨大进步时,我满怀信心地期待着在当前这个时代中也会有同样的进步,并且不怀疑他们将一定比我们聪明得多,正如我们比我们祖先更聪明。"[5]同年,他对于科学技术的进步及其作用又作了更为深入、具体的论证。他说:"任何人都无法否认:每一代人都继承了上一代人所取得的知识,并且把所取得的知识和新发明加进这个知识宝库中去,再把这个知识宝库一代一

---

① 转引自理查德·马休士著:《杰斐逊的激进政治》,第116页。

② 梅利尔·彼得森编:《托马斯·杰斐逊集》,第461~462页。

③ 梅利尔·彼得森编:《托马斯·杰斐逊集》,第1496~1497页。

④ 骚尔·帕多弗:《杰斐逊论民主》(Saul Padover, Thomas Jefferson on Democracy)纽约1939年版,第90页。

⑤ 转引自C·道夫·边森:《作为社会科学家的杰斐逊》(C. Randolph Benson, Thomas Jefferson as Social Scientist)联合大学出版社1971年版,第265页。

代地传下去，每一代人都把新的知识储存到这个知识宝库中去。这样，知识的积累一代比一代更丰富，这就无限期地一步一步增进人类的幸福。因而人类幸福的增进是无止境的。的确，我们只要回顾半个世纪以来的情况……就可以看出在这半个世纪内在科学和技术方面所取得的令人惊奇的进步。其中某些进步使得物质要素本身为人类的目的服务，使得人们不但利用它去节省劳力，而且还能利用它去完成人类本身的微薄力量所无法完成的工作，因而大大增加人类生活上的舒适。”[①]杰斐逊是如此重视知识，以致认为：“知识就是力量，愚昧就是软弱。”[②]

杰斐逊不但重视科学技术，而且也为推动科学技术的发展做了大量工作。在出使法国期间，他定期向国内科学界朋友寄送欧洲出版的最新科学技术书刊，提供新的科学信息。为了促进美国科学技术的进步及应用，他还担任过“美国哲学协会”主席，并创办了一个“农业协会网”（System of Agricultral Societies）。其宗旨是推进技术的传播，“借此用现在使用的劳动为我们同胞取得更多的维持生活的手段和幸福”[③]。更难能可贵的是，他在公务之余从事创造发明活动。他发明了打大蔴的槌，改进了耕犁的曲面铸板等等。

大家知道，工业化、现代化是离不开科学技术的。杰斐逊重视它并且为它的发展付出很大努力，说明他不愧为美国现代化的思想先行者。

（三）和法国启蒙思想家一样，杰斐逊深信教育是通往人类进步的必由之路，认为发展教育可以促进人们生活水平的提高和社会的进步。他在 1818 年写道：“除了教育之外，还有什么能够使我

① 梅利尔·彼得森编：《托马斯·杰斐逊集》，第 462 页。

② 转引自科克·佩登编：《杰斐逊生平和著作选》（Koch Pedin, The Life and Selected Writings of Thomas Jefferson）纽约 1944 年版，第 169 页。

③ 理查德·马休士著：《杰斐逊的激进政治》，第 46 页。

们超越我们的土著邻居(指印第安人——引者注)的状态?"①他又写道:"如果人类的生活如我们所希望和相信的那样应该一步一步地改善的话,教育应该是达到这个目的主要手段。"②他还说:"除了教育之外,任何东西都不能促进一个国家的繁荣、强大和幸福。"③为什么教育会促进人类生活的改进?他的回答是:通过教育,人们可以获得知识。

1822 年,他在给友人的一封信里,还对普及教育的重要性作了进一步阐述:"我把教化和教育的普及看作是为了改进人类生活,促进道德和提高人们的幸福而最应该依靠的手段。……而且,我希望在当前把教育的好处扩展到人类广大群众的潮流中可以看到人类幸福的巨大提高;而且,这个提高将是无止境的。"④

为此,杰斐逊在晚年几乎把全部的心血都倾注在创办弗吉尼亚大学上。从筹措经费,选择校址,设计校舍蓝图,寻找建筑工程承包商,监督工程进度,检查工程质量,以及派人到意大利邀请大理石雕刻师,到英国牛津、剑桥和爱丁堡大学网罗一流的教授来校任教等等,他无不亲自过问。甚至还亲自教泥瓦匠如何砌墙,教木匠如何量尺寸。弗吉尼亚大学建成后,他曾感慨地说,当我在为革新公共教育而努力的时候,"我是在履行一个医生的可厌的职责:向一个意识不到吃药的必要的病人的咽喉中灌药"⑤。在当时的美国,像杰斐逊这样把教育看作是医治社会落后病的良药,似乎还没有。

综上所述,我们可以得出以下结论:第一,他是一位现代化论

---

① 梅利尔·彼得森编:《托马斯·杰斐逊集》,第 461 ~ 462 页。

② 洛伊·霍尼威尔:《杰斐逊的教育工作》(Roy Honeywell, The Educational Works of Thomas Jefferson)纽约 1964 年版,第 147 ~ 148 页。

③ 哥登·李:《反对愚昧的运动》(Crusade Against Ignorance)纽约 1964 年版,第 120 页。

④ 骚尔·帕多弗编:《杰斐逊论民主》,第 92 页。

⑤ 参见拙著:《杰斐逊传》,中国社会科学出版社 1990 年版,第 476 页。

者。因此,佛瑞斯特·麦克唐纳和J·G·A·波科克等人关于杰斐逊害怕现代化和留恋“伊甸园的过去”的论点不攻自破。第二,他对现代化有很深刻的理解:他强调人类的进步,是抓住了现代化的精神实质;他重视科学技术,是把握住了现代化的关键;他重视教育,是找到了实现现代化的基础,因为发展科学技术,提高人的素质,开发人的智力资源,实现人的现代化(这些都是现代化的前提条件),都离不开教育。第三,他所渴望的现代化,是以不断提高人类生活水平为宗旨的现代化,即与当时美国社会生活中以追求最大限度的利润为目的的、盲目扩大再生产的资本主义现代化,是有很大区别的。对此,杰斐逊虽然没有直接表达他的看法,但是,我们从他的社会观中,是不难推论出来的。比如,他起草的《独立宣言》和《人权宣言》,他在总统任期内所推行的、旨在消除社会极端不公的经济政策(减免穷人的赋税,对富人按“几何级数征税”),反对不法分子的“赌博投机行为”等等,都可以得到证明。

第九讲　杰斐逊、麦迪逊与共和党的兴起

美国建国之初，华盛顿、杰斐逊、麦迪逊、汉密尔顿等开国元勋，几乎都认为政党是导致相互倾轧和政治动乱的祸根。美国联邦宪法关于政党只字未提，就反映了宪法制定者们的这种态度。然而，政党毕竟产生了。在华盛顿任总统期间就出现了共和、联邦两个政党。那么，共和党是怎样产生的呢？本讲下面就这一问题作初步探讨。

一、追本溯源

杰斐逊和麦迪逊反对汉密尔顿的财政政策的斗争，是共和党产生的根源。

汉密尔顿是一个马基雅维里式的政治野心家。他虽然出身微贱，但在跻身于显贵富豪之后，即转而仇视人民。他曾说，人民是"一只大野兽"，没有理性，脾气暴躁，是危险的一群，所以只能用铁腕使其就范[①]。他认为，共和制政府就是人民群众掌权的政府。

① 参见艾伯特·杰伊·诺克著：《杰斐逊》(Albert Jay Nock, Jefferson)纽约 1926 年版，第 183、181 页。

因此，他对这一政体殊感厌恶，而对英国式的君主制极为推崇。按照联邦宪法成立的联邦政府就是一个共和制政府，这当然是他不能接受的。但是他不敢公开要求改变这种政体，因而想出了一个策略，即在外表上保留共和制政府的形式，而在实质上阉割它的内容，力图把美国变成一个半君主式的、集权式的国家①。

通过对英国君主立宪制政府的研究，汉密尔顿发现，英国在1688年后，其政局较为稳定，主要得力于大金融家、大商人的支持，而这些人的支持是因为他们从政府的国债政策中大发横财。从英国的这一经验中，汉密尔顿得出了一个结论：为了把美国变为一个集权国家，也必须借鉴英国的经验，争取国内财界大亨及富商大贾的支持，让他们从政府的财政政策中捞取油水，即使严重损害民众的利益，也在所不计②。汉密尔顿还发现，英王乔治三世的专制权力是建立在对议会议员们的贿买上面的。联系到美国，他认识到，为了强化联邦政府的权力，收买国会议员是必要的。他相信"人"只能靠"暴力"和"利益"来推动，收买议员就可以将他们变为政府得心应手的工具。他甚至说，腐化是维持一个政府继续运转不可缺少的手段③。

这就是汉密尔顿在任联邦财政部长期间，推行其财政政策的背景及良苦用心。总之，他的财政政策是他改变美国国家性质的庞大计划的一个重要组成部分。

在汉密尔顿推行的财政措施中，有三项引起了激烈的争论。第一项是在1790年1月，他向国会提出的按票面价值偿还在独立战争期间发行的公债，即允许债券持有人用贬了值的债券按票面价值换取由联邦政府发行的新债券，从而新债券既可以生利，又可

① 参见艾伯特·杰伊·诺克著：《杰斐逊》第183～184页。

② 参见M·J·希弗著：《美国的政治发展过程》(M. J. Heaf, The Making of American Politic). 纽约1977年版，第72～73页；克劳德·鲍尔斯著：《杰斐逊与汉密尔顿》(Claude Bowers, Jefferson and Hamilton)纽约1953年版，第31页。

③ 参见艾伯特·杰伊·诺克著：《杰斐逊》第184～185页。

以作为货币流通①。汉密尔顿提出这项建议的目的,就是按票面价值偿还公债,以便让金融家和大商人靠牺牲民众利益大发不义之财,从而把这个集团的利益与联邦政府的利益捆在一起,使得这个集团成为联邦政府的重要支柱②。原来在独立战争期间许多农民、士兵及小商人出于爱国动机,也购买了一批公债,但是后来因为生活所迫不得不以低于票面的价值,把债券转卖给投机商人。在某些州有1/2或3/4的公债券以票面价值的1/6,甚至以1/12的低价被卖掉③。而且,汉密尔顿在向国会提出这项建议前的两个月,就把其中的内容透露给自己的亲信(包括部分国会议员)和与其有关系的商人。这些人得到消息,便立即以低价四处抢购公债券④。因此在偿债政策实施后,有许多金融巨子和大商人,甚至国会议员从这一投机中发了大财,净赚多达4000万美元,而普通百姓即原债券持有人却蒙受了重大损失⑤。在国会里,这项措施遭到了一些议员的抨击,抨击最有力的是麦迪逊。他建议,由政府负责赔偿原债券持有人,但他的建议在1790年2月22日被国会否决了。事后发现,在众议院64名议员中,有29人是公债券的持有人⑥。

引起激烈争议的第二项财政措施是,汉密尔顿在1790年1月向国会提出的由联邦政府"承担"偿还州债的法案。他提出这一

① 参见理查德·霍夫斯塔特编:《美国历史上的大争论》(资料)(Great Issues in American History. edited by Richard Hofstadter)纽约1958年版。

② 见梅利尔·彼得森著:《杰斐逊和新国家》(Merrill Peterson, Thomas Jefferson and the New Nation)纽约1970年版,第409页。

③ 查理·比尔德:《杰斐逊民主的经济起源》(Charles Beard, Economic Origins of Jeffersonian Democracy)纽约1927年版,第133页。

④ 参见杜马·马隆著:《杰斐逊和人权》(Dumas Malone, Thomas Jefferson and The Rights of Man)波士顿1957年版,第290页。

⑤ 参见保罗·古德曼著:《联邦党对杰斐逊共和党人》(The Federalists Versus The Jeffersonian Republicans)纽约1979年版,第24页。

⑥ 参见克劳德·鲍尔斯著:《杰斐逊与汉密尔顿》,第48页。

法案旨在把州的债权人团结在联邦政府周围,以便削弱州政府的地位。该项措施一提出,便引起轩然大波,因为在此问题上各州利害不同。比如,马萨诸塞和南卡罗来纳诸州所借的债尚未还清,因而由联邦政府偿债显然对本州有利。相反,弗吉尼亚等州当时已有州政府偿还了债务,如果由联邦政府"承担"州债,就会增加本州纳税人的负担,使他们蒙受损失①。国会议员麦迪逊代表弗吉尼亚州的利益,坚决反对这项措施。在他的影响下,国会否决了承担州债的法案。后来,经过双方妥协,法案得以通过。为了应付承担州债的需要,在汉密尔顿的推动下,国会又就征收国产税——酒税法案进行表决,尽管也引起了一些议员的反对,但仍获得通过。

引起激烈争议的第三项措施是成立合众国银行,这是汉密尔顿在1790年12月向国会提出的。该法案虽然获得了国会两院的通过,但是却遭到了麦迪逊等议员的攻击,在国会外反对最强烈的是国务卿杰斐逊。此时,杰斐逊不仅反对银行法案,也抨击汉密尔顿的公债政策。因为他经过调查研究,已经弄清汉密尔顿的公债政策使债权人获得了巨额利息,而政府为了偿还公债本息,则必须向民众征税。因此,他认为通过汉密尔顿的公债政策,民众的血汗钱源源流到了富有的公债债权人的腰包中,使贫者愈贫,富者愈富②。而且,投机商在抢购公债时所玩弄的种种欺诈手段,更加深了他对这项政策的反感。他还注意到,公债投机风对于正常的生产和经营活动造成了极为不利的影响。1791年8月2日,杰斐逊在一封信里写道:"内债的固定利息为6厘,比一般利率高出12.5%";"在国家证券上的投机已吸引了我国过多的公民,如果不予制止,我们担心它会妨碍我国的商业、制造业和农业"③。设立银

① 参见阿得利尼·科克著:《杰斐逊与麦迪逊》(Adrienne Koch, Jefferson and Madison)纽约1969年版,第106页。

② 参见梅利尔·彼得森著:《杰斐逊和新国家》,第435页。

③ 参见〔美〕吉尔贝·希纳尔著:《杰斐逊评传》,中国社会科学出版社1987年版,第238~239页。

行的法案被通过后，杰斐逊又发现，银行会加剧这种不良的趋势，使投机和欺骗长期继续下去。因此他认为，银行是特殊利益集团手中的工具，是经济力量的恶性集中，是靠牺牲农民利益来促进金融集团利益的阴谋的一部分。杰斐逊相信，凡是发行银行券的银行，都存在弊端，而合众国银行则集这些弊端之大成；银行会助长奢侈放荡，使人们走向堕落。他的根据是，银行并不产生资本，而是把资本从有用的经济活动中吸引到证券、股票的投机冒险活动中去①。

可以说，汉密尔顿建议成立合众国银行，是他与杰斐逊之间由合作走向对立的转折点。到1792年，杰斐逊进一步认清了汉密尔顿财政政策给国家带来的危害。同年2月，他对华盛顿说，汉密尔顿的财政政策鼓励了公民的投机行为，并且把他的毒素引进政府中来，“立法机关的某些成员，在审理这些法案期间，用债券营私舞弊以自肥，然后投票支持此法案，使其获得通过。于是从那时起”，就以他们的官职为诱饵，“建立和扩大这个体系”②。同年5月，他又对华盛顿说：“这个体系成为腐化立法机关部分议员的有效手段，而这部分议员在投票中又起决定性作用；这个腐化集团决定了立法机关的意见，已表现出他们取消宪法加在全国立法机关的限制的意图……这个体系的最终目的便是把现在的共和主义政府形式变为君主制政府形式铺平道路。”③由此可见，这时的杰斐逊已看出，汉密尔顿的财政政策正在把美国从一个民主共和制变为一个以大财阀为支柱的、充满腐化的反民主的集权制国家。

杰斐逊和汉密尔顿在有关财政政策上发生的分歧，绝非他们之间的个人之争，而是维护民主还是实行集权统治的斗争。这场

① 参见梅利尔·彼得森著：《杰斐逊与新国家》，第435～436页。

② 彼得森编：《杰斐逊政治文选》（The Political Writings of Thomas Jefferson. edited by Peterson）马里兰1993年版，第107页。

③ 威廉·林奇：《政党斗争50年》（William Lynch, Fifty Years of Party Warfare 1789—1837）哥洛塞斯特1967年版，第21页。

斗争在美国历史上具有深远的意义。虽然1787年的制宪会议制定了世界史上第一部民主宪法,并于1789年按照这部宪法成立了联邦政府,但是这个联邦政府把美国“引向何处去”的重大问题尚待解决。杰斐逊和汉密尔顿之间的斗争正是围绕这一重大问题展开的。汉密尔顿逆民主潮流而动,力图按他的既定方针把美国改变为财阀寡头专政的、集权的国家。杰斐逊和麦迪逊等人担心,汉密尔顿的意图一旦成为现实,美国人民在反英战争中经过流血争取到的民主成果将化为乌有。杰斐逊在给其密友肖特的信里就表达了这种担心:“可以预料,我们的共和国将与这位总统(指华盛顿——引者)同时死亡。”①出于这种担心,杰斐逊在与汉密尔顿的斗争中,提出了自己的奋斗纲领:美国应该本着1776年革命精神,捍卫联邦宪法,继续发扬民主,为民众谋利,把美国建成一个全世界瞩目的“民主自由的国家”。这一纲领为共和党的形成奠定了思想基础。

二、共和党形成的群众基础

共和党的产生是有其群众基础的。它首先是通过意识形态领域里的斗争,亦即两次“报刊论战”形成的。

第一次论战是由《人权》一书引起的。1791年春,英国政论家埃德蒙·伯克与美国民主斗士托马斯·潘恩展开笔战,前者写了《对于法国革命的思考》一书,不遗余力攻击法国大革命;后者写了《人权》一书,热情颂扬法国大革命。杰斐逊站在潘恩一边,私下里说了一些同情法国大革命的话。但是一次偶然的机会,这些言论被传了出去。众议院秘书贝克利拟在美国再版《人权》一书,他在把书交给出版商之前,将书借给了麦迪逊,后者又把书转借给杰斐逊。杰斐逊读完之后,在交给出版商时随便附上了一张短笺,

① 阿得利尼·科克:《杰斐逊与麦迪逊》,第140页。

上面写了两句话:“我极高兴地看到它将再版,终于有人公开说话反对最近在我们中间出现的异端了。”“无疑地我国公民将再一次团结在《常识》的旗帜下面。”不料,出版商事前没有征得杰斐逊的同意,就擅自把短笺上的两句话放在书的前言发表了。而且,出版商在前言中还加了一段赞颂杰斐逊的话:这里引证的杰斐逊的词句不仅对于潘恩是公道的,而且给杰斐逊也带来荣誉。因为它“使人们想到杰斐逊的共和主义的坚定性和民主主义的朴素性,而正是他的这种品性使得信奉人权的每一位朋友都亲近他”①。《人权》一书于1791年5月在费城再版了。

杰斐逊在短笺里所提到的“政治异端”,是指副总统约翰·亚当斯的保守思想。因此,亚当斯在读了《人权》的前言之后,气得暴跳如雷。他让儿子约翰·昆西·亚当斯写文章攻击杰斐逊。约翰·昆西用“Publicola”的笔名,发表了一系列文章,从而引起了许多共和主义的拥护者的反击。双方一来一往,互相批判,在社会上产生了广泛的影响。1791年仲夏,埃德蒙·伦道夫向杰斐逊报告说:“共和主义的旗帜已经树立起来了,有许多团体都聚集到这面旗帜下。”②这样,杰斐逊就“突然作为共和主义的捍卫者被推到了公众面前”③。

第二场论战是由于创办《国民新闻》引发的。杰斐逊在就任国务卿后不久,已经觉察到临时首都笼罩着反民主的气氛。后来,他又从汉密尔顿所推行的财政政策中看到美国的民主岌岌可危,而且以汉密尔顿为代表的反民主思潮还有其喉舌——约翰·费诺主编的重要报纸《合众国新闻》。该报是一份“传播君主制、贵族

① 杜马·马隆:《杰斐逊与人权》,第357页。
② 小诺布尔·坎宁安:《杰斐逊的共和党人》(Noble Cunningham, Jr., Jeffersonian Republicans)查帕尔山1957年版,第12页。
③ 小阿瑟·施莱辛格:《美国民主党史》,上海人民出版社1977年版,第22页。

制学说，排斥人民影响的托利党思想的报纸"（杰斐逊语）[①]。为了抵制该报传播反民主思潮，杰斐逊和麦迪逊感到有必要创办一份从正面宣传民主思想的报纸。不过，这时他们还没有考虑要组织一个政党，或者创办一份党报[②]。

1791 年 10 月末，在麦迪逊的努力下和杰斐逊的指导下，由民主诗人菲利普·弗列诺任主编的《国民新闻》第一期与读者见面了。之后，以麦迪逊为首的民主派积极为该报撰文，热情宣传民主思想。但是最能震撼读者的是主编弗列诺的文章。他的激进民主思想，辅之以他那犀利之笔，沉重地打击了反民主的人。他指名道姓地攻击汉密尔顿的财政政策，说他的偿债措施将造就出一个脑满肠肥的富人小集团，新生的一大群收税官也将加入这个小集团。弗列诺还攻击了汉密尔顿的银行政策，指出："正如在偿还公债政策下面一样，我们看到 5000 万美元的想象中的资本，以国家资源为抵押措施，将流入富有的投机者腰包。所以依靠这种银行制度，我们已经看到这些公债债权人变成了享有特权的法人团体。"在另一篇文章中，弗列诺又说，正当欧洲国家由于实行借债制度及永久性征税政策的结果，似乎在即将发生的社会大动荡之际，"被少数人的贪婪和野心"所制定的这些措施包含了推翻人权的原则。我们共和国政府将"像影子一样消失，其存在时期将是如此之短，以致几乎没有资格在历史上占有一席之地"[③]。弗列诺在无情地鞭挞汉密尔顿的同时，又极力颂扬杰斐逊，说他是"杰出的爱国主义人士、政治家和哲学家"，独力地同君主制和贵族制作战的"自由的巨人"[④]。

---

① 小诺布尔·坎宁安著：《理性的追求》（Noble Cunningham, Jr., In Pursuit of Reason）巴顿·路日 1987 年版，第 169 页。

② 参见小阿瑟·施莱辛格著：《美国民主党史》，第 24 页。

③ 威廉·林奇：《政党斗争 50 年》，第 23 页。

④ 约翰·米勒：《联邦党时代》（John Miller, The Federalist Era）纽约 1960 年版，第 91 页。

其实,弗列诺的行为是违反杰斐逊、麦迪逊让他办报的初衷的。杰斐逊原希望创办《国民新闻》报“只是惩罚那些赞成贵族政治和君主制的作者,而不是批评政府的工作”①。就是说,杰斐逊并不希望弗列诺公开批评汉密尔顿的财政政策,但是弗列诺没有按杰斐逊和麦迪逊的意愿行事。结果,弗列诺的文章引起了《合众国新闻》的猛烈反击。该报的矛头直指杰斐逊,谴责他是这场笔战的“始作俑者”,从背后搅乱了公众的“和平”。文章署名为“一个美国人”,但是杰斐逊和他的朋友们根据文章的“体例、材料……(及)文章的口气,断定作者是汉密尔顿本人”②。

与汉密尔顿不同,杰斐逊一直没有发表文章反击。这是合乎他的性格的,他文质彬彬,向来不做非礼之事,认为作为政府官员在公开场合互相攻讦,是有失身份的。因此,他稳坐家中,保持沉默,尽管他的朋友们纷纷撰文予以回击,但他却拒绝“走向战场”。这使汉密尔顿大为恼火。按汉密尔顿的说法,杰斐逊稳坐高台,用哲学把自己包裹起来,并且保持了自己为官者的尊严,怎样才能使杰斐逊暴露其真面目,“把被笼罩在政治神秘、政治欺诈的烟雾中的”、“玩弄阴谋的煽惑者”引诱出来呢?汉密尔顿绞尽了脑汁,最后只好亲自出马,攻击杰斐逊。这反而在客观上抬高了杰斐逊在民众中的威望,把他视为反汉密尔顿、维护民主事业和人民利益的领袖③。

由弗列诺的《国民新闻》报挑起的这场论战,其重大意义在于,把政府和国会内的反汉密尔顿的斗争公开化并扩大到全国,使广大公众了解了斗争的真相,从而有助于树立杰斐逊的民主捍卫者的形象④,有助于全国民众团结在杰斐逊的周围。当然,汉密尔

---

① 小阿瑟·施莱辛格:《美国民主党史》,第24页。

② 梅利尔·彼得森:《杰斐逊和新国家》,第469~470页。

③ 参见杜马·马隆著:《作为政治领袖的杰斐逊》(Dumas Malone, Jefferson As Political Leader)伯克利1963年版,第12~13页。

④ 参见小诺布尔·坎宁安著:《杰斐逊的共和党人》,第19页。

顿所推行的偿债政策，也有助于树立杰斐逊在公众中的威望。第一，他实施的偿还公债、成立合众国银行及征税等措施，一方面使公债投机商、大金融家和大商人发了横财；另一方面使得以农民为主体的劳动人民蒙受了巨大损失，从而将这些人推到了杰斐逊和麦迪逊一边，使他们把杰斐逊看作自己利益的维护者。第二，汉密尔顿的“承担”州债的政策，损害了弗吉尼亚等州居民（其中包括种植园主）的利益，从而迫使他们支持麦迪逊为维护其利益而斗争。第三，汉密尔顿征收酒税的措施，加重了以酿酒为副业的山区农民的负担，因此这些农民拥戴杰斐逊，也是很自然的①。

这样，意识形态领域里的斗争和经济利益方面的驱动，为共和党的形成，提供了广泛而扎实的群众基础。

三、共和党形成的历程

关于共和党的形成问题，存在两种不正确观点：一是认为共和党是杰斐逊、麦迪逊二人在一次旅行途中建立起来的。1791 年 5 月中旬至 6 月中旬，杰斐逊与麦迪逊二人到纽约和新英格兰作“植物考察”旅行。二人的旅行日记只记载了旅途中所观察到的花卉树木的名称和特征，以及山川风貌等，并没有涉及政治。但是，他们是在社会斗争十分复杂的时刻作这次旅行的，因此，他们的政敌将此次旅行与他们的政治活动联系起来，就顺理成章了。汉密尔顿的一个朋友给他写信说：“在首席法官（指利文斯顿——原注）、伯尔、杰斐逊和麦迪逊之间存在着热烈求爱的一切迹象。”②据此，一些史学家便作出了种种臆测，其中克劳德·鲍尔斯的说法最为武断：“当他们二人在等待鱼儿上钩的时候，曾就组织一个反对联邦党人的反对党的必要性交换了意见，甚至有可能在从乡间小路

① 参见克劳德·鲍尔斯著：《杰斐逊与汉密尔顿》，第 31 页。
② 杜马·马隆：《杰斐逊和人权》，第 362 页。

上的这些交谈中实际上已产生了民主的政党……"[①]鲍尔斯的说法缺乏事实根据。我认为很可能是杰斐逊与麦迪逊在旅途中顺便会晤了一些地方领导人,和他们交换了政治见解,联络了彼此间的情感,从而为共和党的形成创造了条件。因为后来这些人都成了共和党的骨干。

第二个不正确的论点是,关于共和党的形成过程。有些史家认为,共和党小组首先出现在各地,然后由杰斐逊把它们联合起来,形成全国性的政党。克劳德·鲍尔斯就持这一论点。他写道:"在杰斐逊用温和的眼睛环视大地时,发现在几乎每一个州都有地方党派,有的存在时间长,为他们所理解的人权而斗争,但是他们的战斗是在地方上进行的。他要创立的政党正是要为同样的事业而斗争……为什么不把这些地方党派合并为一个大的全国性的组织,并且把争端扩大开来,使其包括州的和全国的问题呢?"[②]鲍尔斯的论点是错误的。因为他把共和党的形成过程恰恰弄颠倒了。实际情况是,共和党的核心组织首先是在国会里形成的,然后走向国会之外,把各地的民主力量联合起来,最后扩展到全国的选民中[③]。

国会共和党的核心组织是在麦迪逊的领导下,在反对汉密尔顿的财政法案的斗争中自然形成的。1791 年 10 月到 1792 年 5 月的众议院议员的投票记录表明:在一个有 65 名议员的众议院里,有 17 名议员在 23 次的表决中,总是与麦迪逊投相同的票,有大约半数的议员始终保持中立[④]。这样,那些支持汉密尔顿的议员即被称为联邦党人,而追随麦迪逊、反对汉密尔顿的议员就被称为共和党人[⑤]。国会共和党核心组织并非任何人事先按计划成立的。

---

① 克劳德·鲍尔斯:《杰斐逊与汉密尔顿》,第 81~82 页。
② 克劳德·鲍尔斯:《杰斐逊与汉密尔顿》,第 143 页。
③ 参见约翰·米勒著:《联邦党时代》,第 102 页。
④ 参见小诺布尔·坎宁安著:《杰斐逊的共和党人》,第 22 页。
⑤ 参见 M·J·希弗著:《美国政治的发展过程》,第 77 页。

麦迪逊在开始领导这一小群议员时，首要目的是击败汉密尔顿的财政法案，在主观上尚没有建立政党的意图。共和党核心小组首先在国会里产生，也非偶然。因为汉密尔顿的财政法案必须先经国会通过，然后由总统批准才能生效。所以，国会议员的表决不仅成了汉密尔顿的财政法案能否通过的关键，也反映了议员们的政治态度和立场，而持相同立场的议员也就会自然地站在一起，阻止或者促使其法案的通过。

在共和党核心小组形成之后，麦迪逊不得不为政党的产生辩护。1792 年 1 月 23 日，他发表了篇题为《论政党》的文章，其中虽然承认政党的出现是坏事，但又认为是不可避免的，因为利益上的矛盾必然会推动政党的产生。他指出，政党之间的斗争起互相牵制的作用，因而可以促进对公众利益的维护[①]。同年 9 月，他又发表了一篇文章，对共和党和联邦党分别下了定义；联邦党是希望由少数人掌握政权，为富人谋利益，靠军事手段统治国家的政党；而共和党则是相信人民有自治能力，尊重人权，为公众利益服务的政党[②]。

麦迪逊领导下的国会共和党核心小组并不是孤立的，它不但得到了杰斐逊的关心和指导，而且也和国会外的共和主义者保持密切联系，得到了他们的支持，有其广泛的群众基础。共和党在 1792 年的国会选举中所取得的胜利，就是广大公众支持的结果。这次选举是在反对汉密尔顿斗争愈趋尖锐的形势下进行的，也是对共和党的一次严峻考验，是它成长过程中的一个关键阶段。杰斐逊非常关心这次选举的结果。他在给法国友人拉法耶特的信里写道："进入我们立法机关的股票经纪人和国王的经纪人为数过多了。或者说，我们立法机关里有为数过多的人成为股票经纪人和国王的经纪人。但是，人民的声音开始喊出来了，而且多半会在即

① 参见理查德·霍夫斯塔特编：《美国历史上的大争论》，第 80 页。

② 参见安得利尼·科克著：《杰斐逊与麦迪逊》，第 125 页。

将到来的选举中迫使他们离开国会议席。”①

在1792年的选举中，国会共和党核心小组开展了积极的宣传活动。它散发的一份《告新泽西选民书》中说，汉密尔顿的财政体系产生了危险的后果，特别是偿还公债和成立银行的政策，后果更为可怕。另一份传单写道：“在调查政府账簿及档案时，如果发现你们的代表们是投机商，他们为了私利而投票通过了偿还公债的法案，并且把你们的财产及凭你们的辛勤劳动挣来的钱夺去，以供他们自己使用的话，无疑地你们将选举公正无私的绅士。这样一来，你们就可以防止将来出现巨大灾难。”②共和党人的这些宣传把国会里面的分歧和斗争公开给选民，迫使议员候选人在竞选中必须面对选民表态；或者站在共和党一边，或者站在联邦党一边。选民也不会中立，他们或投共和党候选人的票，或投联邦党候选人的票。由于国会共和党核心小组在竞选宣传中善于抓住汉密尔顿财政法案的要害，提出了与选民切身利益相关的问题，使选民的大多数投了共和党候选人的票。通过这次选举，共和党在民众中的印象加深了。

同一年，还举行了总统选举，华盛顿再度被推为候选人。由于他的声望，无人与之匹敌，因此副总统的职位成了角逐最为激烈的对象。杰斐逊希望具有共和主义思想的人当选为副总统，以便取代思想较保守的亚当斯。为了协调副总统候选人的提名，麦迪逊进行了积极的活动。1792年9月末，他派贝克利前往纽约会见当地共和主义者首领伯尔上校。贝克利返回费城后向麦迪逊汇报说，伯尔上校向我们保证，他会高兴地支持把A先生（指亚当斯——引者注）赶下台，并且尽全力去帮助C先生（指克林顿）当选③。在麦迪逊的推动和努力下，纽约、弗吉尼亚及全国各地的共和主义

① 彼得·欧诺夫编：《杰斐逊遗产》（Jeffersonian Legacies, edited by Peter Onuf）查洛茨维尔1993年版，第926~927页。

② 小诺布尔·坎宁安：《杰斐逊的共和党人》，第29~30页。

③ 参见小诺布尔·坎宁安著：《杰斐逊的共和党人》，第46页。

者首领，在提名克林顿为副总统候选人的问题上达成了一致意见。这意味着在总统与副总统的竞选活动中实现了以国会共和党核心小组为领导的各州首领之间的协调与合作。

这次总统选举的结果，共和党副总统候选人克林顿得票55张，虽然落选，但是仅比当选的亚当斯差12张，二人悬殊并不大①。而且，由于共和党在国会选举中获胜，使其议员在新一届国会里占多数。因此，通过1792年国会和总统选举，共和党不但从国会核心小组一跃发展为全国性的政党，而且也成为与联邦党势均力敌的大党。

然而，到1792年底为止，共和党"尚未深入国家政治生活里面去"②，只有在法国大革命和英法战争爆发之后，才使它前进了一大步③。1792年冬，从欧洲传来了法国人民把入侵的普鲁士军队逐出境外以及法国建立共和国的消息，1793年4月又传来了英法战争爆发的消息。这些消息在美国引起了极大的震动，并很快分成了两大对立的阵营：以汉密尔顿为首的联邦党人及其追随者对法国革命又恨又怕，希望以英国为首的欧洲反法联盟一举把法国革命扑灭；共和党人及广大人民则同情法国革命，对法国人民在反对欧洲封建主义的斗争中所取得的每一个胜利都感到由衷的高兴。他们把法国革命同美国革命联系起来，认为反对汉密尔顿的财政政策与法国反对英国的战争一样，目标是一致的。因此比起过去，有更多的群众被吸引到了政治运动中，并团结在共和党的旗帜下。像"民主协会"、"民主俱乐部"等群众团体，如雨后春笋在全国各地涌现出来。到1794年底以前，这样的团体在全国不少于35个。它们主要由下层民众和中等阶级组成。同情共和党，支持法国大革命。1794年1月，麻萨诸塞"宪政协会"在其"发起书"中

① 参见小阿瑟·施莱辛格著：《美国民主党史》，第51页。

② 小诺布尔·坎宁安：《杰斐逊的共和党人》，第49页。

③ 参见理查德·霍布斯塔特编：《美国历史上的大争论》，第88~89页。

就宣称,全人类的幸福完全取决于法国大革命的胜利①。诚然,这些民主团体在组织上还没有成为共和党的基层组织,但它们已是国会外的一种“压力集团”(Pressure groups),为共和党增添了力量②。正如杰斐逊所说,英法战争“以一种单单靠我们国内的利益之争绝不可能激起的热情,激发和推动了两党的发展”③。

共和党和联邦党成为全国性的两大政党以后,对于推进美国的民主化和在国家政治生活中起了重大作用。众所周知,美国宪法为美国国家组织搭好了一个民主的“框架”,并借助三权分立原则和联邦制对联邦政府的权力作了有效的限制,从而保障了民主。但是它忽略了政府机构运作中的实际问题。比如,按照宪法确立的三权分立原则,行政部门和立法、司法部门互相分立,相互制衡,以避免其中一个部门侵犯另一个部门的权力,用意甚好,但是问题在于它们中间缺少一个联结物,因而无法保证相互间工作上的协调,容易造成三权之间互相扯皮、推诿,影响国家政局的稳定和经济建设的正常进行。因此,共和党和联邦党的出现,不仅弥补了上述的不足,也有利于防止独裁统治的存在。比如,后来在杰斐逊任总统期间,他即以共和党领袖的身份,通过国会内的共和党议员(特别是通过国会共和党领袖),实现了政府部门和立法部门之间的协调与合作。政党在总统之间发挥了桥梁和纽带作用,保证了国家朝着民主化的方向发展④。

在此顺便谈两个问题,一个是共和党性质问题,有人说共和党是“南部种植园主联盟”;还有人认为“共和党是以奴隶主的名义,并且作为南方的‘特殊制度’的维护者发言的”⑤。我认为这一观

① 参见保罗·古得曼著:《联邦党人对杰斐逊共和党人》,第36~37页。

② 参见理查德·霍布斯塔特编:《美国历史上的大争论》,第92页。

③ 参见小诺布尔·坎宁安著:《杰斐逊的共和党人》,第54页。

④ 参见多尔斯·斯考编:《权力与总统职位》(论文集)(Power and Presidency. edited by Dolce and Skan)纽约1976年版,第27页。

⑤ 参见约翰·米勒著:《联邦党时代》,第91页。

点是错误的。理由是：第一，受汉密尔顿财政政策之害的主要是小农、小商人和城镇工匠，正是这些占全国人口大多数的社会下层构成了共和党的基本队伍。当然，南方种植园主因受汉密尔顿财政政策之害，也有人加入了共和党，但是与上述社会下层相比，毕竟是少数①。而且，与19世纪上半期不同，18世纪90年代的南方种植园奴隶制度尚未发展到兴盛阶段。因此，南方种植园主参加共和党改变不了共和党的性质。第二，在国会共和党议员及地方共和党骨干中固然有南方种植园主，但是共和党向来没有把维护南方的“特殊制度”列入其纲领中，也没有提出种植园主的“单独要求”。因而，以共和党中有南方种植园主成员为根据，否认它的民主性质是不合历史事实的。

另一个是关于杰斐逊和麦迪逊二人在共和党形成过程中所起的作用问题。从个人性格及才能来说，杰斐逊不适合担任政治领袖。他拙于言辞，缺乏辩才，是一位学者型的活动家。1796年大选中，其政敌就说他只适合当大学教授，而不能胜任总统。所以，他对共和党形成的贡献正如米勒说的，“主要是在幕后作出的……作为一个政治领袖，这位国务卿宁愿通过别人做工作，而自己不肯露面；宁愿写信，而不愿讲话”②。麦迪逊主要是做具体的组织工作。在国会里领导共和党核心小组投票反对汉密尔顿财政法案的是他，积极推动弗列诺主编《国民新闻》报的是他，1792年选举中推动共和党发展为全国性政党的也是他。因此说麦迪逊是共和党的组织者，是恰如其分的。

但从总体上说，杰斐逊对共和党所起的作用是麦迪逊自叹弗如的。这是因为杰斐逊是共和党的精神力量，共和党在形成和发展中的每一步都离不开他的精神感召，麦迪逊在做具体工作时，总

---

① 参见艾伦·希尔编：《英国人美国史论文集》(Aleen Hill edited. British Essays in American History)纽约1957年版，第88~89页。

② 参见约翰·米勒著：《联邦党时代》，第103页。

是与他保持联系，接受他的指导。正如马隆所指出的，麦迪逊虽然是一位真诚的人权维护者，但是在热情上比杰斐逊要逊一筹，他的热情要靠杰斐逊为他升温[①]。在大多数公众的心目中，杰斐逊身上充分体现了1776年革命精神，他不仅是反英民族解放斗争的卓越领导人之一（《独立宣言》的起草者）、共和主义的象征，而且是维护人民自由、平等权利、反对一切暴政的旗手[②]。正因为如此，他成了共和党内公认的领袖，麦迪逊也甘愿做他的副手。约瑟夫·查理的话不无道理，杰斐逊"没有创立一个政党，然而一个广泛的民众运动却承认并且要求他当它的领袖"[③]。

① 参见杜马·马隆著：《杰斐逊与人权》，第422～423页。

② 参见杜马·马隆著：《作为政治领袖的杰斐逊》，第11页。

③ 约瑟夫·查理：《美国政党制度的起源》转引自约翰·米勒著：《联邦党时代》，第10页。

第十讲　杰斐逊的独特风格

托马斯·杰斐逊是美国历史上最伟大的人物之一。他是一位对后世产生了极其深远影响的民主主义思想家和学者，以其如椽之笔起草了《独立宣言》这个美国历史上最伟大的官方文件，《英属美利坚权利概观》、《弗吉尼亚纪事》和《弗吉尼亚宗教自由法令》也出自他的手笔；他是一位功勋卓著的资产阶级革命家、政治家、外交家和社会活动家，为美国的独立和建国事业做出了巨大的贡献。此外，杰斐逊还是杰出的教育家、自然科学家、哲学家、作家、建筑设计师、博物学家等等。对于这样一位人生经历丰富多彩而又十分复杂的历史人物，怎样才能做好研究和评价工作呢？

我认为写一个历史人物，既要有血有肉，写出他思想、言论、行动及生活各方面的生动事迹，又要画龙点睛，从大量的具体事例中演绎出他的性格特征或独特风格。只有这样，才能把人物写活，“传神阿堵”，栩栩如生，从而发挥史笔威力，以感染读者、教育读者。

那么，杰斐逊的独特风格是什么呢？他是一个充满矛盾的人物，在他身上可以看到五组矛盾：理想主义与现实主义的矛盾，激进主义与稳健作风的矛盾，崇高抱负与实干精神的矛盾，隐居思想与出仕思想的矛盾，奴隶主贵族地位与民主主义思想的矛盾。这些矛盾在他身上辩证地统一起来，便是他的独特风格。

一、理想主义与现实主义

1816年8月1日杰斐逊在给约翰·亚当斯的信里写道："我对于未来的梦想，比对于过去的历史，更为喜爱。"[①]在美国开国元勋中，只有杰斐逊是一位知识型的理想主义者。他有崇高的追求，向往美好的理想境界。他的社会理想，便是一个以农立国、以农民为主体、充满人情味的农业理想国。我简称之为"杰斐逊的农业理想国"。

那么，他设想的农业理想国是一个什么样的社会呢？这是一个禁绝工业发展的农业社会。杰斐逊认为工业社会充满了弊害，从而反对发展工业。在他的农业理想国里，几乎全部公民都是农民，他们所需的日用品和工业品除一小部分由家庭副业提供外，大部分依赖欧洲工业国家供应。实行小土地所有制，农民都是小块土地所有者。家庭是社会细胞，也是生产单位。社会的基层是"分区"(Wards)，一个县分为若干个"分区"。"分区"实行自治，每个成年男子都有选举权，参加"分区"的管理。每个"分区"都设立一个初级学校，儿童免费受3年的初级教育。

在杰斐逊的心目中，这个理想社会应该有以下几个特点：一、农民在经济活动上是自由的、独立的，既不受人剥削，也不剥削人。他们为自己劳动而不是为别人劳动，过一种"日出而作，日入而息，凿井而饮，耕田而食"的生活。二、情谊高于经济利益。在这个社会里，人与人的关系应该是互让互利，没有斗争，没有巧取豪夺，更没有人压迫人的现象。三、人人有知识，人人有文化。杰斐逊一向认为愚昧是民主及人民幸福的大敌，所以他提倡教育不遗余力。四、人人都享受家庭的天伦之乐，夫妇相爱，父子相亲，骨肉情深。

---

① 转引自 Richard Mathews, The Radical Politics of Thomas Jefferson. p. 119.

五、人人并非终日为衣食而不辍地劳动，而是愉快地、有节制的劳动，以便有时间和精力从事娱乐活动，生活富有悠闲的情趣。六、讲求科学和技术，以提高人民的生活水平。这说明杰斐逊并不想使他的农业理想国倒退到中世纪。七、禁绝一切投机及赌博等放荡行为。每一个人都过一种自得其乐的、严肃的生活。八、实行种族友好，鼓励印第安人参加这个农业共和国，成为和白人一样的农民。

概括说来，杰斐逊的农业理想国是个人情和美、其乐融融的社会，这里没有人剥削人、人压迫人和人吃人的现象；没有勾心斗角、尔虞我诈、损人利己，甚至图财害命的现象；没有人欲横流、利欲熏心、穷奢极欲以及精神空虚的社会病。一句话，这是一个丰衣足食、富于人情味、有健康的精神生活、充满田园情调的"世外桃源"。

那么，应该如何评价"杰斐逊的农业理想国"？波科克（Pocock）把提出这个农业理想的杰斐逊描写成一个充满怀古之情、害怕近代化的思想家，并把他与否定人类一切文明而提倡回到自然去的卢梭等量齐观①。这种观点难以令人首肯，因为杰斐逊虽然很欣赏印第安人的原始社会，也希望用原始社会的古朴素质的精神医治文明高度发展带来的社会弊病，但如上所述，他重视科技、文化的发展，重视农业的改进。这正是他与卢梭的分歧所在，因此把二人等量齐观是错误的。

也有的作者把杰斐逊的农业理想与重农学派混为一谈。诚然，二者有相似之处，都重视农业，认为农业可以创造真正的价值。但两者有很大的区别，杰斐逊同情农民而反对大土地所有者，重农学派忽视农民利益而提倡大农场制。此外，两者本质区别还在于价值观不同：重农学派以经济效益作为衡量社会制度的尺度，而杰斐逊则从"人"的角度衡量一切。因此，结论是：杰斐逊是一位名

---

① 转引自 Richard Mathews，The Radical Politics of Thomas Jefferson. p. 119.

副其实的伟大的人文主义思想家，他的农业理想充满了人文主义精神①。

但是，热情洋溢的理想主义者杰斐逊，同时也是一位冷静的、讲求实际的现实主义者，这首先表现在他放弃了反对工业化的态度上。在拿破仑战争中，中立国船只遭交战国掠劫，欧洲工业品无法运到美国。这个客观现实，使他认识到美国发展工业的必要性和迫切性，于1801年成为工业发展政策的皈依者，并以赞许的口气谈到"我国财产的四根台柱——即农业、制造业、商业及航海业"。到1816年，他对工业的重要性有了更清晰的认识，他写道："为了独立，为了生活上的舒适，我们就应该自己从事制造。现在我们应该把制造业放在农民身旁。……我们是自己制造生活用品呢？还是不这样而依靠外国的意志呢？现在反对国内制造业的人，一定是或者希望我们降到对外国依靠的地位，或者让我们赤裸着和野兽一样营穴居生活。我不是这样的人，经验告诉我：制造业现在对于我们的独立及舒适的生活都很重要。"②

但是，这里应该看到以下三种情况：第一，杰斐逊之向严峻的现实让步，是很勉强的。他在1812年对英战争结束后写信给肖特道："我们的敌人（英国——引者注）对于把我们的第一代双亲（即农业——引者注）从天堂移开：对于把我们从一个和平的农业国家变为一个军事的和制造业的国家，感到了恶魔般的欣慰。"③第二，诚然，杰斐逊对美国应该工业化到什么程度，是否让它发展到超出本国需求并与外国竞争的程度，还不太清楚，但他从反对工业化到赞成工业化的转变，并非受霸权野心驱使，而是由于他关心人民的生活与幸福。因此，我们不难理解他对于工业化的估价不是按资

① 转引自 Richard Mathews, The Radical Politics of Thomas Jefferson. pp. 119 ~ 126.

② John Pancake, Thomas Jefferson: Revolutionary Philosopher: A Selection of Writings. pp. 114 ~ 115.

③ 转引自 Richard Mathews, The Radical Politics of Thomas Jefferson. p. 49.

本家的账目表，而是按社会账目表（即人民幸福）来衡量①。他容许发展工业时，并不希望在欧洲造成种种弊害的“工厂制度”及城市“暴民”得到发展。第三，他虽在环境逼迫下不得不同意工业化，但他偏爱农业、同情农民及关心农民命运的态度历久不变。

然而，不管怎样，事实是：杰斐逊并不是骛于玄想、脱离实际的理想主义者，他善于把理想主义与现实主义统一起来。

二、激进主义与稳健作风

杰斐逊是一位激进的民主主义者，他的激进思想表现在许多方面。首先，他极端仇视君主制。1776 年他偶然从富兰克林那里听到一句格言：“反抗暴君，就是对上帝的服从”，于是便把这句格言镌刻在自己的印章上终身佩带，作为座右铭。其次，他对人民有无限的信任，相信人民的善良和判断能力，相信人民有自治和管理国家的能力。他在致法国重农学派尼莫尔书中写道：“我们两人都爱人民，但是你把他们当作幼儿加以爱护，假如没有保姆你是不相信他们的，而我则把他们看成是成年人，他们统治自己我是放心的。”②针对一些人关于人民愚蠢并且没有自己管理自己的能力的谬论，他发问道：“有时据说人在管理自己方面是靠不住的，那么他在管理别人方面是靠得住的吗？”③他认为多数人的意见总比少数人的意见更合乎正义。联邦党人要求让“有财产、有原则的”人管理国家，但杰斐逊对富人抱不信任态度，他说：“我从未见过人们的正直随着他的财富的增加而有所增加。”④

杰斐逊不但相信人民有管理自己的能力，而且相信每个时代的人民都有权修改或重新制定宪法及法律，他甚至歌颂人民的叛

---

① Vernon Parrington, Main Currents in American Thoughts. Vol. I. p. 348.

② 转引自 Richard Mathews, The Radical Politics of Thomas Jefferson. p. 120.

③ John Pancake edited, Thomas Jefferson: Revolutionary Philosopher. p. 22.

④ Vernon Parrington, Main Currents in American Thoughts. Vol. I. p. 360.

乱，歌颂人民的反抗精神。他说：民主政府的主要缺点是容易出现人民骚乱，“但是如果与君主制的压迫相比，就是微不足道的了。我宁愿有危险的自由，也不愿有平静的奴役”。“我喜欢时常发生小规模的叛乱”①。

杰斐逊攻击奴隶制度是不遗余力的。早在1770年他就指出：这个制度破坏了人的自然权利。在《独立宣言》草稿中他郑重宣布：奴隶制度是“向人性本身进行的残酷的战争”，它侵犯了黑人的“最神圣的生命和自由的权利”②。1786年他进一步指出：黑人在北美奴隶制下面每一小时所蒙受的苦难，比北美白人在英国殖民统治下所蒙受的“几百年的苦难还要深重”③。

要知道，在美国革命领袖中间，只有杰斐逊一个人要求解放奴隶（汤姆·潘恩也主张解放黑人奴隶，但他不是真正的美国人）。

杰斐逊的言论和立场既然如此激进，无怪乎有些人对他发生误解，说他是一位不切实际的幻想家。如查尔斯·卡罗尔说他是“一个讲空话的、富于幻想的人物”④。但事实并非如此，不管他在原则上，在重大的是非问题上如何义正辞严、慷慨激昂，他在行动上却反对冒进，反对盲动，在具体问题上非常讲求实效，表现出务实精神、稳健态度和老练作风。如果说他的激烈言论是他的正义感、革命热情迸发的话，那么他稳健的态度则是他感情向理智的转化。他有用冷静的理智去驾驭感情的本领。正如帕多弗（Padover）所指出，杰斐逊是一位冷静而沉着的政治家，他力求达到最大限度的政治效果⑤。

---

① John Pancake, Thomas Jefferson: Revolutionary Philosopher: A Selection of Writings. pp. 889 ~ 890.

② Carl Becker, The Declaration of Independence. pp. 147 ~ 148.

③ John Pancake, Thomas Jefferson: Revolutionary Philosopher: A Selection of Writings. p. 308.

④ 转引自 Richard Hofstader, The American Political Tradition. p. 28.

⑤ Padover edited, Thomas Jefferson on Democracy. pref.

杰斐逊在具体问题上的稳健作风，例子是很多的。

首先，他起草的《独立宣言》就是激进的反英革命原则与稳健的态度相结合的典范。他在《宣言》的第二大段里大胆地提出了人民的革命权利，指出人们成立政府的目的，就是为了保障人民的自然权利，如果政府侵犯人民的这些自然权利，人民就有权利推翻这个政府。但在同一段里他又指出："事实上出于谨慎的考虑不应该由于轻微的、暂时的原因，而把长期成立的政府加以推翻，而过去一切经验也正表明：只要那些罪恶尚能容忍时，人类总是宁愿默默忍受，而不愿推翻他们习惯了的那种形式以恢复他们自己的权利。"[①]美国"新左派"历史学家莱米希（Lemisch）认为杰斐逊这段话缺乏革命精神，并说他倾向于容忍旧制度的压迫，竭力把自己打扮成一个合乎人情的老成持重的人。其实，杰斐逊在这段话中所表明的稳健态度，正是应该肯定的。

杰斐逊的稳健求实精神也表现在他为弗吉尼亚起草的州宪法草稿之中。在草稿里，他为州议会规定了两院制：参议院与众议院。人们都知道：无论是英国议会，还是北美殖民地时代的议会，设置上院或参议院的用意是希望借此来限制或控制选民选出的下院或众议院。因而人民群众是憎恨两院制的，而且当时的民主派一般也都倾向于一院制议会。民主战士汤姆·潘恩在设计宾夕法尼亚州宪法时，就建议成立一院制议会。因此，一些史学家对杰斐逊主张两院制议会颇有微词。彼得森写道：杰斐逊是"想通过上院这个贵族性质的机构去抑制一年一度被人民选出的众议院"[②]。霍夫施塔特（Hofstadter）也认为杰斐逊之提出两院制州议会，是他的保守主义的表现[③]。我认为这些观点是不正确的，实际上，杰斐逊的本意是想让上院的作用与下院的作用互相补充，互相配合。

---

① Carl Becker, The Declaration of Independence. pp. 142 ~ 143.

② Merrill Peterson, Adams and Jefferson. p. 22.

③ 转引自 Richard Hofstadter, The American Political Tradition. pp. 35 ~ 36.

他认为下院议会来自人民,容易感情用事,易趋极端或带有片面性。他写道:"我观察到:人民自己选出的代表一般地并不以智慧见称。"①而上院的设立便可以其理智去调节下院的盲动性。在他看来,立法机关上下两院应该建立在不同的原则上:上院应该发挥智慧的作用,下院应该发挥维护广大选民利益的作用。

在解放奴隶的问题上也可以看出杰斐逊稳健、审慎的态度。1776年他参加弗吉尼亚的改革工作时,曾准备提出废除奴隶制的法案,而且草案都拟定了,但是一直没有把它提到议会上要求通过。为什么?他作了如下说明:"我发现舆论是经受不住的……然而经受得住并且采纳它的日子不会很远,不然的话,事态会更坏。"②彼得森解释说,杰斐逊觉察到当时的社会阻力很大,在这个形势下如果不合时宜地贸然提出解放奴隶的建议,会有葬送整个改革计划的危险,因为他当时还为实现其他一系列改革而斗争③。可能有人问,固然从制度上解放奴隶的时机不成熟,那么杰斐逊为什么不解放自己家中的奴隶呢?在这个问题上他是不是言行不一?我认为,对这个问题应该这样看:第一,在杰斐逊看来,解放个别奴隶而不废除整个奴隶制度,意义不大,对被解放的黑人无何好处。因为在当时的南方自由黑人的遭遇很坏,受到种种歧视,也受到种种限制,地位并不比当奴隶好多少。杰斐逊感到,不解放自己的奴隶而是用宽厚的态度对待他们,比解放他们反而更好一些。第二,杰斐逊一直相信黑人在智力和能力上劣于白人,所以他担心一旦解放他们,他们在白人中间寻求生活之道一定很困难④。

杰斐逊的稳健作风还表现在国家管理的问题上。如前所述,杰斐逊曾表示他相信人民有自治能力,相信人民的判断力及能力。

---

① Merrill Peterson, Thomas Jefferson and the New Nation. p104.

② 转引自 Richard Hofstader, The American Political Tradition. p. 26.

③ Merrill Peterson, Thomas Jefferson and the New Nation. p. 152.

④ 这本来是美国希拉古斯大学拉尔夫·凯查姆(Ralph Ketcham)教授的看法,是他在信中告知我的,我赞成这个看法。

他这个激进的言论与联邦党人汉密尔顿形成鲜明的对比，因为后者明目张胆地仇视人民，鄙视人民，甚至辱骂人民是一只“大野兽”。为了与汉米尔顿辈的言论主张划清界限，杰斐逊发表这些言论是必要的，在原则上也是正确的。然而在遇到具体问题时，杰斐逊非常讲求实效，态度极为稳健。他清楚地看到：国家管理是一个复杂的、专业性很强的工作，人民群众参加这样工作显然是不胜任的，因此他主张由德、才兼备的“自然贵族”（Natural aristocrats）来担此重任。他要求人民只是间接地参加国家管理：定期选举德、才兼备的“自然贵族”为国家各级领导人及议员。同时，他也提出了培养“自然贵族”的具体方案：从社会各阶级中间，特别是从穷人中间挑选品学兼优的子弟，由国家出钱培养决心保卫人民自由的、有管理能力的德才兼备的统治人材。而且，为了使人民胜任选举工作，杰斐逊又提出了普及教育方案，希望使人民成为有文化知识的公民，便于提高他们在选举中的判断能力。此外，为了防止掌权的“自然贵族”腐化或独断专行，杰斐逊又赞成有效地发挥“三权分立”的机制。这样，杰斐逊在原则上提出了人民有自治能力的激进主张，但在具体问题上又提出了周密、稳健的措施。

总之，杰斐逊善于把激进思想和稳健的作风结合起来，这就使得他的激进主张不致落空，并且发挥良好的效果。

三、崇高抱负与实干精神

杰斐逊无论是最初参加革命，还是后来从事政治活动，都怀有一个崇高的抱负：维护人民的自由，促进人民的幸福。他不仅为故乡弗吉尼亚人和美国人着想，而且也为全人类着想，希望自由的旗帜插遍全球。1795 年在给友人的信里他热情洋溢地畅述了自己的政治抱负，说自己要“热心争取的目标，是全人类都得到和享受自由……”①

但是，与一些怀有大志而又自视甚高，不屑于从事实际工作的人不同，杰斐逊这位有崇高理想抱负的人，却甘愿做许多平庸的事、琐碎的工作，只要这些工作对人民有利，对实现他的理想抱负有利。在他当弗吉尼亚州长时，事无巨细，凡是值得做的，他都亲自去做。他始终严守时间，工作有条不紊，并且夙夜匪懈，宵衣旰食。当时反英战争正酣，弗吉尼亚成为支持南方战争的重要基地，它有责任为在南方作战的美军提供人力、物力及财力。在这些方面，杰斐逊都恪尽职守，为支持反英战争，全力以赴。民兵的招募，粮食的征购，武器的供应，事事他都过问，都负责到底。他之所以竭尽全力从事这些具体工作，是因为他认识到这些工作都有利于反英的事业。

他也做大量不属于他职权范围的工作，因为他认为这些工作对国家、对人民有利。在任驻法公使期间，他很关心美国大米的出口。他发现改良品种或引进外国优良品种，是增加大米出口的关键。为此，他不惜占用自己的许多休息时间，到处物色优良的大米品种，并且一旦发现，就立即寄回美国。

杰斐逊在驻法期间，公务之余仍念念不忘美国科学技术的发展。他定期向国内寄送新书，提供新的科学信息。他发现美国建筑缺少艺术风格，于是又致力于把欧洲罗马古典建筑式样风格介绍给美国。

他还在公务之余从事创造发明活动。他发明了打大蘼用的槌，设计了二轮马车的皮制顶盖，发明了一种可以旋转的坐椅，改进了耕牛拉犁的曲面铸板，等等。在整个一生当中，无论是忙还是闲，他每天都坚持记录气候及自然界的变化，甚至在赴欧的海船上也没有中断这项工作。

杰斐逊就是这样一个勤劳不辍的实干家，甚至到晚年也是如

---

① Saul Padover, Jefferson: His Famous Biography - Abridged. p. 102.

此。他的黑人仆役艾萨克回忆说："杰斐逊先生是我一生中所见到的最勤勉的人。……我可以自由进入他的房间……在我和他同住的整个20年间，我每次进入他的房间时，总是发现他在工作，只有两次例外。……一次是他患牙痛；另一次是他在从贝德福德农场回来后，曾睡在窗户玻璃破了的屋子里，被风吹了因而患了一种神经痛的病。在所有其他时候，他或者读书、写字、谈话、做某种设计图，或者做其他事情。"①

像他这样以天下为己任，全心贯注于自由事业的人，竟能不辞辛劳亲自从事这些大量的琐屑事务，这种实干精神究竟是从哪里来的？这是由他的人生观决定的。第一，他自幼在父亲的教导、熏陶下，立志成为对社会有用的人。而且在父亲的言传身教下，他自幼养成了一种劳动的习惯。父亲时常教导他说："你自己所能做的事，千万不要要求别人替你做。"②第二，他相信科学，相信人类的进步，相信科学技术的进步可以提高人的物质生活。他之从事科学技术工作，就是基于这样的信念。

在杰斐逊的身上，崇高的抱负与实干的精神这组矛盾统一起来了，而且两者相得益彰。由于有崇高的抱负，他的实干就有了动力和目的；由于有实干精神，他的崇高的抱负才有了着落，才能开花结果。两者的结合，使得他对人民对国家作出更大的贡献。

四、隐居思想与出仕思想

杰斐逊的气质、性格、才能及经历都不适合于当一个政治家，更不适合于当政客和军人。他生性腼腆，一见陌生人就局促不安。在交际场中，在大庭广众之下，他更是畏缩不前，如临大敌。诚然，在写作方面他下笔如有神，他的文笔有横扫千军万马之势，以致他

① James Bear(Jr.) edited, Jefferson At Monticello. p. 84.

② Saul Padover, Jefferson: His Famous Biography-Abridged. p. 11.

成为新英格兰人所推崇的作家(Pen man)[①]。然而,他讷讷若不能言,最不善于辞令,从来没有发表过一篇像样的演说。在总统任内,他从未在国会议员面前宣读国是谘文,他的谘文都是用书面的形式发给议员的。他有纤细的神经,遇事很敏感,特别怯于别人对他的评批。他是感情真挚深厚的人,妻子病逝时,他悲痛得昏了过去。他的政敌攻击他有"女人气"[②]。

他与军旅之事是无缘的,对于打仗望而却步。在整个独立战争期间,他没有像华盛顿、汉密尔顿等人那样到战场上去杀敌立功,而是留在后方从事"精神战斗",并且致力于弗吉尼亚的改革。这实际是才能不同的分工。但是他的政敌贝弗里奇却把他形容为一个逃避战斗的懦夫。这是非常不公正的评价[③]。

杰斐逊害怕政治斗争,甚至害怕争论。1796 年 12 月 17 日他在致拉特利奇书中表示:"我没有统治人的爱好,我不喜欢在暴风雨中翱翔"[④]。而且,他生来缺乏政治煽动者的才能和气质,也不具备近代民主政治下面的群众领袖的本领[⑤]。在竞选总统时,他从来没有直接与选民见过面,竞选工作都是由他的朋友和追随者们一手包办。他特别厌恶官场中的种种丑恶,既讨厌政治舞台上的明争暗斗,又懒于从事官场上的种种应酬。而且,仕途上的风险及宦海沉浮,更使他望而生畏。

他鄙视历史上那些叱咤风云的征服者,而崇拜默默地探讨自然和社会奥秘的科学家、哲学家。他家中墙上悬挂的是培根、牛顿和洛克的画像。他生平的交游,主要限于文化名流学者。他本人博览群书,求知的兴趣极其广泛,不但潜心探讨人文科学,而且喜爱钻研自然科学方面诸问题,涉及博物、建筑、数学、机械学、园艺

---

① Dixon Wector, A Gentle Radical. Thomas Jefferson: A Profile. p. 4.

② Dixon Wector, A Gentle Radical. Thomas Jefferson: A Profile. pp. 1 ~ 2.

③ Dixon Wector, A Gentle Radical. Thomas Jefferson: A Profile. p. 6.

④ Dixon Wector, A Gentle Radical. Thomas Jefferson: A Profile. p. 9.

⑤ 转引自 Richard Hofstader, The American Political Tradition. p. 32.

学,等等。他是美国哲学协会会员,接受过许多大学的荣誉学位。而且,他也是一位家庭观念极重的人,他宁愿朝夕与家人相聚,以享天伦之乐,也不愿背井离乡,在政治上飞黄腾达。他一再向知心朋友表达这个愿望。在给唐纳德书中他写道:"我宁愿幽居在一个很朴素的农舍里,和我的书籍、我的家人以及少数老友一处生活,吃粗茶淡饭,把世俗的盛衰荣辱完全置之度外,也不愿占据任何人的权力所能畀予的最显赫的要职。"①

他的气质、性格、爱憎及能力、特长既然如此,他也很有自知之明,所以他的最大愿望莫过于隐居家乡,过一种耕读生活。正如韦克特所说:"假如命运没有把他从他在蒙蒂赛洛(Monticello,这是一座小山,杰斐逊的住宅就建在上面——引者注)建立的象牙塔中拖出来并且把他投入最激烈的政治动乱中的话,杰斐逊会以有书卷气的、生活上过份讲究的弗吉尼亚乡绅的身份度过一生的。"②

但是,事与愿违,他的大半生是在纷扰喧闹的政治斗争中度过的,最初投身于革命,后来当国务卿、副总统及总统。这首先与客观形势有关。在他盛年时,正值发生反英独立战争及第一次革命,时代的风云把他卷入政治旋涡中。独立后的党派斗争,又把他推上政治舞台。然而,他之参加政治,也是由下面两种情况促成的:第一,是他的社会责任感。他感到人民需要他,时代呼唤他,国家也少不了他,为自由事业而奋斗是他义不容辞的责任。他有理想,有抱负,认为只有参加政治斗争才能施展自己的抱负。第二,是朋友们及政治信徒们的怂恿和劝驾,其中麦迪逊的作用最大。

在当总统之前,他归隐两次,一次是在任州长(两任)期满之后,另一次是在与汉密尔顿的斗争中对政治感到厌倦之后(1793年)。第二次归隐后他在蒙蒂赛洛闲居不到三年又出山了,1796年冬当选为副总统,1800年又当选为总统。只有到1809年在当了

---

① Sarah Randolph edited, Domestic Life of Thomas Jefferson. p. 133.

② Dixon Wector, A Gentle Radical. Thomas Jefferson: A Profile. p. 1.

两任总统后，才最后退休到蒙蒂赛洛，此后再也没有离开故乡，直到1826年逝世时为止。

这样，杰斐逊的一生，是出仕思想与归隐思想互相矛盾和仕宦生涯与退隐生活互相交替的一生。然而他出仕是出于不得已，隐居读书才是他的夙愿。杰斐逊这种“出处进退”的态度，在欧美历史上大概是少见的，他这种不慕荣利，弃官爵如敝屣的风格，足为西方文化增色不少。正是归隐思想与出仕思想的矛盾统一，使他成为功德及于后世的伟大政治家。

五、奴隶主贵族地位与民主主义思想

杰斐逊出身于弗吉尼亚的一个显赫的贵族家庭，父亲彼得·杰斐逊是一位著名的乡绅，母亲是名门闺秀，从娘家带来巨额财产。杰斐逊的父亲逝世时留下的遗产有2700英亩土地和上百名奴隶。杰斐逊本人结婚后，又接受了妻子带来的大量财产。所以，他的全部财产达到10000英亩土地及一二百名奴隶①，成为弗吉尼亚屈指可数的大种植场奴隶主。但是，这位大种植场奴隶主后来竟成为美国杰出的民主主义思想家和民主战士。

奴隶主贵族的地位是与民主主义思想相矛盾的，是水火不相容的。但是，二者在杰斐逊身上同时存在。那么，奴隶主贵族的地位对于杰斐逊的民主主义思想究竟发生了什么样的影响呢？

美国已故知名历史学家霍夫施塔特在这个问题上提出了如下的看法：贵族地位给杰斐逊带来了消极的影响，在他的思想上打上了保守主义的烙印。他认为杰斐逊的保守主义表现在以下几个方面：

首先，他在弗吉尼亚推行的改革是不彻底的。霍夫施塔特写道：“如果杰斐逊成为一个打破现存的秩序并且把斗争进行到底的

---

① 转引自 Richard Hofstader, The American Political Tradition. p. 23.

一个厉害的叛乱者,那才是怪事哩!”他举出废除长子继承制及限定嗣续法为例,说废除这两项法律的效果不大,因为这两项法律原来就名存实亡①。霍夫塔施特的这个观点是片面的、武断的。他没有看到:在美国第一次革命期间,在革命领袖中只有杰斐逊一个人匹马单枪在弗吉尼亚全力以赴地推行改革,而且涉及范围极广:教育、宗教、社会、刑法以及土地。当然,其中有的成功,有的失败,有的效果大,有的效果小,而且这是多种客观原因造成的,与杰斐逊的主观愿望及主观努力无何关系。

其次,霍夫施塔特又举出杰斐逊在任驻法公使时对法国大革命提出了所谓保守的建议,作为例子说明他的贵族出身对他发生的消极的影响②。其实,霍夫施塔特在这个问题上只知其一,不知其二。诚然,杰斐逊在法国大革命中曾向法国友人建议法国仿效英国,实行君主立宪制。显然,这个建议带有温和的色彩。但是,这只是杰斐逊的现实主义机动灵活性的表现。他虽然以反对君主制及维护民主制度为职志,但是他发现当时的法国不存在实行民主共和制的条件,特别是法国人民缺乏自治的能力,在他们处于愚昧状态和对现状持默默忍受的态度时,如果骤然实行共和制及高度民主,必然造成灾难性的后果③。而且,杰斐逊吸取了当时荷兰革命的经验教训,感到过火的革命和过度的民主会激起反革命势力的拼命反抗,从而会对革命带来不利的后果,甚至导致革命的失败④。再者,他提出这个建议不过是权宜之计,他希望将来法国人民觉悟提高、条件成熟时,再逐步过渡到民主共和制度。可见,杰斐逊对法国革命提出温和的建议是有其正当理由的,这谈不上霍夫施塔特所说的贵族出身的影响问题。

第三,霍夫施塔特又以杰斐逊在他起草的弗吉尼亚宪法草案

---

① 转引自 Richard Hofstader, The American Political Tradition. pp. 25 ~ 26.

② 转引自 Richard Hofstader, The American Political Tradition. pp. 27 ~ 28.

③ The Papers of Thomas Jefferson. Vol. 10. p. 244.

④ Robert Palmer, The Dubious Democrat: Thomas Jefferson in Bowrbon France. p. 102.

中为选举权规定了财产资格为理由，说明杰斐逊的贵族出身造成他思想上的保守性①。我看，他用这个例子来说明杰斐逊的保守性，也是毫无根据的。诚然，在他起草的弗吉尼亚宪法草稿中并没有取消选民的财产资格，但是在实质上等于实行了成年男子的普选制。这是因为：一、他所规定的选民财产资格非常低，而在当时的弗吉尼亚几乎所有的长期居民都拥有财产（土地），从而达到了选民资格的标准；而只有刚刚从欧洲来的移民没有土地。二、杰斐逊在同一个宪法草稿中规定了无代价分配土地的办法：对于新移民均授以50英亩的土地。这就使得这一部分居民也成了土地所有者，从而取得了选民资格。应该看到：杰斐逊的这些规定，比取消选民的财产资格更富于民主性，因为后者是以承认社会上存在无产者为前提的，这等于默认无产者存在的合法合理性。而杰斐逊既主张每个人都有财产（特别是土地），又主张每个人都有选举权，使居民既享受经济地位，又享受政治权利。

最后，霍夫施塔特认为，因为杰斐逊是一个奴隶主贵族，所以他与人民有很大距离。他引证了威尔茨（Wiltse）的话："他始终远离群众，如果说他主张一切人平等的话，那不是因为他感到人们是平等的，而是因为他根据道理认为他们须平等。"②我认为这个问题应该从本质上去看，不应停留在表面现象上。诚然，杰斐逊没有到人民群众中间去宣传或煽动，没有在群众面前发表慷慨激昂的演说，但这是他的性格内向使然，并不是由于他出身贵族。在另一方面，他深入下层去了解人民生活却是事实。在巴黎期间，他时常漫步到乡下，与农民谈话，询问他们衣食住的状况。1785年他在乡间散步时，曾遇到一个贫穷的农妇，这位农妇向他诉说自己的苦楚，在杰斐逊施舍一些钱给她时，她感激得流泪。杰斐逊还劝朋友们多多接近人民。更重要的是，他在思想感情上与人民相通，他的

① 转引自 Richard Hofstader, The American Political Tradition. pp. 36～39.
② 转引自 Richard Hofstader, The American Political Tradition. p. 23.

政治纲领和改革主张是符合人民的利益和要求的,并且博得人民的爱戴。因此,霍夫施塔特关于杰斐逊远离人民的说法,也是站不住脚的。

总之,贵族身份并没有在杰斐逊身上打上保守主义烙印。而且,他的平民化作风,更说明贵族地位并不妨碍他成为一个真正的民主派。例子是很多的。比如,1801 年就任总统的那一天中午,杰斐逊和平常一样,从寓所步行了两段大街,来到国会大厦参加就职典礼。这与约翰·亚当斯形成鲜明对照,因为 1797 年在亚当斯就职那一天,他是乘坐 6 匹高头大马的礼车,趾高气扬地参加就职典礼的①。

其实,贵族出身和地位不但没有在他身上发生任何消极的影响,相反地对他起了积极的作用。首先,由于他出身于贵族豪富之家,他有充裕的财力和时间去读书和思考。也可以说正是奴隶劳动使得他有闲暇从事写作,维护人类的自由,成为博古通今、有深厚的科学文化素养的民主主义思想家。这个优势,在平民出身的民主派身上是阙如的。其次,由于他是一个拥有雄厚资财的大种植场主,由于他在蒙蒂赛洛有一所舒适的山庄,他在政治上进可攻退可守,既可以出仕,也可以退隐,使得他在政治舞台上操主动权。

由此可见,杰斐逊把奴隶主贵族地位与民主主义思想这两个矛盾对立的东西很好地统一起来,并发挥了良好的作用。

六、总　结

在历史上和现实生活中常见的现象是:有崇高理想的人往往缺乏现实主义精神,好流于幻想,成为脱离实际的空想家;思想激进的人又往往在行动上不切实际,倾向于过火、冒进或盲动;有宏伟抱负的人又多半不屑于从事扎扎实实的工作,致使抱负落空,从

① Saul Padover, Jefferson: His Famous Biography-Abridged. p. 126.

事革命活动政治活动的人在获得高位后，又容易贪恋权力而不愿引退；出身于特权富豪之家的人总是竭力维护既得利益，甚至与人民为敌。

然而杰斐逊却英伟特立，能振拔于流俗之上，把这五种互相矛盾的东西统一起来，从而就把众多的优秀品质集于一身。他既有崇高的理想，向往一个有田园情调的农业乌托邦，并为此而奋斗不息，又能发挥现实主义精神，向严峻的现实让步，忍痛放弃自己原有的以农立国禁绝工业的主张。为了实现建立农业共和国的愿望，他长期以来为农民小土地所有制而奋斗，这个奋斗虽然以失败而终，但是却留下了耕者有其田的思想，这个思想终于在19世纪中叶内战期间颁布的"宅地法"中开花结果。另一方面，在他任美国总统期间，他也着眼于全局利益，毅然放弃了已往的态度，采取了发展工业的方针，这就使美国走上了工业资本主义发展的轨道，为美国后来的工业化奠定了基础。他虽然在思想言论上有许多过激之处，但是在具体问题上能够坚持稳健的态度，这正是他一生事业中取得一系列重大成就的保证。他既有宏伟的抱负作为自己的奋斗目标，又能从事艰苦的、细致的、实际的工作，表现出他所固有的实干精神，他在政治生涯中所创造的大量的光辉业绩，就是由这种精神凝结而成的。他既基于社会责任感投身于革命洪流和政治斗争，又能随时随地急流勇退，放弃高官厚禄拂袖返里，能为常人所难为之事，从而表现出"兼济"和"独善"的高尚品德和风流儒雅的情操。他虽然出身奴隶主贵族，但是他能背叛自己的阶级而献身于革命和民主事业，不但为建立和巩固美国的资产阶级民主制度作出了应有的贡献，而且制定和弘扬了体大思精的、富于人文主义色彩的民主主义思想体系，为人类留下了宝贵的精神财富。

这就是为什么杰斐逊被美国人民推崇为美国少数伟人之一的主要原因。

第十一讲　美国人民争取西部土地的斗争与“宅地法”问题

美国人民争取西部土地的斗争滥觞于18世纪末，在19世纪40年代后进入高潮，而内战期间颁布的《宅地法》便是这个斗争的最后成果。这个斗争是19世纪上期美国政治生活中的一件大事，而《宅地法》是美国历史上的一项著名的经济措施。本讲准备对这个问题作较系统全面的介绍。

在外国史学界连篇累牍的著述中，出现过一些错误的观点。有些人对《宅地法》评价过高，说这项立法是美国有史以来在土地政策上的空前创举，它的实施标志了与过去的土地政策完全决裂，并且进而夸大了它的后果。在他们笔下，好像《宅地法》在西部创造了奇迹，既制造出人数众多的农民土地所有者，也加速了西部的开发等等①。苏联史学家对于这个问题的看法，基本上也属于这个类型，他们一般都是夸大《宅地法》的重要性，并且把它和林肯的《解放宣言》并列为标志内战向革命战争过渡的两大革命措

① 盖茨：《在不一致的土地制度下的宅地法》(Cates, The Homestead Law in an Incongruous Land System)，《美国历史评论》，1936年7月，第41卷，第652~653页。

施[1]。另一方面,也有的人全盘否定《宅地法》的积极作用[2]。因此,有必要对这些混乱的看法加以澄清。首先看看人民争取西部土地的斗争是怎样发生的。

一、争取西部土地的由来

美国在18世纪末建国伊始就实行了西部土地国有化政策。最初划归国有的,只是宾夕法尼亚以西,俄亥俄河以北的土地。到19世纪上期,在美国通过购买或侵略战争取得了路易斯安纳、佛罗里达、俄勒冈、加利福尼亚等地之后,这些地区的土地也全部划归国有。因之美国国有土地剧增至146500万英亩[3],为今天美国领土的73%。

联邦政府之决定西部土地国有化,是美国建国初期充满民主情绪的广大人民积极推动的结果,无疑也是资产阶级进步性的措施,因为它暂时制止了土地投机者及有钱有势者无止境地囊括这些土地。但是它也有其反动的、侵略的一面:它意味着对于印第安人土地的剥夺,因为包括西部土地在内的美国整个领土原来都是属于印第安人的。

在实行西部土地国有化之后,劳动人民满心希望政府能无代价地把它分配给一切急需土地的劳动者。但是美国政府不是这样做,而是实行出卖的政策。这是因为:第一,掌握政权的大金融家、大商人和奴隶主希望用出卖土地的收入去应付政府支出,特别是用它去偿还国债,因为他们多半是国债债券的持有者。第二,他们

---

① 伊万诺夫:《美国内战》(иванв,《Гражданская война в США》),第109页;叶菲莫夫:《美国史纲》中译本,第272页。

② 亨利·纳什·史密斯:《处女地》(Henry Nash Smith, Virgin Land),第221~223页。

③ 施米特·罗斯:《美国农业经济史读物》(Schmith Ross, Readings in the Economic History of American Agriculture),第339页。

指望靠出卖国有土地以增加政府收入，从而减轻自己的纳税负担。第三，他们也认为实行出卖国有土地的政策会使自己有机会从事土地投机生意[①]。那么，按照什么原则出卖国有土地呢？

在联邦政府成立后不久，国会就征求了财政部长哈米尔顿的意见。哈米尔顿在1790年提出一份报告，力主要照顾富有者集团的利益。1796年的《土地法》就是按照哈米尔顿的建议制定的[②]。该法规定：出卖土地的单位面积不得低于640英亩，价格不得低于每英亩2美元，而且实行公开拍卖，卖给出价最高的人。显然，这个办法颇不利于劳动人民，而有利于上层有产阶级。因此，它激起了广大群众的极大愤慨。从这时起，一个争取西部土地的长期斗争开始了，这个斗争一直延续到19世纪60年代初。参加斗争的先后有西北地区的农民、拓荒者，东北地区及中部大西洋沿岸各州的工人、农民和贫民，南部的小农及“贫穷白人”，也有从欧洲迁来的移民。这个斗争本质上是美国人民争取以民主方式解决西部土地问题的群众性运动。这场斗争可以分为两个阶段。

二、斗争的第一阶段

第一阶段从18世纪末到19世纪30年代末。这个阶段的斗争序幕是由西北地区的农民揭开的。1796年《土地法》颁行后不久，西北的农民便展开了斗争，他们的要求是：减少出卖单位面积和降低卖价，并且实行赊买制度以利于贫民。在群众的压力下，国会于1800年通过了新的法令，把拍卖的最小单位面积缩小到320英亩，并且实行赊买制：在四十天内先缴纳总卖价的四分之一，在两年内缴纳第二个四分之一，在四年内缴齐，过期不完纳者，土地

---

① 蒂尔登：《被看作美国农业革命的基础的内战时期的立法》（Tilden, The Legislation of the Civil War Period Considered as a Basis of the Agriculture Revolution in the United States），第15页。

② 蒂尔登：《被看作美国农业革命的基础的内战时期的立法》，第15～17页。

予以没收[①]。

这种赊买制度起了很坏的作用,因为它诱使很多劳动者在财力不足的情况下购买了土地,以致有一大批购买者由于届期缴不上地价而被没收了土地[②]。

这种情况又引起了新的群众运动。早在1812年就有一群拓荒者成立"真正美国人协会",会员遍及俄亥俄、伊利诺斯等地。他们纷纷请愿,要求政府采取新的措施以满足群众的土地要求。俄亥俄的会员们在请愿书中写道:要求土地的人们"都是穷苦者,而另一方面合众国的(土地)财产却空闲着无人占用。每个人按照自然权利都应该享受一块土地,不许任何人占有200英亩以上的土地"[③]。人民的斗争又一次迫使政府让步,1820年国会通过了新的法令,对土地政策作了新的调整,取消了赊买制度,同时把公开拍卖的最小单位面积减至八十英亩,把最低价格降到每英亩一点二五美元[④]。

1820年的法令实施后,有不少拓荒者买到了土地。但是买到土地者只能是手头有积蓄的人,而广大群众对于国有土地仍是可望而不可即。这是因为:一则他们绝大多数人终年矻矻劳动,求一温饱尚不可得,根本无余钱去买地;二则国有土地都是公开拍卖的,土地投机者竞出高价,穷苦者无力与其竞争[⑤]。结果,穷人只好眼睁睁地看着一大块一大块土地被土地投机者买去。

19世纪上期,美国土地投机活动异常猖獗,在亚拉巴马、密西西比、路易斯安纳等州,拍卖的土地有四分之三被投机者买去。他

① 康马杰:《美国史资料》(Commager, Documents of American History),第一卷,第185~186页。

② 扎赫勒:《一八二九—一八六二东部工人与国家土地政策》(Zahler, Eastern Workingmen and National Land Policy 1829—1862),第3~4页。

③ 希巴德:《公有土地政策史》(Hibbard, A History of the Public Land Policies),第349页。

④ 康马杰:《美国史资料》,第一卷,第227页。

⑤ 蒂尔登:《被看作美国农业革命的基础的内战时期的立法》,第17~18页。

们在买到土地后，便等候时机以高价出卖，取得惊人的利润。有一个年轻的律师在一天之内净赚五百美元。曾经有一块土地在六十天内转了十二回手①。

在土地投机商疯狂抢购土地的情况下，无法直接从政府手中买到土地的普通劳动者，往往到西部“占地”。19 世纪二三十年代，“占地”之风甚盛。依阿华有些地区到 1838 年已为“占地人”住满了。早在 20 年代，亚拉巴马的居民中就有三分之二是“占地人”，在密苏里居民中有百分之六十五是“占地人”②。

但是在“占地”后，他们必须为保卫自己的土地权利而不断地斗争。他们不但与前来驱逐他们的政府军队作斗争，而且还要和土地投机商作斗争，这主要是因为在他们占据及开垦小块土地后，政府时常把他们开垦好了的土地强制拍卖，在拍卖过程中，他们的小块土地一般都为土地投机者抢购了去。

为了与投机者斗争，西部的“占地人”大多数组织起来，成立“土地权利协会”。当协会会员开垦好了的土地被政府强制拍卖时，他们便在拍卖场上用集体的力量强迫投机商人放弃购买的企图。有时也用严厉手段惩罚购买土地的投机商人。

为了从根本上杜绝投机商购买他们的土地的可能性，他们提出了“先买权”的要求。所谓“先买权”就是：政府在拍卖土地时，允许“占地人”按政府规定的最低价格优先购买自己所开垦的土地。亚拉巴马的“占地人”甚至表示要“依靠武力取得这个权利”③。

“占地”的群众性及“占地人”的顽强斗争，迫使国会在 1841

---

① 詹宁斯：《美国经济发展史》(Jennings, A Histoy of Economic Progress in the United States)，第 234 ~ 236 页。

② 捷米霍夫斯基：《十九世纪二十一三十年代为争取所谓美国社会基金的土地而斗争》(Демихов ~ ский, Ворbбазаземли так иазываемого общественного фонда США в 20—30годах X1X века)，苏联《近现代史》杂志，1962 年第一期，第 115 页。

③ 希巴德：《公有土地政策史》，第 119 页。

年制定了“先买权法案”，它规定：“占地人”有权利按照最低价格优先购买自己开垦的土地，但不得超过160英亩①。但是这些成果的局限性还是很大的，因为到1841年为止，取得西部国有土地还不是无代价的，广大穷苦劳动者要想得到土地，还是很困难的。因此，1841年以后，美国人民再接再厉地斗争下去，他们要求无代价地分到国有土地。

三、斗争的第二阶段

美国人民争取西部土地斗争的第二阶段开始于19世纪40年代初，结束于60年代初。

40年代初，斗争出现一个高潮是和广大人民的深重灾难分不开的。当时俄亥俄、肯塔基等州的国有土地业已售罄，土地价格在投机商的操纵下扶摇直上，大批劳动者由于买不起土地，而不得不当地主的佃农，同时，由于资本主义在农业中发展，土地愈益集中到少数资本主义大农场手中，多数农民趋于破产。

东部工业区的工人阶级的景况亦同样悲惨。工人受失业、物价不稳及劳动日长等等威胁。1854年仅纽约市就有八万人（为全市人口五分之一）靠领取救济金或施舍度日。欧洲移民的涌入，又使本来已有人满之患的东部贫民窟更加拥挤不堪了。工人最苦恼的是：欠债到期无力偿还，就要被“捉将官里去”，一旦坐牢，全家立刻就有冻馁之虞。

这些挣扎在饥饿线上的破产农民、佃农、失业工人及新来的欧洲移民，眼前只有一线希望，那就是迁到西部去取得小块土地，成为独立的土地所有者。因此他们积极参加争取西部土地的斗争，从而把斗争推向一个高潮。斗争的目标是争取无代价分配国有土地。

---

① 蒂尔登：《被看作美国农业革命的基础的内战时期的立法》，第18页。

事实上,这一要求,早在20年代就由西部农民的代言人托马士·边顿提出来了①。到30年代,东部工人也提出了这个要求②。但是在二三十年代,提出这个要求的只限于少数人,只有到40年代后它才成为千千万万劳动者的共同口号。这主要应归功于乔治·亨利·伊凡斯的努力。

伊凡斯早在20年代就投身于工人运动,到30年代初他把注意力集中到土地问题上,40年代初已经就土地问题提出系统的主张和纲领。

伊凡斯继承和发展了边顿的主张,他从理论上阐明劳动人民土地要求的正当性。他反对向统治阶级"乞求"土地,并理直气壮地指出:享有国有土地的一份,是每一个劳动者的固有权利。他说:"如果一个人有权利生存在这个世界上,那么他就应该有权利获得足够的土地以便在上面建造自己的住房。如果他有权利生活下去,那么他就应该有权利获得足够的土地以生产维持生活的粮食。"③

他反对土地垄断,认为土地垄断是"一切垄断之王,是一切重大灾难的基本原因"④。他要求用法律限制人们的土地财产,借以消灭土地垄断。他反对国会把大块国有土地赠送给铁路资本家⑤,因为这种作法是造成土地垄断的原因之一。他主张把全部国有土地都分成小块农场,任何想迁到西部去的无地公民,都应该免费取得这样的小块农场。他认为这样做不仅对无地的穷人大有好处,而且也可以有助于解决东部城市工人的贫困、失业等问题。

---

① 蒂尔登:《被看作美国农业革命的基础的内战时期的立法》,第20~21页。

② 扎赫勒:《一八二九——八六二东部工人与国家土地政策》,第29~30页。

③ 扎赫勒:《一八二九——八六二东部工人与国家土地政策》,第405页。

④ 方纳:《美国工人运动史》,中译本,第一卷,第285页。

⑤ 在19世纪上期,国会一再把整批国有土地赠送给私人铁路公司,只是伊利诺—中央铁路就从政府领到250万英亩的土地。参看科尔:《控制不住的冲突》,第116~117页。

如果东部失业工人有机会到西部去取得小块农场，就会大大减轻城市劳动力的过剩。这样一来，留在城市的工人的状况也将得到改善：不但工资提高了，而且失业也会消失①。

他的土地改革方案是：把整个国有土地分成市镇，每个市镇方圆六平方英里。市镇中央设置地方政府及公共娱乐场所、学校、商店等。周围的土地都分成宅地，每块宅地面积为160英亩，每一个无地的穷人都可以无代价地分到一块宅地，在宅地上安家落户。任何人都不许占有更多的土地，他的宅地也不能转售给他人。市镇之内，除农民外，还有工匠若干人，每名工匠至少领到五英亩的土地，以供在工业劳动之暇从事耕种之用。市镇内的自然资源都保留给社会使用②。

显而易见，伊凡斯的思想包含有空想社会主义成份。然而与空想社会主义者不同，他并没有天真地把改革的希望寄托在统治阶级身上，他主张依靠人民群众的政治行动来实现这个理想。具体言之，应该号召广大选民把拥护土地改革的人选进国会，来促进国会制定一部以他的土地改革方案为内容的“宅地法”。为了这个目的必须成立一个宣传机构，在群众中间广泛地宣传土地改革思想。因此，1841年他与一些志同道合的朋友创立了“全国改革协会”③。

伊凡斯把工人阶级作为政治行动的主力，所以在“协会”成立后，便在工人中间展开宣传鼓动工作，并且提出了一个颇有吸引力的口号：“为了你的宅地而投票吧！”工人踊跃参加听讲，并且纷纷加入“协会”的地方组织。“整个北部和西部以至于少数南部地区

① 扎赫勒：《一八二九——八六二东部工人与国家土地政策》，第33~36页。

② 扎赫勒：《一八二九——八六二东部工人与国家土地政策》，第36~38页；希巴德：《公有土地政策史》，第364~365页；方纳：《美国工人运动史》，第286页。

③ 扎赫勒：《一八二九——八六二东部工人与国家土地政策》，第41至43页；方纳：《美国工人运动史》，第289页。

的工人们都参加了全国改革协会"①。

但是"协会"也没有忽略对农民的宣传。因之纽约、俄亥俄、威士康星等州的农民也大批地参加了"全国改革协会"。

伊凡斯的主张也感染了一些中等阶级知识分子，如舆论界钜子霍列士·格瑞利就是服膺于伊凡斯思想的一个人。他在1845年参加了土地改革运动，不久就成为"协会"的"保护人"，而他主编的《论坛报》则成了这个运动的喉舌。

这样，一个以"全国改革协会"为中心的土地改革运动的高潮终于出现了。这个高潮产生了积极的效果，40年代中期以后有不少土地改革派分子被选进国会，成为国会中支持"宅地法"的重要力量。而且伊凡斯等人的宣传鼓动，也有力地推动了一个新的政党——自由土地党的产生。一些工人、农民以及中等阶级知识分子在"协会"的影响下，于1848年建立了"自由土地党"。该党的政治纲领主要有两点：第一是反对南方奴隶制度向西部扩展，第二是争取"宅地法"。"自由土地党"虽然在几次选举中失败了，但是它不遗余力地宣传了"宅地法"思想，使这个思想深入人心。

伊凡斯所倡导的土地改革运动，在本质上是小资产阶级的土地平分运动。它所提出的"宅地法"要求是一个具有进步意义的要求，因为在美国当时的历史条件下，它是解决西部土地问题最民主的方式，它的实现，将有力地促进美国资本主义的发展。因此，马克思肯定了这个运动的"历史合理性"，并且在《共产党宣言》里建议共产党人支持这个运动②。列宁也承认它的进步意义③。

然而，这个运动也有其消极的一面。第一，运动的领导人对于当时正在蓬勃开展的废奴运动抱反对的态度。他们谴责废奴派，说他们对于北方的工人漠不关心，还硬说什么北方工人的处境比

① 方纳：《美国工人运动史》，第289页。

② 《马克思恩格斯全集》第四卷，第502、509页。

③ 《列宁全集》第十三卷，第254页。

南方奴隶还要悲惨①。这种态度显然是错误的,当时美国劳动人民的首要任务是反对南方奴隶制度,因为正如马克思所指出的:"当黑人劳动者套上枷锁的时候,白人劳动者便不能解放他们自己。"②土地改革派的这个态度,在很大程度上阻碍了劳动人民参加废奴运动。

第二,伊凡斯的运动不利于工人运动的正常发展。他对工人说:工人阶级的敌人不是资本家工厂主,而是土地垄断者。结果,大部分工人放弃了反对资本家的斗争,而集中精力于土地改革运动。更严重的是他的思想导致了"美国例外论"的产生。"美国例外论"的早期代表人物克利盖就是在他的思想影响下创出这个有害的理论的。按照他的理论,美国有大量的自由土地,所以美国工人不需要走欧洲工人兄弟所走的革命道路。实际上美国虽然存在大量国有土地,但是它并没有消除资本主义的矛盾。因之,"美国例外论"显然是错误的。

但是,不管怎样,四五十年代的土地改革运动究竟是一个广泛的群众性运动,其规模远比废奴运动为大,这主要是因为这个运动所揭橥出来的纲领符合广大劳动人民的物质利益。正是在这个运动的强有力的推动下,40 年代下期以后,"宅地法"成为国会的中心议题之一。

四、《宅地法》的提出和通过

在"全国改革协会"的号召下,在 40 年代下期出现了一个强大的请愿运动。群众的压力是如此之大,以致在 1846 年以后,"宅地法"一个接一个在国会中被提出来。但是,在内战前这些法案都遭

① 香农:《宅地法与劳力过剩》(Shannon, Homestead Law and Labor Surplus),《美国历史评论》,1936 年 7 月,第四十一卷,第 640 页。

② 马克思:《资本论》第一卷,第 353 页。

到失败。因为国会里反对“宅地法”的势力太大。

当时反对“宅地法”的有两大集团：第一个集团是东南地区的奴隶主代表，他们之所以反对它，是因为：第一，他们害怕“宅地法”会在西部造出大量的独立小农，这对于奴隶制的存在及奴隶主的统治，是个严重的威胁；第二，他们也担心实行“宅地法”之后，将失去本地区的劳动人口，从而会影响他们在联邦的统治地位（众议院的代表人数是与各州的人口成正比例的）。第二个集团是东北地区的一部分着重眼前利益的工业资产阶级的代表，他们之所以反对“宅地法”，是因为他们“害怕工人……将离开工业区而到西部去，从而造成劳动力减少和工资的上升”①。

这个时期，拥护“宅地法”的有三个集团：第一个集团是西北地区的代表，他们之所以支持它，是因为他们一般都是律师和商人，而这两类人的福利完全有赖于西部的迅速开发，而西部的迅速开发又取决于土地政策的民主化。第二个集团是西南地区的奴隶主代表。他们支持“宅地法”，是因为南方种植场耗损地力太快，他们迫切地要求向西扩张，以便把奴隶制移植到那里去。但是，假若没有农民拓荒者走在前头为他们开路，要想在西部建立新的种植场是很难的。“由于拓荒者的劳动，道路开辟出来了，桥梁修成了，粮食及肉类生产出来了……种植场主才有可能跟在他们后面……来到西部”。此其一。种植场主在西部建立新的种植场所需要的土地，都是从拓荒者手中买到的，这些拓荒者在卖掉小块土地后，一般地都迁到更远的西部去重新开荒。此其二。因此对于奴隶主来说，只有实现“宅地法”，使拓荒者在更远的西部取得土地，才有可能从他们手中抢购土地，才有可能在西部建立新的种植场。这就是为什么西南区的奴隶主宁愿支持“宅地法”的复杂的

① 香农：《宅地法与劳力过剩》，第641页。

背景①。

支持"宅地法"的第三个集团是东北地区的一部分有远见的工业资产阶级的代表,这是因为他们认识到:"宅地法"将加速西部的开发,使西部成为工业品的市场,并且为东部工业区提供原料及农产品。

拥护"宅地法"的三个集团的代表在众议院里居多数,而反对"宅地法"的东南区的代表及东北区的工业资产阶级的一部分代表在参议院里占优势,因之在1846—1854年间几个《宅地法案》虽然在众议院获得通过,但是都被参议院否决了。这就是为什么1854年以前所有的"宅地法"遭到失败的重要原因。

但是50年代下期,国会里围绕"宅地法"斗争的对抗力量发生了变化。1856年南方奴隶主纠集一帮武装匪徒闯进堪萨斯境内,想靠武力把奴隶制扩大到堪萨斯去。他们的野蛮行动激起了北方特别是西北地区的农民的英勇抵抗,因而发生了一场流血斗争。

堪萨斯斗争促使国会内一些集团对"宅地法"的态度发生转变。原来支持"宅地法"的西南地区的奴隶主看到西北地区的农民是他们扩张奴隶制度的严重障碍,是自己的死敌,从而不能不反对西北地区的农民所争取的"宅地法";原来反对"宅地法"的东北地区的资产阶级代表,现在认识到南方奴隶主是决心不惜任何代价把奴隶制扩大到西部去的,为了制止奴隶制的扩张,就必须联合农民,因而就必须支持"宅地法"。

这样一来,在50年代下期,支持"宅地法"的是西北地区及东北地区的代表,而反对"宅地法"的是整个南方的奴隶主的代表,前者在众议院里居多数,后者在参议院内占优势。

1857—1859年间,在国会里一共提出了四个《宅地法案》,只有约翰逊提出的法案得到了表决的机会。并在1859年1月被众

① 捷米霍夫斯基:《十九世纪二十一三十年代为争取所谓美国社会基金的土地而斗争》,第123~124页。

议院通过,但是后来却被参议院否决了。为了打破僵局,约翰逊便实行让步,把原案中关于免费分配宅地的规定删掉了,而确定了出卖的原则①,把原案中的民主内容阉割殆尽。使该法案在1860年获得了两院的通过。然而在提交布坎南总统签署时,还是被否决了。布坎南总统站在最反动的南方奴隶主的立场上,担心改变现存的土地制度,会成为一个更激烈的民主改革的开端。

内战前,"宅地法"虽然未获实现,但是,人民的力量和历史的潮流是不可抗拒的。在内战爆发后的第二年,北部人民大众久盼而未得的"宅地法"②终于成为现实了。

内战期间《宅地法》之所以获得通过,主要原因有三:第一,反对《宅地法》的南方奴隶主代表全部退出国会而参加南部叛乱。第二,内战期间北方执政的政党是共和党,而共和党在1860年竞选时就在纲领中列进了《宅地法》的要求,所以上台后便不能不履行自己的诺言。第三,林肯总统积极赞助《宅地法》,因为他认为实行《宅地法》可以促进西部农业的发展,可以增加粮食产量,从而有利于战争③。

《宅地法》是在1862年2月28日由众议院通过的,5月6日由参议院通过,5月20日,林肯总统就签署了它。1863年1月1日生效。它规定:凡是未参加叛乱的男子都可以登记领取160英亩的宅地,但是登记人必须宣誓:"获得土地是为了居住和耕种,而不是为了别人的直接或间接的利益。"登记人还必须缴纳十美元的手续费。登记人在宅地上一连耕种五年,就可以领取土地执照,成为宅地的所有主④。

---

① 它规定每英亩二角五分钱。见扎赫勒:《一八二九——一八六二东部工人与国家土地政策》,第170~171页。

② 《马克思恩格斯全集》第十五卷,第553页。

③ 卡尔·桑德堡:《亚伯拉罕·林肯,战争年代》(Carl Sandburg, Abraham Lincoln: The War Years),第一卷,第511页。

④ 扎赫勒:《一八二九——一八六二东部工人与国家土地政策》,第175页。

那么,《宅地法》通过之后发挥了怎么样的作用呢?

五、《宅地法》的影响和后果

在 1862 年《宅地法》被通过后不久,格瑞利对于未来抱十分乐观的态度。他满怀信心地预言:《宅地法》将消灭穷人,将创造出人数众多的独立小农。他表示相信:拥挤在城市贫民窟的成千上万个贫民,将兴高采烈地奔向西方,在那里建立新的家园,过一种"日出而作,日入而息"的世外桃源生活,而美国大工业区的贫困、失业等现象,将成为历史的陈迹①。

然而,历史却似乎在有意嘲弄这位预言家,《宅地法》并未产生他所预期的结果。

第一,它并没有创造出人数众多的独立小农。在 1863—1890 年间,只有四十万人领到宅地,而在这个期间美国人口增加大约三千二百万人,其中仅西部就增加一千万人以上②。

第二,《宅地法》并未解决工业区的贫困、失业等问题。比如,1885 年美国工人失业人口达 998839 人③。而且,19 世纪下期,美国工人贫困还是相当严重,工资低及劳动日长仍是普遍的现象。

第三,《宅地法》也没有为农民在西部创造一个"世外桃源",相反,西部却成了土地日益集中,佃农制日益发展的地区。在 1860 年以后的二十年内,美国一千英亩以上的大地产从六千个增加到二万九千个④。土地集中的另一面便是佃农的增加。1880 年美国全部农场中有百分之二十五是由佃农耕种的,到 20 世纪初这

---

① 亨利·纳什·史密斯:《处女地》,第 220~221 页。

② 亨利·纳什·史密斯:《处女地》,第 221 页。

③ 香农:《宅地法与劳力过剩》,《美国历史评论》,1936 年 7 月,第四十一卷,第 651 页。

④ 香农:《宅地法与劳力过剩》,《美国历史评论》,1936 年 7 月,第四十一卷,第 647 页。

个比例上升到百分之三十五[①]。1890年,美国佃农不下一百五十万人[②]。其中,西部的佃农占了很大的比重。

凡此种种,都表明《宅地法》并没有带来人们所期望的那样大的好处。这主要是因为《宅地法》本身有很大局限性,并且在实施中发生大量的舞弊现象。兹试缕如下:

第一,国会在通过《宅地法》时,在其中加上了“折偿”条款,按照这项条款,凡希望在耕种五年期满以前取得宅地的所有权的人,只要在宅地上住满六个月并且按每英亩付出一点二五美元的现金,就可以取得它的所有权[③]。这无异为土地投机商抢购土地大开方便之门,因此,在《宅地法》生效后,投机商纷纷成立公司,雇佣大批冒名顶替者,在“实际移住者”的名义下,通过履行“折偿”条款把宅地买下来[④]。国有土地委员会也不得不承认:“折偿(条款)成了国有土地以惊人的速度转到大公司掌握中的巧妙的手段。”[⑤]在1882—1904年间,有两千万英亩的土地是按照折偿条款处理掉的。在一些年月里有将近三分之二的土地执照是通过折偿方式被取得的[⑥]。可见,大量国有土地转到土地投机商手中。

第二,国会在通过《宅地法》时,没有采取有效的措施去帮助想取得宅地的贫苦人民,既没有提供交通方便,也没有贷款给他们作为安家费,而如果做不到这几点的话,一文莫名的劳动者要到遥远的西部去领取宅地,简直是不可想象的。因为正如史学家沙农

① 查尔斯·比尔德和玛丽·比尔德:《美国文明的兴起》(Charles Beard and Mary Beard, The Rise of American Civilization),第二卷,第275~276页。

② 香农:《宅地法与劳力过剩》,《美国历史评论》,1936年7月,第四十一卷,第649页。

③ 蒂尔登:《被看作美国农业革命的基础的内战时期的立法》,第3页;希巴德:《公有土地政策史》,第386页。

④ 祖波克:《美国史略》,中译本,第29页。

⑤ 蒂尔登:《被看作美国农业革命的基础的内战时期的立法》,第116页。

⑥ 香农:《宅地法与劳力过剩》,《美国历史评论》,1936年7月,第四十一卷,第647页。

所指出的,为了到西部去领取宅地,必须筹措五百到一千英里的旅费或运输费,这相当于一个产业工人六个月的工资,而且一个人要想在边疆成功地经营一块农地,还必须拿出数倍于此的费用①。因此,到西部领取宅地的只能是一些靠紧衣缩食积累起来一些钱的劳动者,这就是为什么在《宅地法》下领到宅地的人是如此之少的主要原因。即使有些穷人冒险到西部领取宅地,其旅费也只能靠借债,而且在他们领到宅地后,为了购买农具、种籽等,又不得不靠抵押土地去借债。七八十年代抵押给银行的农场占西部全部农场的四分之三②。到期不能偿债时,这些抵押出去的土地当然就被没收,而宅地人就不能不沦为佃农。

第三,在实施《宅地法》后,不但《先买权法》继续有效,而且政府拍卖国有土地的政策照旧实行。拍卖的不但都是膏腴之地,而且一般都是大块大块出卖的。因此有些历史学家关于在 1862 年以后国家已经停止出售国有土地的说法,是与事实大相悖谬的③。

拍卖的这些土地当然也多数为投机商人买去。狡黠的投机商人一般都走在实际移住者的前头,在边疆地区抢购最好的土地,以待移民大群蜂拥而至的时候,高价出卖。有的历史学家关于《宅地法》实施后土地投机活动的机会少了的观点④,也是错误的。

第四,1862 年以后,政府继续把大批国有土地赠送给私人铁路公司,在 1862—1871 年,私人铁路一共免费获得 127628000 英

---

① 香农:《宅地法与劳力过剩》,《美国历史评论》,1936 年 7 月,第四十一卷,第 645 页。

② 库罗皮亚特尼克:《宅地法和"美国的"农业资本主义的发展道路》,见《纪念美国内战一百周年》文集(Куролятник,《эакон о гомстедахи ‘амириканекий’ путъ раэвития капитапиэма в сельскожхоэяйстве》《К стопетию гр а жпанской войны в С Щ А》),第 224 页。

③ 盖茨:《在不一致的土地制度下的宅地法》,《美国历史评论》,1936 年 7 月,第四十一卷,第 652 ~ 653 页,同期杂志第 652 页。

④ 内文斯就持这个观点,见内文斯:《为联邦而战》(Nevins, The War for the Union),第二卷,第 205 页。

亩的国有土地①。铁路公司在领到国有土地后，只是使用一小部分土地去铺铁轨，其余土地一般地都以高价出卖，净赚了一大笔钱。而且，在颁行《宅地法》之后，在遥远的边疆地区，一些大畜牧公司还与地方政府勾结，圈占大量国有土地。到1888年被非法圈占的国有土地共有七百五十万英亩②。

总而言之，在1863年实施《宅地法》之后，并没有按照美国人民的要求把国有土地全部划为宅地分给劳动人民，只有一小部分落到劳动人民手中，而大部分土地则通过各种渠道转到了土地投机商及大公司手中。它远远没有满足人民的土地要求，也远远没有体现伊凡斯在其土地方案中所提出的民主原则。

综上所述，无论从“宅地法”本身的局限性及实施中的流弊来看，抑或从它的作用及后果来看，我们都无法把它的意义估价太高，不能说它是美国有史以来在土地政策上的一个空前的创举，不能说它是与美国过去的土地政策完全决裂的重大措施。因此，我们不应该把它与林肯的《解放宣言》相提并论，在作用及影响方面，前者与后者相比，显然是相形见绌的。众所周知，林肯发表《解放宣言》，不但消灭了美国资本主义发展道路上的主要障碍——奴隶制度，而且也促成了战争性质的转变，成为内战向革命阶段过渡的重大转折点，从而引向了战争的最后胜利。因此，马克思称《解放宣言》是“在联邦成立以来的美国史上最重要的文件”，并且指出：由于发表了这个宣言，“在美国历史和人类历史上林肯必将与华盛顿齐名！”③

然而马克思对于《宅地法》却没有作出同样高的评价，只是把它列为1862年上半年国会所制定的“一系列重要法令”之一④。

① 盖茨：《在不一致的土地制度下的宅地法》，《美国历史评论》，1936年7月，第四十一卷，第657页。

② 蒂尔登：《被看作美国农业革命的基础的内战时期的立法》，第119～120页。

③ 《马克思恩格斯全集》第十五卷，第586页。

④ 《马克思恩格斯全集》第十五卷，第558页。

因此,苏联史学家把《宅地法》放到与《解放宣言》相等的地位,把二者同样说成是标志向革命阶段过渡的两大革命措施,显然是错误的。

但是在另一方面,我们也不同意把《宅地法》的积极作用完全抹煞。实际上,《宅地法》比起过去一系列土地法令来说,究竟是前进了一步,因为它在美国历史上第一次宣布免费分配土地,从而在一定程度上满足了人民的土地要求,创造出一定数量的农民土地所有者,这就在一定程度上为美国农业资本主义沿着"美国式的道路"发展提供了有利的条件。

第十二讲　美国奴隶制度的起源

美国奴隶制度形成于17世纪,亦即殖民地创建时期,到19世纪60年代,才被内战的炮火所摧毁,一共存在了二百多年之久。这是一个极其黑暗的、残酷的剥削制度。

那么,为什么在古典的奴隶制度早已消失了一千多年,而资本主义已经在先进国家胜利进军的时候,与时代精神完全不相协调的奴隶制度又出现在北美大陆了呢?这个制度是在什么样的历史条件下产生的?哪些集团应该对奴隶制度的产生负责任?这些都是饶有兴趣的问题,本讲便试图回答这些问题。

建国以来,国内发表的有关著作及文章,都没有全面地、系统地介绍美国奴隶制度产生、形成和确立的过程。为了填补这个空白,也是本讲的目的。

现在分以下几个方面来谈。

一、白人契约奴——黑人奴隶的先导

关于北美殖民地上奴隶制度的出现,首先我们必须弄清下面几件事实:第一,在欧洲人或英国人离开欧洲来北美之前,并没有预先就打算在北美建立一个奴隶制社会[①]。第二,北美殖民地上的奴隶制度也并不是殖民地上的人们单凭主观愿望随心所欲地创造出来的。

那么北美奴隶制度到底怎样产生的呢?在这个问题上,马克思的话有指导意义,他说:“一个黑人就是一个黑人,在一定情况下,他才成为奴隶。一架纺纱机就是纺纱的机器,在一定情形下,它才成为资本。”[②]北美奴隶制度就是在一定情形下,亦即在北美殖民地的特定的历史条件下及地理环境中被建立起来的。假如没有这个特定的历史条件及地理环境,就不可能产生奴隶制度。

本来在欧洲封建制度瓦解和资本主义产生过程中,在所谓原始积累时期,直接生产者与生产手段的分离,为上升发展中的资本主义生产提供了它所必需的大批自由劳动力,英国的圈地运动便是一个典型的例子。然而,如马克思所指出的,在北美殖民地,“劳动者由劳动条件和他们的根(即土地)分离出来的事实……还不存在……或止于在非常有限的范围内存在”[③]。这就是说,在北美不具备欧洲那样大量自由劳动者涌现在劳动市场上的历史条件。当北美的地主资本家迫不及待地渴望掠夺美洲大陆的富源的时候,却遇到严重缺乏供他们剥削的劳动人手的困难。因为展现在他们眼前的是人烟稀少、一望无垠的“处女地”。我们知道,当哥伦布发现新世界时,北美大陆上的印第安人只有一百万人,而在从缅因到弗洛里达,从大西洋沿岸到阿巴拉阡山脉的整个地区只有二十万印第安人[④]。于是,如何解决劳动力缺乏问题,是摆在他们面前的最为迫切的问题。而且,在当时的航海技术水平低下的条件下,横渡大西洋既费金钱,又极艰苦,欧洲的普通劳动人民要想来到北美,并不是轻而易举的事情。因此,自由劳动力的供应就大

---

① C · Duncan Rice, The Rise and Fall of Black Slavery. p. 61.

② 马克思:《资本论》第1卷,第968页小注。

③ 马克思:《资本论》第1卷,第971页。

④ 阿普特克:《美国人民史》,第1卷,第8页。

成问题①。

同时,由于北美地广人稀,从欧洲移来的劳动者往往为了避开地主资本家的剥削,而到殖民当局权力所达不到的地方去“占地”,成为自食其力的小土地所有者。这是迫切需要劳动力的地主资本家所遇到的另一个困难②。马克思写道:“今天的工资劳动者,明天就会成为独立的自耕农民或手工业者。他们由劳动市场消失了……这种不断的转化,在劳动力市场状态上引起了极有害的反应作用。”③

此外,当时还存在两种情况:第一,在创建北美殖民地的时候,人们会看到西班牙葡萄牙殖民者已经在拉丁美洲建立了奴隶制度,并且正在从奴隶劳动中攫取高额利润④。第二,基督教也并不反对奴隶制度,它甚至认可了这个制度⑤。

为了解决殖民地上劳动力奇缺的问题,也为了防止劳动者逃避剥削和变为独立小所有者的倾向,同时也基于上述两种情况,心中燃烧着发财欲火的北美地主、资本家便建立了强迫劳动制度,他们不问肤色,也不问年龄和性别,把凡是能够劳动的人,一律投到奴隶队伍中去,为他们创造利润⑥。

北美奴隶制度产生的背景,大体上说来就是如此。关于这个问题,马克思作了科学的概括,他写道:“……在殖民地……一旦有相反的情形阻碍着产业后备军的形成,而同时并妨碍着工人阶级对于资本家阶级的绝对隶属性,资本家和它的平凡的桑和·彭萨(Saneho pansa),就马上会背叛那‘神圣的’供求法则,要用强制的

① C·Duncan Rice,The Rise and Fall of Black Slavery. pp. 1~2.

② Simmons,Social Forces in American History. pp. 19~20. Bogart and Thompson,Readings in the Economic History of the United States. p. 84. Lippincot,Economic Development of the United States. p. 75.

③ 马克思:《资本论》,第1卷,第972~973页。

④ C·Duncan Rice,The Rise and Fall of Black Slavery. p. 15.

⑤ C·Duncan Rice,The Rise and Fall of Black Slavery. pp. 6~7.

⑥ Schmidt Ross,Readings in the Economic History of Amercan Ture. p. 244.

手段来支持它了。”①

北美地主资本家最初是利用北美的印第安人充当他们的奴隶。新英格兰殖民地最早使用印第安人奴隶,并且在整个殖民地时期所拥有的印第安人奴隶也比南卡罗来纳以外的其他殖民地更多。在南卡罗来纳,在1708年有一千四百名印第安人奴隶。迟迟到1706年麻萨诸塞还在出卖十二岁以下的印第安儿童为奴(这些儿童是在对印第安人的战争中被掳来的)②。但是,奴役印第安人,碰到许多困难。当时北美印第安人未脱离原始公社阶段,他们习惯于无拘无束的自由生活。当他们被抓去当奴隶之后,总是想方设法逃走,而且附近的印第安人部落也不容忍自己的同胞被人奴役,而竭力帮助他们逃走。甚至如方纳教授所描写的,印第安人在逃回自己的部落之后,往往“从那里邀集更多的伙伴跑回来,以割去他们从前主人的头颅,作为对他们的尊敬”③。1622年弗吉尼亚的印第安人于白人实行大屠杀,这更使得白人不敢使用印第安人当奴隶④。而且,印第安人在体质上也不适于紧张的农田劳动,他们还很容易感染欧洲人所带来的疾病,死亡率很大⑤。由于奴役印第安人遇到上述种种困难,北美殖民地上的地主资本家乃毫不留情地奴役自己的同胞——白人。这样便产生了白人契约奴。

白人契约奴主要可分为两类:第一类是自愿的契约奴,其中以“赎身者”(Redemptioners)为主;第二类是非自愿的契约奴,其中以从英国或其他国家拐骗或绑架来的人为主。

北美殖民地建立后不久,殖民地上的地主商人就委托代理人从欧洲诱致劳动者前来,并且发动了大规模的宣传运动,把北美夸

---

① 马克思:《资本论》,第1卷,第806页。

② Gunes Truslow Adams, Provincial Society. p. 101.

③ 方纳:《美国工人运动史》,第1卷,第29页。

④ C·Duncan Rice ,The Rise and Fall of Black Slavery. p. 26.

⑤ John Hope Franklin, From Slavery To Freedom. p. 47. 福斯特:《美国历史中的黑人》,中译本,第24页。

张成天堂般的乐土,借以吸引欧洲贫民前来①。这些代理人往往是从事殖民地贸易的商人或船主,他们诱致欧洲劳动者最普通的办法便是与想来北美而又缺乏旅费的穷人订立契约,契约规定由商人或船主拿出旅费,在这个穷人到北美后,必须当一定时间"契约奴",以偿还这笔旅费②。这样的契约奴就是所谓"赎身者"。这些商人或船主在到达北美海岸后,一般都把这些契约奴转卖给殖民地上的地主资本家,获利甚多。他们一般把穷人运到弗吉尼亚只花八——十镑的旅费,然而到美洲后,可以按四十、五十,甚至六十镑的高价出卖他们③。因之不久在英国出现了一种经常性的贩运人口的行业,伦敦和布里斯托成了这个行业的中心。参加这个行业的,既有从事殖民地贸易的商人、船主,也有与殖民地素无瓜葛的经纪人④。

非自愿的契约奴主要来自被拐骗的人,因为贩运契约奴获利丰厚,于是出现许多骗子,专门拐骗人口或绑架人口,然后把他们强制运到美洲出卖为契约奴。伦敦大街上充斥着这类歹徒,以致弄得人心惶惶,谈虎色变⑤。到 1681 年为止,平均每年有一万人被从英国拐骗到北美⑥。

运入北美的白人契约奴的数量极大,只是在 1635—1705 年间运入烟草殖民地(弗吉尼亚和马里兰)的契约奴就达八十万人以上。18 世纪来到宾夕法尼亚的移民,有三分之二是契约奴⑦。到独立战争前夕,北美殖民地全部居民中有百分之七十是"赎身者"

---

① 方纳:《美国工人运动史》,第 1 卷,第 30 页。

② Bogart, kemmerer, Economic History of American People. p. 98.

③ George Bancroft, History of the United States of America. Vol. I. p. 138.

④ Bogart, kemmerer, Economic History of American People. p. 98. Lippincot, Economic Development of the United States. p. 78.

⑤ Charles Beard, The Rise of American Civilization. pp. 103 ~ 104.

⑥ Jennings, A History of Economic Progress in the United States. p. 18.

⑦ Kemmerer, Jones, American Economic History. p. 36.

或过去的“赎身者”[1]。

欧洲的许多穷苦劳动者,本来是怀着对新世界的美好的憧憬而决定来美的,但是作为契约奴来到北美之后,他们所遇到的却是主人的残酷压榨及虐待。

自愿的契约奴服役期限为五年到七年,非自愿契约奴为七年到十年,在稀有的情况下,终身服役。在服役期间,他们在主人的支配下从事各种各样的劳动:有的在主人家中做家务劳动,有的在主人的土地上干农活,有的在主人的手工业作坊里做手工劳动。主人总是最大限度地榨取他们的血汗,因为他知道他们在契约期满后就要离开的。主人还可以任意鞭打他们。他们被剥夺了大部分自由,一切行动都受主人约束,甚至结婚也要取得主人的同意。契约奴在被转卖时,往往造成骨肉的分散。主人还时常制造借口,故意延长他们服役年限。由于长期受酷使及虐待而致死者,大有人在,而主人对于契约奴的这种死亡不负法律上的责任。据当代人记载,契约奴“既得不到日常应有的粮食,更没有称体的衣服,尽管事实上(富人们)所享受的种种生活上的舒适,大都是他们不倦地劳苦工作的结果”[2]。

契约奴由于不堪虐待而逃亡的现象,是屡见不鲜的。主人在捉回他们时,往往加以无情的惩罚:在身上打烙印,延长服役年限,有时甚至处死。虽然如此,有的契约奴还是成功地逃走了,他们多半逃到边疆杳无人烟的地方“占地”,并且不止一次地拿起武器来捍卫自己的利益。

但是,契约奴既然是按照契约上所规定的年限服役,那么在服役期满时,都可以获得释放而成为自由人,而且还可以领到“解放费”,其中包括衣服、一支枪、工具及一些土地,其内容因地而异。

---

① Aptheker, Colonial Era. p. 36.

② 方纳:《美国工人运动史》,第1卷,第40页。

在宾夕法尼亚以南,他们通常可以领到五十英亩的土地①。

白人契约奴,在本质上是一种半奴隶制,他们是北美黑人奴隶的先导,最后黑人奴隶制代替了白人契约奴制。在这一过程中,奴隶贸易起了很重要的作用。

二、黑人奴隶制度与奴隶贸易的发展

北美的地主资本家奴役白人契约奴还嫌不够,他们也使用黑人奴隶,黑人奴隶的故乡是非洲,北美黑人奴隶是奴隶贩子从非洲贩运来的。因此,北美之使用黑人奴隶是与奴隶贸易密切地联系在一起的。

非洲奴隶贸易滥觞于15世纪中叶,当时葡萄牙人用惨无人道的手段在非洲西海岸捕捉黑人然后到欧洲市场上出卖。不久,西班牙、英国等国的商人也加入了这种可耻的贸易。在最初五十年间,被贩运到欧洲的黑人,主要在南葡萄牙种植场、西班牙矿山上当奴隶,也有不少黑人在西、葡、英、法等国当家内奴隶②。但是贩运黑人奴隶到欧洲是没有发展前途的。这是因为:第一,15世纪末以后,欧洲开始了剧烈的社会经济变动,封建社会开始衰落,在封建社会的母胎中已经孕育出资本主义萌芽了。新兴资本主义经济所需要的不是奴隶,而是像飞鸟般自由的劳动者。第二,这时欧洲原始积累开始加速进行,有大批失去土地的农民和失去生产资料的手工业者正在等待新兴资本主义经济吸收他们,这更使黑人奴隶在欧洲没有插足的余地。第三,欧洲的银行家、船主、商人及暴发户的家庭只能使用有限的家内奴隶③。

但是,正在这个时候,非洲奴隶贸易却有了新的出路,那就是

---

① Kemmerer, Jones, American Economic History. p. 34.

② 阿普特克:《美国人民史》,第1卷,第8页。

③ John Hope Franklin, From Slavery To Freedom. pp. 45 ~46.

美洲。当时美洲刚刚被欧洲人发现,这块新大陆的丰富的自然资源正在等待开发,迫切需要大量劳动力。因此,非洲和美洲之间的奴隶贸易就开始大规模地开展起来了①。

从1517年主教拉斯·卡萨斯允许西班牙商人每个人把十二个黑人带到新世界时起,对美洲的奴隶贸易就开其端了。最初非洲奴隶被运往西印度群岛,因为这里的种植场上需要大批奴隶。只有从17世纪初以后,非洲奴隶才开始被运到英属北美殖民地。

西班牙是从事非洲与美洲间的奴隶贸易的第一个欧洲国家,然而后来荷兰、法国及英国以及美国也先后参加了这个贸易。荷兰在1621年成立荷兰西印度公司,专门从事奴隶贸易。17世纪在奴隶贸易中占首要地位的便是荷兰,当时荷兰商人出现在美洲几乎每一个港口②。法国开始加入奴隶贸易的行列,也是在17世纪,但是她始终扮演次要的角色。到18世纪,执世界奴隶贸易牛耳的是英国商人,他们这时取代了荷兰人而独占了这个贸易。

其实,英国开始奴隶贸易为时甚早,早在1562年,英国著名海盗约翰·霍金斯就在一次航行中把大批黑人从非洲运到西印度群岛,并且获得惊人的利润。他的这次生意,甚至引起英国女王伊丽莎白的艳羡,在五年后的一次航行中,女王不但以政府力量予以保护,而且自己也参与了这个罪恶事业③。

英国奴隶贸易虽然开始得很早,但是只有到17世纪才开始从事经常性的贸易。1618年英王詹姆士一世颁发了"伦敦冒险公司"的特许状,这个公司在非洲建立了第一个英国贸易站,从这时起,英国贸易才有起色。17世纪中叶以后,英国又在战争中打败了荷兰,于是英国奴隶贸易才有进一步发展④。但是只有到18世

① John Hope Franklin, From Slavery To Freedom. pp. 45 ~ 46. Aptheke, Colonial Era. p. 15.

② John Hope Franklin, From Slavery To Freedom. pp. 49 ~ 50.

③ George Bancroft, History of the United States of America. Vol. I. p. 136.

④ John Hope Franklin, From Slavery To Freedom. pp. 52 ~ 53.

纪,英国才在奴隶贸易上压倒一切国家,并且取代荷兰而独占了这个贸易。这里原因有二:第一,1698 年英国政府允许私人企业参加奴隶贸易。第二,1713 年英国与西班牙订立的乌特勒支条约,使得英国有权在三十年内独占西属美洲殖民地的奴隶贸易:英国每年可以运去 4800 个奴隶①。

在英国独占奴隶贸易后,利物浦由于成了英国奴隶贸易的基地而空前繁盛。利物浦在 1730 年用在奴隶贸易上的船只为十五艘,到 1751 年增至五十三艘,1760 年达到七十四艘,1774 年为九十艘,1792 年达到一百三十二艘②。

北美新英格兰商人从 17 世纪也开始靠奴隶贸易而获利。

奴隶商人取得黑人的方式不一而足。第一种方式是商人以非洲海岸的贸易站为基地用各种棉织品、黄铜、锡蜡制的器皿、各式各样大小不一的串珠、象牙盒、枪支、火药和酒类等物从酋长手中购买黑人。这些酋长为此而进行不断的战争,袭击邻近部落,把俘来的黑人出卖给欧洲商人③。第二个方式便是商人自己动手去"猎取"黑人。他们在"猎取"黑人时表现了极大的残酷性。据英国商人霍金斯的自供,有一次远征非洲时,他放火烧了一个城市,全市居民有八千人,他劫走了二百五十人。这些买卖人口的恶棍有时还用卑鄙的欺骗手法去补充暴力手段。比如 1645 年一伙奴隶商人在到达非洲海岸后,"邀请黑人到他们船上",表示要款待他们,岂知这些黑人来到船上时,一个个都从座上宾变为阶下囚。然后这些歹徒再登陆突袭一个市镇,杀人放火,无恶不作④。

但是也不要忘记,奴隶贩子在"猎取"黑人时,往往遭到黑人的猛烈抵抗,因而使自己蒙受重大的损失⑤。黑人在从非洲到美

---

① Du Bois, The Suppression of the African Slave Trade to the United States. p. 2.

② 马克思:《资本论》,第 1 卷,第 960 页。

③ John Hope Franklin, From Slavery To Freedom. pp. 54, 55 ~ 56.

④ George Bankroft, History of the United States of America. Vol. I, pp. 136 ~ 137.

⑤ Foster, Negro People in American History. pp. 28 ~ 29.

洲的途中,也进行英勇的抵抗。据一个商人讲,黑人是“那么顽固和眷恋故土,以致他们时常从船上跳到大海里,在水里呆着一直到淹死为止”[①]。

在美洲的航海途中,黑人的遭遇更为惨不忍闻。在船上由于卫生条件不好,病死者比比皆是。黑人在途中死亡率高得惊人:1700—1750 年间,英国商人从非洲运走的黑人有一百五十万人,其中死在途中者竟达八分之一[②]。然而即使这样,奴隶商人还是赚了很多钱,18 世纪末一个船长在出卖三百零七个奴隶时,可以得到 360 镑的佣钱,而商人可以赚 465 镑。一艘载 250 个奴隶的船在一次航行中净赚 7000 镑,也是很寻常的事[③]。

关于在非洲奴隶贸易中被运走的黑人的数目,统计材料是颇有出入的。据美国黑人学者杜波伊斯估计,从非洲运往美洲去的奴隶人数如下:16 世纪为九十万人,17 世纪为二百七十五万人,18 世纪为七百万人,19 世纪为四百万人,总数为一千五百万人左右。虽然他认为这些数字不大可靠,但是他说最低限度有一千万非洲人被劫往美洲去。据隆歇尔的估计,在 17 及 18 世纪运到美洲去的奴隶达一千五百万人,在 1798—1848 年间又有五百万人运进美洲。这就是说,一共有两千万人[④]。据阿普特克的统计,在四百年的非洲奴隶贸易中,大约有一千五百万非洲人活着被运往西半球去[⑤]。

我们还没有掌握全部必要材料去精确地核对上引数目字,但是其数目之大,是不成问题的。而且,上面的数字还不能说明万恶的奴隶贸易给非洲造成的全部损失,因为它还没有把在奴隶贸易

---

① John Hope Franklin, From Slavery To Freedom. pp. 28 ~ 29.

② Great Events By Famous Historians. Vol. xl, pp. 88 ~ 90.

③ John Hope Franklin, From Slavery To Freedom. p. 57.

④ Jean Suret Canale, Afrique Noire Occibentale et Central, 俄译本, 第 186 页。John Hope Franklin, From Slavery To Freedom. p. 58.

⑤ 阿普特克:《美国人民史》,第 1 卷,第 10 页。

过程中死亡的黑人包括在内。据阿普特克计算，每有一个黑人活着到美洲，就有五——六个黑人死亡。他们死在非洲争夺黑人的部落战争中，在从非洲内地到海岸去的旅途中，在运奴船中①。杜波伊斯也认为活着到美洲的黑人与死在运奴过程中的黑人的比例为一比五，因此他得出结论说：奴隶贸易一共夺走了六千万个非洲人②。

这对非洲说来，真是骇人听闻的损失，奴隶贸易之夺走如此之多的黑人，在非洲历史上造成了极其深远、极其猛烈的社会倒退。奴隶贩子所夺走的黑人多是身强力壮的、有能力的青年。而且捕捉黑人的地方正是非洲文化最高的地方（指撒哈拉以南的非洲）。非洲人的精华被劫走了，这对于非洲的社会经济发展，起极其有害的作用，使它倒退了好几个世纪。

在奴隶贸易中发生一种奇怪的现象：黑奴不间断地、大批地被运进美洲，但是美洲的黑人并不相应地增多。林香神父写道："……在五十年间仅仅圣多明格群岛一地就输进二百二十万个奴隶，但是现在它的全部黑人只有六十万人。"马提尼克群岛总督费尼伦对此作了一个实事求是的解答，他说：美洲黑人人口之所以减少，其原因在于食物粗粝，劳动过度等等。奴隶贩子德格兰普尔不得不承认："假如不经常地把新的奴隶群运进来的话，安提尔群岛的奴隶人口将在最短期内最后死绝。"③正是这个秘密，才使得奴隶贸易得到不断发展和繁荣。

奴隶贸易虽然给非洲带来如此浩劫，但是在另一方面它却增大了欧洲资产阶级的腰包，成为资本主义原始积累的重要来源之一。供给英国工业革命所需要的资本，在不小的程度上来自这种可耻的贸易。同样，奴隶贸易也促进北美新英格兰工商业的繁荣。

① 阿普特克：《美国人民史》，第1卷，第10页。
② Jean Suret-Canale，Afrique Noire Occibentale et Central，俄译本，第186页。
③ Jean Suret-Canale，Afrique Noire Occibentale et Central，俄译本，第184～185页。

下面谈一下黑人奴隶制度在北美确立和发展的情况。

三、黑人奴隶制在北美确立的过程

到17世纪末,黑人奴隶制度已经在北美殖民地上正式确立,并且成为一种正常的劳动制度。但是它之确立,非一朝一夕之功,是有一个演变过程的①。

1619年荷兰船只把二十名黑人运到弗吉尼亚的詹姆士顿港口出卖,这是运入英属北美殖民地上来的第一批黑人奴隶。不过,最初殖民地上的地主资本家还意识不到黑人在北美经济生活中的作用,因为不断地运进白人契约奴。他们也很少注意黑人的身份。所以黑人所处的地位,与白人契约奴无何重大区别。1619年运入的第一批黑人就是被当作契约奴看待的。在1623及1624年的弗吉尼亚人口调查中,黑人是作为"契约奴"被登记入册的。在弗吉尼亚的种植场上,黑人是与白人契约奴并肩劳动的。一直到1651年,某些服役期满的黑人和白人契约奴一样得到释放,并且领到一些土地②。诚然,黑人比白人契约奴所受的待遇更坏,服役期限更长,"犯罪"时,受更严厉的惩罚(如1662年弗吉尼亚的法律规定:黑人与白人通奸,要比白人之间通奸,罚金多一倍)③。但是在第一批黑人到达弗吉尼亚后的四十年内,黑人是以契约奴的身份存在的④。在麻萨诸塞,最早的黑人奴隶也享有和白人契约奴相同的权利。在审判纵火、谋杀及强奸等案件时,麻萨诸塞的司法机关

---

① C · Duncan Rice ,The Rise and Fall of Black Slavery. p. 24.

② John Hope FranKlin, From Slavery To Freedom. p. 70. C · Duncan Rice ,The Rise and Fall of Black Slavery. p. 84. 莫里森等:《美利坚合众国的成长》,中译本,第1卷,第1分册,第94页。

③ C · Duncan Rice ,The Rise and Fall of Black Slavery. p. 84.

④ John Hope Franklin, From Slavery To Freedom. p. 20.

是不分肤色的[1]。

这样,北美殖民地上的地主商人并没有一开始就把黑人当作奴隶来用,只有迟迟到17世纪晚期,他们才正式确立黑人奴隶制度。

这是为什么?关于这个问题,史学界曾有不同的解释。有的学者认为奴隶制度早已在欧洲消失了,而且英国法律也不支持奴隶制度。也有的人认为英国移民者不存在奴役黑人的偏见,他们不大愿意奴役外来人种。其实这些解释显然都是站不住脚的。在北美殖民地上,黑人奴隶制度确立较晚,其主要原因在于:在殖民地初创的四十年内,进口的黑人数量太少,从而把他们隔离成独特的法律范畴,是行不通的。比如弗吉尼亚在1660年以前从未超过几百人,到1660年,北美所有的英属殖民地上只有3000个黑人[2]。那么为什么在殖民地初期进口黑人是那么少呢?主要原因有二:第一,当时北美地主商人财力不足,无力购买那么多的黑人奴隶。第二,当时荷兰商人垄断奴隶贸易,出卖黑人时卖价甚昂。

只有到17世纪晚期,随着黑人人口的增加,北美殖民地上的黑人才正式沦为奴隶,黑人奴隶制度才最后确立。弗吉尼亚殖民当局在1670年颁布的法规宣布:“用船运进这个殖民地的非基督教徒,都是奴隶。”到1682年又增加下列条款:“接受基督教的信仰,并不能成为解放的理由”;白人男子与黑人妇女结合所生下来的子女,也是奴隶[3]。在马里兰殖民地,1663年的法律规定:该殖民地上所有的黑人都是奴隶,而且将要出生的一切黑人幼儿也都是奴隶。1671年的法律又规定:奴隶即使信仰基督教,也不影响其奴隶身份。在纽约殖民地,在荷兰统治时期,黑人的身份还不明确。但是在1664年英国夺取了纽约殖民地后,便开始加强了对于

---

① C·Duncan Rice ,The Rise and Fall of Black Slavery. p. 49.

② C·Duncan Rice ,The Rise and Fall of Black Slavery. pp. 25 ~ 26.

③ George Bancroft, History of the United States of America. Vol. I. pp. 71 ~ 73.

黑人的管制。1665 年,殖民地当局正式颁布法律,宣布黑人为奴隶。在新英格兰,最初黑人的地位也是不固定的,第一批运进的黑人在服役一定年限后,都可以得到释放。但是后来由于奴隶主需要永久性的劳动力,便把黑人变为奴隶。不过只有到 17 世纪晚期,黑人奴隶制才在新英格兰得到法律上的认可①。

殖民地上的地主商人之所以决定把黑人降到奴隶的地位,是因为在他们看来,这样做有许多方便及好处。第一,可以解决使他们烦恼的劳动力缺乏的问题。随着殖民地的经济发展,地主资本家越来越感到劳动力不够,如果让黑人继续享受白人契约奴的待遇,期满可以得到释放的话,会严重地减少他们的劳动人手。而把黑人变为奴隶,则不但可以奴役他们终身,而且还可奴役他们的后代。一句话,可以使在黑人身上的投资带来更多的利润②。第二,把黑人降到真正的奴隶地位,还可以收"分而治之"之效。他们最害怕黑、白劳动人民的团结,在他们看来,把黑人降到比白人契约奴更为低下的地位,就有可能在白人劳动者中间灌输种族优越感及对于黑人的种族歧视,这对于巩固地主资本家的统治是有帮助的。

黑人之被降到奴隶地位,激起了他们的英勇反抗。1687、1709及·1710 年在弗吉尼亚先后发生三次黑人奴隶起义的密谋事件③。1712 年在纽约市区曾有二十三个黑人奴隶拿起武器举行暴动,以反抗"他们的主人所加于他们的残酷的待遇"④。

黑人奴隶暴动及密谋的频发,引起了奴隶主莫大恐惧,为了防止奴隶起义,为了巩固奴隶制度,他们感到有必要制定一部奴隶法典,以便加强对于黑人的控制。

早在 17 世纪末,弗吉尼亚就颁布了奴隶法典,它规定:奴隶不

① John Hope Franklin, From Slavery To Freedom. pp. 88 ~ 91, 103 ~ 105.

② C. Duncan Rice, The Rise and Fall of Black Slavery. p. 57.

③ 阿普节克:《美国黑奴的起义》,中译本,第 15 ~ 16 页。

④ 方纳:《美国工人运动史》,第 1 卷,第 42 页。

得主人许可,不能擅自离开劳动场所及住处。奴隶犯有谋杀及强奸罪者,处以绞刑。盗窃行为要受鞭笞六十下,带上颈手枷,耳朵钉在柱子上半小时,然后把耳朵割掉。犯任何微小的"过失"都要受到"惩罚",轻者鞭打,重者打成残废或打烙印①。奴隶主"因施行极端的惩罚而致奴隶死亡者,不算是重罪","追捕逃亡的有色人奴隶,即使打伤或者甚至杀死他们",也是合法的。在马里兰殖民地,1659 年的奴隶法典规定:奴隶凡杀人、放火、盗窃、与白人交往及对主人"不敬"者,处以鞭笞、打烙印一直到死刑的惩罚。到殖民地末期,马里兰已经有了一套很完备的奴隶法典。在所有的殖民地中,以南卡洛来纳的奴隶法典最为残酷。1686 年,南卡洛来纳立法会议通过了第一部"奴隶法典",它规定:如果不得主人的同意,奴隶在每天日落与日出之间不得离开主人的地方。1722 年又颁布新法,它授权法官搜查黑人的枪支、刀剑及其他武器,发现时即予以没收。不仅杀人,而且盗窃、逃跑及放火者,也都处以死刑。更有甚者,南卡洛来纳在处死黑人时,采取最惨无人道的手段:磔刑,烧刑及饿死等等②。

在纽约殖民地,1705 年的法律规定:逃亡奴隶在被抓住时,要处以死刑,只要有两个人作证即可③。在纽约,"法律禁止四个以上的奴隶集合,甚至木棍也不能携带,违者笞十下"④。

为了严格执行黑人法典,奴隶主还设立普遍巡逻制度(这主要是在南方),巡逻人员至少每周巡查黑人住宅区一次。他们也负责搜捕逃亡奴隶⑤。

为了巩固奴隶制度,奴隶主还千方百计地从思想上麻痹奴隶。基督教的牧师向奴隶宣传说:奴隶制度是使异教徒接受基督教和

---

① John Hope Franklin, From Slavery To Freedom. pp. 73, 77 ~ 78.

② Du Bois, The Suppression of the African Slave Trade to the United States. p. 5.

③ John Hope Franklin, From Slavery To Freedom. pp. 90 ~ 91.

④ John Fiske, The Dutch and Quaker Colonies. vol. Ⅱ. pp. 287 ~ 288.

⑤ John Fiske, Old Virginia and the Neighbours. vol. Ⅱ. pp. 202 ~ 203.

拯救灵魂的最好的制度。奴隶主还对奴隶说:黑人是野蛮的种族,这个种族只有接触“西方文明”才能变成文明的种族,而奴隶制度就是黑人接受“文明”的最好的媒介。他们又胡说什么黑人的性格、气质及肤色注定了他们的天然命运是当奴隶①。

这样,黑人奴隶制度这个经济基础刚一确立,产生在这个基础上面的上层建筑便成为“极大的积极力量帮助自己基础的形成和巩固”。随之,黑人奴隶制取代白人契约奴的过程也开始了。

四、黑人奴隶制之取代白人契约奴隶制

在时间上,北美殖民地之使用黑人奴隶要比使用白人契约奴为晚。比如,在弗吉尼亚,第一批被使用的劳动者便是白人契约奴②。而且在殖民地早期,白人契约奴在数量上占很大的优势,而黑人则为数寥寥。在乞撒皮克湾地区,在总督柏克莱时代,居民中有百分之十三的人是白人契约奴,而黑奴只占百分之五。17 世纪在烟草殖民地上,白人契约奴为数达十万人之众,黑人则少得多③。1671 年在弗吉尼亚,白人契约奴有六千人,而黑人奴隶只有两千人④。

但是到 18 世纪,情况大不相同:黑人奴隶在人数上压倒了白人契约奴的人数。班克罗夫特教授认为 1714 年北美大陆殖民地上的奴隶人口总数为 5900 人,1727 年为 78000 人,1754 年为 293000 人,1790 年的人口调查表明:北美的奴隶有 697897 人⑤。这种倾向在南方尤为突出。在独立战争前夕,黑人奴隶人口几乎

① John Hope Franklin, From Slavery To Freedom. pp. 85 ~ 86.

② Ulrich B、Pbillips, Plantation with Slave Labour and Free. Amesican Historical Review. Vol. 30. p. 739.

③ Michael Krauss, The United Stated to 1865. p. 72.

④ Schmidt and Ross, Readings in the Economic History of Amercan Ture. p. 86.

⑤ Du Bois , The Suppression of the African Slave Trade to the United States. p. 5.

占南方全部人口的40%①。一句话，黑人奴隶有取白人契约奴而代之的趋势。这是为什么？道理也很明显。首先，在主人眼中，“契约奴”的“缺点”之一，便是他们服役期间有限。卡洛来纳的一个牧师在1716年写道：“……白人奴仆不大值得养活，他们在契约期满之后，绝不留下来工作……”②。黑人奴隶不但终身服役，而且他们的子女也是主人的财产，因而不像白人契约奴那样在服役期满后因离开主人而造成工作的中断③。当主人非法留住白人契约奴不放时，他们还可以控告主人，这也给主人带来很大麻烦④。因此，主人很自然地倾向于使用黑人奴隶。其次，白人契约奴有反抗精神，当主人虐待他们时，他们或者杀死主人以示报复，或者逃亡，或者反抗闹事。而且白人契约奴在服役期满后，就变为失业者，这对于法律及社会秩序是一个很大的威胁⑤。再者，主人维持黑人奴隶所需要的费用，要比白人契约奴少一半以上⑥。而且主人在契约奴期满时，还得拿出一笔“解放费”。这些都是主人不愿使用白人契约奴的原因。此外，白人契约奴的来源也愈益减少。到18世纪，英国政府明令禁止人们以契约奴身份迁往北美⑦。因为英国政府害怕英国人口流出，造成国内劳动力减少。同时，英国劳动者后来还认识到北美殖民地并不是什么天堂。这也是白人契约奴来源减少的原因。相反地，黑人来源充沛，进口的黑人到18世纪剧增。18世纪60年代每年平均进口奴隶总数在四万到十万之间⑧。这是因为在英国政府的鼓励下，奴隶贸易日益发展。主

---

① Aptheker, Colonial Era. p. 39.

② Jennings, A History of Economic Progress in the United States. p. 70.

③ Bogart Kemmerer, Economic History of American People. p. 107.

④ John Hope Franklin, From Slavery To Freedom. p. 48.

⑤ C · Duncan Rice , The Rise and Fall of Black Slavery. pp. 23, 26, 57.

⑥ 方纳：《美国工人运动史》，第1卷，第38页。

⑦ 安娜·罗乞斯特：《美国资本主义（1607—1800）》，第25页；莫里森等著：《美利坚合众国的成长》，中译本，第1卷，第1分册，第95页。

⑧ Du Bois , The Suppression of the African Slave Trade to the United States. p. 5.

人之所以越来越多地使用黑人奴隶，也是因为他们看到使用黑人奴隶有以下多方面的好处：黑人的肤色可以帮助区别于其他居民，便利于特殊的剥削，在他们逃跑时也便于识别他们，从而很容易地把他们抓回来①。黑人体力强壮，适合于南方的农活。黑人被从非洲运入北美后，处于孤立无援的状态，“没有自己的同胞和社会组织来帮助他们逃跑或者进行反抗”②。当他们受主人虐待的时候，“在政府中没有朋友，也不理解如何向政府控诉”③。

由此可见，北美殖民地上的奴隶主之所以越来越多地使用黑人奴隶，越来越少地使用白人契约奴，并不是由于主观上同情白人，而是由物质利益及利害关系决定的。

五、黑人奴隶制度在空间上发展的不平衡

在十七八世纪，黑人奴隶制度是在北美十三个殖民地上普遍存在的。但是，在南部与中部、北部之间存在很大的差别，在中部、北部，黑人奴隶除了从事农业劳动以外，更主要地是当家内奴仆、阍人、园艺工人、厨师、随从、车夫、店员，甚至从事手工业劳动。一般主人是和奴隶一道劳动的：共同耕种土地，或共同在小作坊里劳动。主人拥有一、二名奴隶是最普遍的现象，超过此数者甚少④。而在南部则情形迥异。在这里，奴隶主要是在大种植场上成群地劳动。主人所拥有的奴隶多在几十人以上，甚至几百人。奴隶主之剥削奴隶，也比北部、中部更残酷得多。这里的奴隶饮食很坏，也往往没有蔽体的衣服⑤。在南卡罗来纳稻米种植场上，黑人在

---

① John Hope Franklin, From Slavery To Freedom. p. 49.

② 阿普特克：《美国人民史》，第1卷，第9页。

③ C · Duncan Rice , The Rise and Fall of Black Slavery. pp. 54 ~ 55.

④ John Fiske：前引书，第286～287页。John Hope Franklin, From slavery To Freedom. pp. 93, 97, 100, 105.

⑤ Hart, American History Told By Contemporaries. Vol. Ⅱ. p. 307.

灼人的阳光下劳动于沼泽之中，健康受害很大。奴隶主往往不顾奴隶死活一味地驱使他们作繁重的劳动，奴隶因劳累过度而死者，不可胜数①。在弗吉尼亚的潮水地带，奴隶主用监工去监视奴隶劳动，监工所领的工资与生产量成正比例，这就推动监工加紧驱赶奴隶劳动，以致奴隶的命运完全处在监工的摆布之下。奴隶主之虐待奴隶致死者，不乏其例。有一个叫做萨缪尔·格雷的奴隶主，把逃跑的黑孩子绑在树上，然后用鞭子把他活活打死。主人打死奴隶通常并不算犯罪。1656 年在马里兰有一个奴隶主在用警犬把逃亡的奴隶捉回来之后，用烧热的猪油浇在奴隶身上，把他生生烫死。这个灭绝人性的奴隶主虽然被送到法庭受审，但是最后还是无罪获释②。

在南部殖民地上，奴隶制度也破坏了黑人奴隶的正常的家庭生活及性生活。白人与黑人通奸者亦复不少，因而在南方种植场上出现了许多黑白混血儿③。更悲惨的是，时常在出卖奴隶时，拆散了夫妇关系。

南部和中部北部的奴隶制度不但有上述重大差别，而且随着时间的推移，在发展上也表现了很大的不平衡：到 18 世纪，中部、北部的黑人奴隶制度寖假有趋于衰落之势，而南部的奴隶制度则愈来愈发展起来。这从黑人人数的分布中可以看出。

1760 年，整个北美殖民地上的黑人奴隶总数达四十万人，而其中有四分之三集中在南部④。1750 年，弗吉尼亚的黑、白人口相等，都是二十五万人⑤。18 世纪 60 年代，北部的麻萨诸塞殖民地的黑人只占全人口的 2.2%。1774 年，罗德·艾兰有黑人 3761 人，占全人口的 6.3%，摩涅狄格为 6464 人，占全人口的 3.2%。

① John Fiske, Old Virginia and Her Neighbours. Vol. Ⅱ. pp. 326 ~ 328.

② 阿普节克《美国黑奴的起义，1626—1860》第 7 页。

③ John Fiske：前引书，第 2 卷，第 202 ~ 203 页。

④ Jennings, A History of Economic Progress in the United States. p. 20.

⑤ John Fiske：前引书，第 2 卷，第 191 页。

独立战争时,新英格兰的黑人只占全人口的2.4%,即16000人。同一时期,中部几个殖民地的黑奴人口占总人口的8%①。

黑奴在北部殖民地上人数太少,所以在这里的经济生活中几乎不发生什么作用。

为什么出现这样的不平衡?为什么在北部、中部殖民地上黑人奴隶制日趋衰落,而在南部殖民地上它越来越走向发展和繁盛?这主要和各地区的自然地理条件及经济情况的巨大差异有密切的关系。

黑人奴隶制度之所以在北部、中部逐步趋于衰落,是地理环境有以使然,而不是由于这里的人们道德高尚。

以北部来说,这里冬季漫长,土地多石而贫瘠,这种艰苦的环境使许多人向工商业方面发展,而从事农业的人们也只能进行多样化农产品的小规模生产。在工商业及小农经济中实行大规模的奴隶制度,在经济上是不可能的②,诚如安东尼·宾拔所说的,"奴隶制度之所以未能在北部诸州巩固地建立起来,是因为没有适合于它生存的肥沃的土壤。奴隶劳动并不是为工商业所需要的。资本主义制度需要的是另一种奴隶制度,也就是说,工资奴隶制——它要求'自由'劳动者。"③

在中部殖民地上,黑人奴隶制同样不是经济上的必需。这里的土壤虽然不像北部那样坏,但也没有南方那样好,所以也没有引起南方那样大规模的农业生产,因而小农经济占优势。在小农经济的基础上,不可能发展大规模的奴隶制度。在纽约殖民地上,大地产主要是由地主租给佃农耕种,因此对于奴隶劳动的需要,比南方小得多④。宾夕法尼亚的居民虽然主要从事农业,但是工商业也很发达,在这样的社会经济环境里,奴隶制也无从发展,所以这

① C·Duncan Rice ,The Rise and Fall of Black Slavery. pp. 48 ~ 49.
② Charles Beard, Mary Beard, The Rise of American Civilization. Vol. I. p. 55.
③ 转引自 Foster, Negro People in American History. p. 36.
④ John Fiske:前引书,第2卷,第286页。

里的黑人奴隶主要限于家内服役[①]。黑人历史学家约翰·霍普·富兰克林关于这个问题作了如下的概括:"作为一个制度,在殖民地时代末,在大部分中部殖民地上,奴隶制度是失败了。工商业在这个地区占优势,这就阻碍了大规模采用奴隶劳动。除了在哈得逊及德拉瓦尔河以外,是没有欢迎大规模购买奴隶的农场的。荷兰人、瑞典人及德意志人小心翼翼地耕种自己的土地,所以不适合广泛使用奴隶。"[②]

在南方,黑人奴隶制度之所以得到极大的发展,主要是由南方的自然地理和气候条件决定的。在这里,在山脉与海洋之间形成了约二百英里宽的沿海平原,这是一条河川缓流、土壤肥沃的地带,海潮通过河溪而浸润内地。在这个潮水地带后面,肥沃的土地一直延展到阿巴拉契安山脉的脚下[③]。这样得天独厚的优良的地理条件,再加上南方气候炎热,颇适于烟草、大米等农作物的大规模生产[④]。此其一。

早在16世纪中期,烟草就从美洲输往欧洲,在英属北美殖民地创建之前,烟草在欧洲的市场已经存在五十年左右[⑤]。而且烟草在欧洲市场上的卖价当时很高,约翰史密斯船长在王家委员会上的证言便是很好的证明。当时有人问他为什么弗吉尼亚种烟草而不种小麦时,他回答说:一个人的劳动力在烟草种植中所生产的价值为种小麦的六倍[⑥]。此其二。

上述两种情况结合在一起,便推动南方地主资产阶级大规模地生产烟草和稻米,建立了烟草和水稻的种植场。

而在急于获利的南方大种植主看来,在大规模生产及土壤肥

---

① John Fiske:前引书,第2卷,第325~326页。

② John Hope Franklin, From Slavery To Freedom. p. 98.

③ 安娜·罗乞斯特:《美国资本主义(1607—1800)》,第19页。

④ Schmidt and Ross, Readings in the Economic History of Amercan Ture. pp. 86~87.

⑤ Schmidt and Ross, Readings in the Economic History of Amercan Ture. p. 83.

⑥ Schmidt and Ross, Readings in the Economic History of Amercan Ture. pp. 85~86.

沃的条件下，使用无知识而又身强力壮的劳动力用原始的方法，粗放的方式耕种土地，最为划算，而不需要有知识有技巧的自由劳动力去深耕细作。而且他们又认为大面积的种植场也有利于把劳动者组织起来成群结队地生产。因此，他们决定使用最适合这些条件的黑人奴隶。一句话，按照种植场主的想法，在大片肥沃土地上使用大群的黑人奴隶进行原始的耕作，是成本最低、赚钱最多的好办法①。在南方，使用奴隶进行大规模生产之有利可图，下面图表可资证明：

每年支出（成本）	每年收入
（1）购买奴隶用的资本（50 镑）的利息 …………………… 2 镑 10 先令 （2）每名奴隶所需要的农场资本的利息 ……………………… 2 镑 （3）每名奴隶的生活费 …… 3 镑	（1）二桶烟草 ……………… 16 镑 （2）玉蜀黍 ………………… 4 镑
总　计　　7 镑 10 先令	20 镑

图表表明：每名奴隶全年所创造的财富值二十镑，而每名奴隶每年的全部花销只不过七镑十先令而已，从而每名奴隶每年给奴隶主创造的纯收入是十二镑十先令。在独立战争前夕，维持一个奴隶的费用为七镑十先令，而雇用一个自由劳动者，每年要付出二十镑的工资②。

这就是为什么黑人奴隶制度在南方发展起来的主要原因。

最后，黑人奴隶制度之所以能够在北美特别是在南方得到发展，在很大程度上也与英国实行的政策有关。英国统治阶级对北美殖民地的政策之一，便是大力扶植奴隶制度。为了扶植奴隶制

① Charles Beard, Mary Beard, The Rise Of American Civilization. VOI, I. p. 45.
② Schmidt and Ross, Readings in the Economic History of Amercan Ture. pp. 86 ~ 87.

度,英国一再干涉殖民地对于奴隶贸易的限制。

这个问题必须从北美殖民地限制奴隶贸易谈起。北美殖民地由于种种原因,曾经要求限制奴隶贸易。在南卡洛来纳,并且在某种程度上在弗吉尼亚,对于奴隶暴动的恐惧使得殖民地上的统治阶级有了抑制奴隶进口的要求。在纽约从事奴隶贸易的商人自己也想限制奴隶人口的数目,目的在于抬高奴隶价格。此外,殖民地上的一些进步人士基于道德上的理由,更要求禁止奴隶进口。在这个情况下,在18世纪一个时期一些殖民地在不同的程度上采取措施去限制奴隶贸易。有的对奴隶进口征收进口税,有的完全禁绝进口。但是,这样的措施,都被英国否决了。比如,1760年南卡洛来纳禁止奴隶进口,但是这个措施马上被英国枢密院下令撤销。1710年弗吉尼亚的立法机关制定一项法令,对于进口的奴隶每名征收五镑的税,但是这也被英国否决了①。此外,英国政府还时常训令北美殖民地上的总督,叫他们"给(奴隶贸易)商人……特别是给英国王家公司以一切应有的鼓励和劝诱"。殖民地上的总督一般地都奉命唯谨地执行英国政府的这样训令。早从1700年以来,鼓励奴隶贸易就已经成为英国政策中的指导原则②。

因此,奴隶贸易畅通无阻,商人源源为南方殖民地运入奴隶。这样一来,奴隶制度一年一年地在南方发展起来。

那么为什么英国扶植北美的奴隶制度呢?这是因为:奴隶制度在北美的发展,对英国统治阶级说来有以下几种好处:第一,可以为英国提供大量经济作物,如烟草大米等。关于这一点,阿普特克写道:"对英国统治者而言,种植园经济比许多自由土地持有者经营的农业更是特殊有利。因为这种经济提供一种最好的手段,便于控制大批劳动力,生产英国本国所缺少的原料。"③第二,可以

① Lippincott, Economic Development of the United States. pp. 81 ~ 82.

② Du Bois, The Suppression of the African Slave Trade to the United States. p. 4.

③ 阿普特克:《美国人民史》,第1卷,第8页。

使英国奴隶贸易商人赚得更多的钱。第三,可以巩固英国对于殖民地的统治,英国统治阶级最担心自由小农经济在北美的发展。在他们看来,自由小农经济是民主政治的温床,不利于英国对于殖民地的统治,而发展种植场奴隶制经济则可以抑制自由小农经济的发展。

这样看来,黑人奴隶制在南方得到巨大的发展,是完全合乎规律的现象,它不但是南方自然地理条件所决定的,同时也是英国统治阶级大力扶植起来的。

总而言之,北美殖民地上的地主资产阶级为了解决劳动力缺乏问题,为了防止劳动力流动及其从劳动市场上消失,同时也由于有西、葡殖民地上的奴隶制度的先例可循,使用强暴手段建立了强迫的劳动制度,凡是能劳动的,都成了他们奴役的对象。他们奴役了印第安人,但是遇到很多困难,以致印第安人奴隶制一直没有发展起来。他们也奴役了自己的同胞,使用了契约奴,但是由于契约奴不合乎他们的要求,所以最后使用黑人奴隶去代替白人契约奴。而黑人奴隶制度的形成,一方面,由于黑色皮肤便于奴役,另一方面也和奴隶贸易有密切关系。奴隶贸易是世界资本主义原始积累过程的一部分,它一方面给非洲带来空前的浩劫,也使千千万万个黑人陷于奴隶制的深渊,但是另一方面却养肥了世界资本主义。因此,北美奴隶制度的产生,是欧美资产阶级的重要罪行的表现。北美奴隶制之所以在南方发展起来,不但与南方的自然条件有关,而且也是宗主国——英国资产阶级大力扶植的结果。最后,我们可以得出这样的结论:北美黑人奴隶制度之出现,固然与北美的特殊的历史条件及南方的自然条件有莫大的关系,但是北美的地主资产阶级,从事奴隶贸易的欧洲资产阶级,以及英国资产阶级要负主要责任。

这里可能发生一个问题:既然北美奴隶制度之产生是由北美的特定的历史及地理环境决定的,那么为什么要由资产阶级承担责任?实际上这个问题容易回答,因为北美的特定的历史条件及地理环境，也只有和资产阶级的贪婪性结合在一起，才产生奴隶制度。我们知道，在同样的历史条件及地理环境下，也未尝不可以出现更民主的劳动制度，问题在于当事人是哪个阶级。

第十三讲　林肯的政治家风范

在过去二十余年中，我曾对林肯作了多次的评价，但是这些评价也是有一个发展过程的。最初，在“左”的思潮的影响下，在一篇文章①里我对林肯否定得过多，过分强调他的资产阶级局限性。嗣后在《林肯解放奴隶的真相》（《史学月刊》1965 年 8 期）一文中，我进一步发挥了这个观点。在打倒“四人帮”之后，我的认识提高了，我开始审查我过去在林肯评价中所持的旧观点，发现我过去对林肯的评价有失公正。因此，我在 1977 年又写了一篇文章（《论林肯》，《开封师院学报》，1978 年第一期），本着实事求是的精神，充分肯定了林肯的进步性，把他评价为一位伟大的资产阶级政治家。但是在同一文中我仍指出了他的某些错误和瑕疵，特别批评了他对南方叛乱者的“无原则的宽大”。

去年偶然忆起宋代叶梦得的一段话，受到了很大的启发，感到有必要重新评价林肯，对他作出更多的肯定。叶梦得的原话是这样说的：

“大抵人才有四种，德量为上，气节次之，学术又次之，材能又次之。欲求成材，四者不可不备。论所不足，则材能不如

① 见拙文：《林肯·黑人与奴隶制度》，《光明日报·史学》1963 年 4 月。

学术，学术不如气节，气节不如德量。”①

这显然是叶氏向中国封建时代士大夫统治层人物提出的要求。在他看来，这些人应该具备德量、气节、学术及材能等四个条件，而其中以“德量”最为重要。我感到叶氏此语深有见地，在品藻历史人物方面洵是不刊之论。至于叶氏所理解的“德量”，具体内容如何，我们不得而知，因为他没有进一步深论下去。

但是，据我个人的理解，“德量”应该是一种很高的政治美德，一位有“德量”的政治家，应该心胸坦荡，有容人之雅量；能高瞻远瞩，气度恢宏；虚怀若谷，善于纳谏，而不刚愎自用，自以为是。“德量”二字译成现在汉语，就是“政治家风范”。

如果用马克思主义加以改造和具体化，我认为，“德量”应该包涵以下几种政治品德：

第一，不固执地坚持自己的错误意见，乐于采纳反对者的正确意见，勇于改正自己的错误。

第二，愿意倾听人民的声音，接受人民的正当要求。

第三，在处理国家大事时，能处处顾全大局，而不囿于某一特殊集团或个人的狭隘的偏见。

在我看来，林肯一生的行事，特别是他在内战期间内的活动和举措，就完全符合上述三个标准。因此他不愧为一位具备“德量”的伟大的政治家。

下面我们就看一看林肯都具备哪些政治家风范。

一、乐于采纳反对者的正确意见，勇于纠正自己的错误

在内战初期，林肯是反对解放奴隶的。

林肯在就职演说中明确地告诉国人说，他“无意直接地或间接地干涉奴隶制存在的诸州的奴隶制度”。

① ［宋］叶梦得：《避暑录话》，卷三。

在内战爆发后，林肯在1861年4月15日发布的命令中，再一次保证他不会容许联邦军队破坏或干涉南方的财产（包括体现在奴隶身上的财产）。在林肯心目中，在这次内战中北方应该为恢复联邦的统一而战，而不应该为解放南方的黑人奴隶而战。

林肯不仅不干涉南方的奴隶制度，而且还扮演了南方奴隶制度的捍卫者的角色。许多逃亡奴隶离开南方种植场而逃到联邦军队驻地要求得到保护。但是，林肯一再命令战场上的联邦军队的将领们去阻止奴隶的逃亡，并且逮捕逃亡奴隶，把他们送回他们原来的主人那里。

更甚者，林肯还罢黜了弗列蒙特将军的职务，因为这位将军曾在他所管辖的密苏里州发布了一道命令，宣布：凡站在敌人方面持枪作战以反对联邦的一切奴隶主，其手中的全部奴隶予以解放。

在内战第一阶段，林肯就是这样对待南方奴隶的。

然而，到1862年下半年，林肯竟然改变初衷，放弃了原来维护南方奴隶制度的作法，而走上解放奴隶的道路。这一年9月24日清晨，林肯以总统的名义发布了预告性的"解放宣言"，宣布：南方叛乱者如果到1863年1月1日仍不放下武器，则叛乱诸州的奴隶一律予以解放。

到1862年年底，南方叛乱者并没有放下武器，于是林肯乃在1863年1月1日凌晨发表了正式的"解放宣言"，宣布叛乱诸州的奴隶全部自由。

1865年1月，由于林肯努力争取的结果，以在合众国全国范围内废除奴隶制度为内容的宪法第15条修正案获得国会的通过。

这样，到内战的第二阶段，林肯不仅由原来的反对奴隶解放的立场过渡到赞成解放奴隶的立场，而且把解放奴隶的政策贯彻到底。

林肯的这个剧烈的转变，其原因究竟何在？对于这个问题，林肯本人作了回答，他承认强迫他做出他所不愿做的事情的，是客观环境，是军事情势的急遽恶化。据他事后的回忆，当时他看到"事情越来越糟”,所以他终于感到:“我们在我们所奉行的作战计划上已经走到了绳子的尽头:我们必须拿出最后一张牌,并且改变我们的策略,否则就要输了。现在我决定采取释奴的政策。”①

客观情势固然是推动林肯采取解放奴隶这个重大决策的决定性力量,但是林肯采取这个重大决策本身,意味着他虚心地采纳了内战开始以来一直反对他的反对派的正确意见,因为当他过去坚持自己的错误主张时,他曾遭到反对派的猛烈攻击,这些反对派一再向林肯提出解放奴隶的要求。反对派包括两个集团:共和党内的急进派和社会上的废奴主义者。这两个反对派都异口同声地反对林肯的政策,要求他改弦更张,尽快地发布解放奴隶的命令。他们一致指出:解放奴隶会造成有利于联邦的结果,会促成战局向有利于联邦的方向转变。

废奴主义者温德尔·菲立普斯的发言尤其激烈,他在一次讲演中骂林肯为暴君。在另一次讲演中他猛烈地攻击林肯政府,说林肯本人“没有任何决心”,并且以谩骂的口吻说:“只要你们让这只乌龟继续领导政府,那么你们就是在用一只手挖洞,而且用另一只手同时在填洞。”②

1862 年 7 月 4 日,急进派领袖查理·萨姆纳在会见林肯时告诉他说:他不但在北方需要更多的人帮助他,而且他“在南方,在叛乱者的后方”也需要人们,亦即奴隶的帮助。他需要做的一切,便是说出解放奴隶这句话③。

在要求解放奴隶的同时,急进派也指出武装黑人的必要性。急进派的另一位领袖塔都斯·史蒂文斯在众议院里提议把来复枪放到南方每一个黑人手中,让他们参加反对奴隶主的战斗,他说林肯太软弱,假如安得鲁·杰克逊④在世的话,他会解放奴隶和武装

---

① 卡尔·桑德伯格著:《战争年代中的林肯》,英文版第一卷,第 582 页。

② 卡尔·桑德伯格著:《战争年代中的林肯》,英文版第一卷,第 557 ~ 558 页。

③ 兰德尔:《总统任期内的林肯》,英文版第二卷,第 153 页。

④ 安德鲁·杰克逊是 19 世纪上期的美国一位总统。

黑人的。“他会向奴隶制的心脏进军，不是为了摘棉花，而是为把武器放到每一个被解放者手中……我认为这个办法是我们武器库中最可怕的武器”①。

总而言之，在解放奴隶的问题上，林肯在实质上是采纳了一贯与自己作对的反对派的主张。这一点看来很容易，但是实际做起来是戛戛乎其难的，因为这里有一个个人面子、尊严乃至感情的问题。作为一个国家的领导人，放弃自己原来的主张，而接受政敌的主张，在中外历史上都是不可多见的。我国北宋时代的王安石虽然是一位杰出的政治改革家，但是他就做不到虚心纳谏，他把反对变法的人们的意见一一拒之于千里之外，甚至对其中一些人实行打击报复，以泄其私忿。唐太宗以善于纳谏著称，他多次采纳了魏征的谏言。但是，魏征是他的臣下，究非政敌可比，他是站在维护李氏王朝的利益的立场向太宗进忠言的，所以接受他的意见是容易做到的。而急进派和废奴主义者都是林肯政府的反对派，而且他们曾对林肯尽其讥讽、挖苦甚至咒骂之能事。接受这样政敌的政见主张，无异于吞下一颗难以下咽的苦果。但是，林肯终于勇敢地吞下了这颗苦果。为什么林肯能做到这一点？这是因为他能以大局为重，他始终把国家的整体利益放在第一位，而把个人恩怨完全置之度外。

二、愿意倾听人民的正确呼声，接受人民的正当要求

到 1863 年底，如何处理战后南方的问题，亦即所谓南方重建问题，被提到议事日程上来了。在南方重建中，黑人选举权问题占有重要地位，因为黑人虽然获得解放，但是假若他们享受不到政治上的平等权利特别是选举权的话，他们将会重新落到种植场主的压迫下，并且有可能重新下降到奴隶地位。

---

① 卡尔·桑德伯格著：《战争年代中的林肯》，英文版第一卷，第 561 页。

但是,最初林肯是反对授予南方黑人以选举权的。1863 年 12 月 8 日他向国会提交了一份“关于大赦和重建的宣言”,在这个文件里,他对黑人选举权问题只字未提,这实际是就是剥夺了黑人的选举权。

因此,林肯的计划立即激起了黑人的不满和反对。他们愤怒谴责林肯剥夺黑人选举权的作法,并且掀起了一场轰轰烈烈的抗议运动。黑人们开大会,通过决议,批评了林肯的态度。一些黑人还组织起来,为争取选举权而斗争。1864 年 10 月,在希拉古斯召开的全国有色人代表大会,是内战期间美国黑人争取选举权斗争中的一个重大步骤。大会通过的“告合众国人民书”,举出许多有力的论据,说明黑人享有选举权的迫切必要性。在黑人争取选举权的斗争中,黑人杰出领袖弗列得里克·道格拉斯起了突出的作用。他在一次讲演中向白人听众说:“如果你们需要选举权,那么我们尤其需要它。你们是强者,我们是弱者;你们是多数,而我们是少数;你们受到保护,但是我们有受到袭击的危险。”他警告说:“我们可以用刀剑征服南方军队,但是我们却消灭不了南方人的仇恨心理,南方人会向我们复仇的。那么什么是对付南方人这种恶毒敌意的天然力量呢?这就是:把选举权送给南方精神健全的、年满 21 岁的每一个有色人男子,这样你就会立刻得到四百万个朋友,他们将警惕地保卫,而且必要时用他们的武器保卫自由的方舟,以防止敌人发动叛乱去破坏它。”①

广大黑人争取选举权的斗争,对林肯本人产生了积极的影响。林肯在他最后一次公开谈话(1865 年 4 月 11 日)中表示:“我本人现在愿意把选举权授给有知识的有色人以及曾作为士兵为我们事业服务的有色人。”②

当然,最初林肯之剥夺黑人选举权,也不是没有他的理由的,

---

① 方纳:《道格拉斯的生平和著作》,英文版第三卷,第 420 ~ 422 页。
② 杜波依斯:《黑人的重建》,英文版,第 163 ~ 164、85 ~ 86、99 ~ 100 页。

因为他认为无知识的黑人使用选举权，是一件危险的事情。然而后来他看到许多新解放的黑人踊跃地参加联邦军队，在战场上英勇杀敌，为联邦立下了不朽的功勋，表现了很高的政治觉悟，所以他改变了对于黑人的成见。但是，不管怎样，黑人争取选举权的斗争及他们发表的大量有关黑人选举权的言论，在改变林肯的态度中是一个重要因素。这就清楚地表明：林肯是能够倾听人民的呼声，是愿意接受人民群众的正当要求的。对于资产阶级国家领导人来说，倾听人民的呼声，采纳他们的意见，是一个很难以做到的事。但是，林肯做到了这一点。

三、着眼全局，以国家整体利益为重

在总统任期内，在整个内战期间，林肯在考虑和处理一切问题时，在执行一切政策时，在做出任何重大决策时，甚至他的一举一动，他都能着眼全局，以国家整体利益为重。他这种态度，在以下几个问题上，表现得最为明显，最为突出。

（一）在作战的目的问题上

在他的心目中，恢复联邦的统一是北方对南方作战的唯一目的。他的一切方针政策，一切举措都服从这个最高的目的。他的这个态度一直坚持到内战的胜利结束时为止。

甚至在 1862 年下半年林肯已经决定发布预告性“解放宣言”之后，他仍持这个态度。这一年 8 月 22 日林肯在给《纽约每日论坛报》的霍列斯·格瑞利的一封公开信中写道：“我想拯救联邦，我想在不破坏宪法的情况下尽快地拯救它。……如果有人只是在摧毁奴隶制度的条件下才愿意拯救联邦，我是不同意的，我在这个斗争中的首要目的，便是拯救联邦，既非拯救奴隶制度，亦非摧毁奴隶制度，如果我不解放奴隶也能拯救联邦，我也愿意这样做；如果我靠解放所有的奴隶而能拯救联邦的话，我也愿意这样做，如果我由于解放某些奴隶同时放着另一些奴隶不管而能拯救联邦，我也愿意这样做。假如我对于奴隶制度或有色人种做些什么事情的话，我之所以做，是因为我相信它将有助于拯救联邦，而假若我忍耐着不做什么事情的话，我之所以忍耐，是因为我不相信它将有助于拯救联邦。”①

林肯之坚持把恢复国家的统一作为战争的唯一的、一贯的目标，说明他是一位有远见、胸怀全局、以国家整体利益为重的政治家。

关于北方在内战中的作战目标问题，在内战第一阶段上，林肯与反对派（急进派与废奴主义者）之间存在很大的分歧。与以恢复联邦的统一为作战的唯一目标的林肯不同，反对派主张北方应该为解放奴隶而战。二者孰是孰非，是一目了然的。首先应该认清当时美国所面临的现实：南方奴隶主叛乱集团悍然发动了武装叛乱，宣布南方脱离联邦而另成立一个“国家”——“南方同盟”，因而一个好端端的国家一下子被撕裂为两半。事情还不止此，南方叛乱者还不惜卖身投靠欧洲列强，妄图倚仗外国势力来压倒北方。而英、法两国的统治阶级在美国内战爆发后，为了重温其在北美大陆扩张领土的美梦，迫不及待地想武装干涉内战。假如南方叛乱者的阴谋得逞，美国的前途实在岌岌可危：它将重新沦为欧洲列强的殖民地。退一步讲，即使事情没有恶化到这个地步，国家的分裂也将严重地妨碍美国的进步发展，使方兴未艾的美国资本主义的发展受到重大的挫折。面对这个严峻的现实，唯一的对策便是通过军事斗争，粉碎南方叛乱者分裂国家的阴谋，以恢复联邦的统一。此其一。

恢复联邦的统一，对当时的美国来说，是决定一切的首要的前提，如果没有这个前提，一切都无从谈起，既谈不上发展资本主义，也谈不上消灭奴隶制度。试想：假如叛乱者一手炮制的“南方同盟”这个“国家”一直存在下去，北方废奴主义者只能眼睁睁地看

---

① 康马杰编：《美国历史文献》，英文版第一卷，第417～418页。

南方奴隶继续处在奴隶主的任意宰割之下，而一筹莫展。当然，为了恢复联邦的统一，必须取得内战胜利，为了取得内战胜利，解放奴隶是必不可少的重要手段；恢复联邦统一与解放奴隶二者之间存在着密切的联系，但是从国家全局着眼，恢复联邦的统一究竟是压倒一切的首要问题，是目的；而解放奴隶究竟是次要问题，是手段。此其二。

因此，林肯之把恢复联邦统一作为进行战争的唯一目标，是非常正确的。他这样做，说明他抓住了主要矛盾，比反对派看得更宽更远，说明他有顾全大局的伟大气魄。

（二）在解放奴隶的问题上

如前所述，林肯在内战第一阶段上是反对解放奴隶的，是坚持拒绝实行废奴政策的。他之所以如此，是因为他站在北方资产阶级立场上，关心保护一切私有财产，担心一旦解放南方奴隶，将损害奴隶主的财产权（因为奴隶便是奴隶主的私有财产），从而威胁北方资产阶级的财产权。正如马克思所指出的："对一种所有形式——一种劳动条件私有制形式——的攻击，对于另一种私有制形式也是十分危险的。"[①]其次，林肯之反对解放奴隶，也是因为他害怕宣布奴隶解放将推动边境奴隶州（内战爆发后，几个边境奴隶州由于种种原因仍留在联邦内）脱离联邦而投到南方叛乱者怀抱中去，这样一来就会失掉边境诸州这个进攻叛乱者领土的重要基地。

但是还有两个不可忽视的原因：第一，林肯把恢复国家统一放在首要地位上，因而集中全力镇压南方叛乱。这就使得他无暇考虑包括奴隶制问题在内的其他问题。第二，北方广大人民对奴隶制问题漠不关心，甚至有不少人反对解放奴隶。占北方人民中的大多数的农民所关心的是自己的直接的物资利益——土地问题，他们特别希望政府解决西部土地问题，而视南方奴隶制存在与否与自己无关，至少没有直接的利害关系。这就是为什么一般说来

① 马克思：《剩余价值理论》，《马克思恩格斯全集》第26卷，第二册，第39页。

农民不关心奴隶解放问题的主要原因。北方工人大多数则反对奴隶解放，这是因为他们害怕南方奴隶一旦解放，会在劳动市场上排挤他们。由于种族主义作祟，北方人民中间有不少人歧视黑人，认为黑人注定当奴隶，所以也反对奴隶解放。只有少数先进工人在美国马克思主义者的影响下，同情奴隶解放。

林肯不能不考虑北方广大人民的这种情绪。在他看来，如果逆着群众的舆论而一意孤行地贸然宣布奴隶解放，会挫伤人民的情绪，不利于调动一切力量去镇压南方叛乱，不利于国家统一的恢复，归根结底，不利于国家全局的利益。

由此可见，在内战初期，林肯之不愿解放奴隶，正是他顾全大局的表现。

有趣的是，在1862年下半年林肯之一改已往的政策，而毅然宣布解放奴隶，也是他顾全大局的表现，因为他之采取这个决策，也是为了为恢复国家统一这个更高的目标服务的。他清楚地理解到：在战局不利（到1862年年中，北方军队在战场上仍处于劣势）的情况下，为了扭转战局，为了取得内战的最后胜利，以便胜利地完成恢复国家统一这个大业，除选择解放奴隶这条道路别无其他道路可走。第一，他认识到：为了取得战争的胜利，得到全世界进步力量的支持和同情是必要的，因为只有赢得国际进步势力的同情，才能挫败英、法的武装干涉，而为了达到这个目的，一个解放奴隶的政策是非常必要的。第二，他也充分估计到：为了在战场上克敌制胜，必须摧毁南方的经济并且把南方黑人这支重要战斗力量吸引到自己这方面来以供北方使用。而为了达到这双重目的，解放奴隶的步骤，也是一个必不可少的重要手段。一句话，他尖锐地看到：为了取得内战的最后胜利，非宣布解放奴隶不可。这从他自己的言论中可以得到证明。1862年9月，林肯对芝加哥新教徒代表团说："……我也承认解放奴隶会在欧洲造成有利于我们的后果……而且我更认识到它在北方也将有利于我们……那时，毫无问题它将把对于南方极其重要的劳动者拉过来，从而削弱叛乱者的力量。”在另一个场合，林肯也表示：“假如不采取解放奴隶的政策的话，人力是不可能平息这个叛乱的，任何其他政策都不足以削弱叛乱的道德的、物质的力量。解放奴隶会给我们带来在南方土地上生长起来的二十万人（指黑人奴隶——引者注）。它还会给我们更多的东西，它使敌人减少同样多的东西。”①又一次，他对急进派领袖萨姆纳说，他需要一切可能找到的人力，其中包括“叛乱后方”的奴隶②。

要之，林肯在内战初期之反对解放奴隶及他在内战后期之同意解放奴隶，都是从一个立场出发的，那就是：着眼于恢复国家的统一，着眼于全局的利益。这附带地证明林肯从始到终都不是一位废奴主义者，即使到他死前为止也是如此。因此，数年前有的人提出关于林肯是废奴主义者的问题，是甚无谓的。

（三）在和谈及赔偿南方奴隶主的问题上

1865 年 2 月 2 日，在南、北之间举行了一次和平谈判，但这次会谈没有取得结果。过了两天后，林肯召集了一次内阁会议，向内阁成员们提交了一份他准备向全国提出的咨文。他在咨文中要求国会授权总统向所有的奴隶州交付四万万美元，以赔偿奴隶主因解放奴隶而蒙受的“损失”。这笔款项准备分配给南方各州，各州所得钱数与各州所拥有的奴隶的数目成正比例（奴隶的数目，以 1860 年的人口调查为准）。但是，向奴隶主进行这个赔偿，是有条件的，即：南方叛乱诸州必须在这一年 4 月 1 日以前放下武器，停止对联邦进行的一切武装抵抗。但是，内阁阁员们一致表示不赞成他的这个提议，劝他不要向国会提交这样的咨文。于是，林肯长叹了一声，把这份文件收在皮包里。

为什么林肯如此热心于赔偿政策？那是因为他感到这样做可以加速和平的到来，从而会节省大量战争开支，避免人的大量牺

① 杜波依斯：《黑人的重建》，英文版，第 163～164、85～86、99～100 页。
② 迈克尔·克劳斯：《1865 年以前的合众国》，英文版，第 497～498 页。

牲。在与内阁阁员们的谈话中,林肯的这个意图表达得再清楚不过了。当阁员们表示反对林肯提出的关于赔偿的建议时,林肯发问道:“战争会持续多久呢?”接着他自己回答说:“一百天。现在我们为了进行战争每天要花费三百万美元,这将等于这笔钱的全部,此外还必须加上生命的损失。”①

这个插曲表明:与好大喜功、视人命为儿戏的黩武主义者不同,林肯是把战争看成是万不得已的事,而把国家及人民的福利看得高于一切。林肯照顾全局的伟大的胸怀,于此可见一斑。

(四)在南方重建问题上

1863年12月,林肯发布了一项“大赦宣言”,其中包括他的南方重建计划。按照这个计划,南方诸州应该依据以下诸原则组成新政府。

第一,一切参加叛乱的人,只要他举行宣誓,表示效忠于联邦宪法并且废除奴隶制度,那么就可以对他实行大赦,恢复他的全部财产(对奴隶的所有权是例外),不在大赦范围内者,只是“一切所谓南部同盟政府的民政的或外交的官员或工作人员;一切离开合众国的司法岗位去帮助叛乱的人;一切所谓南部同盟政府陆海军军官其职衔在陆军上校或海军上尉以上者;一切离开合众国国会席位去协助叛乱的人;一切辞去合众国陆海军职务然后去援助叛乱的人”,以及非法地不以战俘对待联邦军队中的有色人士兵者。上述几种类型的人,均无权参加选举和担任官职。

第二,在叛乱诸州的每一州,只要参加脱离联邦前最后一次选举的选民有十分之一以上举行效忠宣誓,就可以分别举行选举,成立新的州政府,并且选出代表,参加国会两院。这样,叛乱诸州就可以成为联邦中平等的成员。此外,宣誓效忠的选民必须具备1860年这些州的选举法规定的条件②。

---

① 卡尔·桑德伯格著:《战争年代中的林肯》,英文版第四卷,第48页。

② 康马杰编:《美国历史文献》,英文版第一卷,第430~431页。

这个计划的特点有二:第一,只是剥夺"南部同盟"中的少数高级文武官员的政治权利,而使绝大多数的叛乱分子逍遥法外,继续享有选举权及担任官职的权利。第二,使绝大多数的叛乱分子的土地财产得以保存下来。

这说明:林肯对于敌人是多么宽大!

前些年,我在《论林肯》那篇文章中曾批评林肯对待叛乱分子的这种宽大的政策,并且认为这是他的严重错误。但是,现在我放弃了这个观点。按照我现在的见解,林肯对敌人的宽大,并不是他的大错。恰恰相反,他的这个态度正足以显示出一位心胸开阔、目光远大的政治家的器识和度量,是他照顾大局的重要表现。林肯之所以这样宽大为怀,并不是出于所谓"煦煦之仁,孑孑之义",而是由于他认识到这样做可以给国家带来长治久安的局面。很清楚,严厉惩罚南方叛乱者,会使北方许多人感到快意,但是同时却会在南方叛乱分子中间播下仇恨的种籽,助长他们的复仇心理。这样一来,一次内战虽然过去了,第二次内战将会接踵而至,美国将重新被淹没在战争血泊中,国家前途将不堪设想。林肯本人清晰地意识到这一点。他说过,他赞成按照给叛乱分子带来最少的屈辱的条件重建南方。他还说过:那是"最温和的,也是最明智的政策。……曾经叛乱过的人民……假若他们感到自己脖子上被套上一个枷锁的话,一定不会变为良好的公民"①。

当然,林肯对待敌人的宽大,也是有原则的,有限度的。这特别表现在奴隶制问题上。尽管林肯在一系列问题上向敌人让步,但是在奴隶制问题上他是寸步不让。在南方重建计划中是如此,在 1865 年 2 月 2 日和平谈判中也未尝不如此。他之在内战后期一直坚持废奴政策,并不是因为这时他已变为废奴主义者,而是因为他认识到废除奴隶制度及解放奴隶不但对战争有利,而且也对国家前途发展有利。同时,在内战后期林肯之所以坚持把废除奴

① 卡尔·桑德伯格著:《战争年代中的林肯》,英文版第四卷,第 235 页。

隶制的政策贯彻到底，也与他的性格中的下述优点有关：他不做则已，一旦做出重大的决策，决不后退一步，而是把它坚持到底。

（五）在处理战败敌人的问题上

在内战胜利结束前后，林肯又一次向叛乱分子显示出异常的豁达大度。

1865 年 3 月 4 日在连任总统的宣誓大会上，林肯在简短的演说中表示："对任何一个人都不要存任何恶意；对一切人都要慈悲为怀……"①他这句话是有所指的，他是在暗示：要对南方叛乱分子实行宽大政策。4 月 13 日他对一个南方人说："我爱南方人甚于他们之爱我。我的愿望便是恢复联邦。我不想伤害南方任何一个人的一根头发，假如可以避免这样做的话。"②

1865 年 3 月 28 日在一次军事会议上，谢尔曼将军曾向林肯问道："应该怎样对待叛乱军队，当他们被打败了的时候？而且应当如何对待像杰斐逊·戴维斯（南方叛乱首领——引者注）这样的政治领袖等等？我们应该让他们逃走吗？"当时，林肯回答得很含蓄，并没有把心里的话全部说出来，但是他暗示戴维斯应当"出国"。

4 月 14 日，当有人要求林肯下令逮捕戴维斯及其内阁阁员（当时这些人正在准备逃亡到加拿大去）时，林肯表示反对，他说："如果你捉到一头象的后腿，而它正在跑，那么你最好是让它逃走。"③

每当有人问林肯：如果戴维斯被捕的话，他将如何处理他时，林肯总是讲述同一个轶事："当我在印第安纳当小孩的时候，有一天早晨我走到一个邻人家中，发现一个和我一般大的男孩用一条绳子拴着一只浣熊。我问他那是什么，和他正在做什么。他说，

① 卡尔·桑德伯格著：《战争年代中的林肯》，英文版第四卷，第 352 页。
② 卡尔·桑德伯格著：《战争年代中的林肯》，英文版第四卷，第 239 页。
③ 斯特伦斯基著：《林肯传》，英文版，第 246 页。

‘那是一只浣熊。爹爹昨天晚上抓住六只,除了这个小家伙而外,他把其余的都杀了。爹爹嘱咐我把它拴住,一直等到他回来,我害怕他也把这个杀掉;哦! 亚伯,我愿望它会跑掉!’‘好吧! 那么你为什么不把它放走呢?’‘那样做不好,如果我把它放走,爹爹会揍我的。但是如果它自己跑掉的话,那是再好不过的了。’现在”,林肯说,“如果杰斐逊·戴维斯和其余的家伙们只要逃走的话,那是再好没有的了。但是,如果我们把他们逮住,然后我又把他们放走,‘爹爹会揍我的’”。

依照林肯的意见,有关当局把戴维斯轻轻放过,使他逍遥法外。只是在林肯被刺身死之后,他才被逮捕归案。

而且同样依照林肯的意见,格兰特将军允许在阿波马托克斯投降的叛军统帅李将军的军队解甲归田,而不予任何惩处。

林肯对待南方叛乱者如此宽大,其目的也无非是为了消除被打败了的敌人的复仇情绪,借此从根本上消除他们将来重新挑起内战的可能性。可见林肯这样做,仍是从国家长远的利益出发的。

四、超然于派别斗争之上,心胸广阔

在内战期间,在共和党内形成了两大派:急进派和保守派。

急进派代表资产阶级内部最坚决的集团,他们反对奴隶制度不遗余力,反对奴隶制的态度也最为彻底,因为他们认为只有彻底消灭奴隶制度,才能保证资本主义的迅速发展。急进派反对南方奴隶主的态度也很坚决,主张彻底打倒南方奴隶主,不但主张剥夺他们的政治权利,而且也要求没收他们的全部财产。少数急进派甚至建议把没收来的南方种植场主的土地分配给被解放的黑人。

保守派代表北方大资产阶级和边境州的奴隶主的利益,他们虽然关心联邦的重新统一,但是反对废除奴隶制度。他们也要求对南方奴隶主叛乱分子实行宽大政策,反对剥夺他们的政治权利和没收他们的财产。他们这个纲领与他们的上层有产阶级地位和奴隶主的立场,以及他们仇视人民的态度有莫大的关系。

林肯则是超然于派别斗争之上的人物,他不属于上述两派中的任何一派①。

在内战的初期,林肯虽然在一系列问题上与保守派的态度一致,但是这只是偶然的巧合,实际上他和保守派是站在完全不同的立场上面的。保守派站在大资产阶级和边境州奴隶主的立场上,以本集团的狭隘的眼光看问题,而林肯却处处以整个国家民族的利益为依归。

内战第二阶段,林肯在解放奴隶的问题上,与急进派一致,但是二者的出发点则迥异其趣。急进派之主张解放奴隶,是他们单纯从资产阶级内部的一个集团的狭隘眼光看问题的结果,林肯之同意解放奴隶,却是从全国整体利益着眼的。

在这一阶段上,林肯在奴隶解放问题上也是与废奴主义者态度一致的,但是二者的目的却不大相同,废奴主义者是为了解放奴隶而主张解放奴隶的,而林肯则是为了夺取内战的胜利,为了恢复国家的统一的目的而同意解放奴隶的。

可以说,无论是保守派,急进派,还是废奴主义者,都是从局部看问题的,其见解主张都有其片面性,特别急进派更是趋于偏激。只有周旋于这些党派之间的林肯,始终坚持了全面的观点,能从整体看问题,处处把国家的整体利益放在第一位。

但是,必须看到:林肯之着眼全局,他之顾全国家整体的利益,在本质上意味着关心资产阶级整体的、长远的利益。这是因为美国是一个资产阶级国家,是一个资本主义社会,合乎国家整体的利益,在实质上就是符合整个资产阶级的利益。与囿于资产阶级个别集团或阶层的狭隘的眼光和利益的保守派、急进派乃至废奴主义者不同,林肯的一切想法、行动和政策方针均顾及资产阶级的长

① 我在我所写的《美国内战史》第206~207页中说:共和党分为三派,林肯代表中间派,这是错误的,应该纠正。作者注。

远的全局的利益，因此，林肯并不是一位超阶级的国家元首，而是一位心胸广阔的、眼光远大的资产阶级的伟大的政治家。

第十四讲　林肯新论

我在《美国内战史》一书中，曾对林肯（1809—1865年，美国第16任总统）有所评论，在此之前还发表过三篇评论林肯的文章①。近年来，又接触了不少新材料，对问题的认识也较以前有所深化，发现我过去的观点有的地方肤浅或失之偏颇。在此讲中，我试图从新的角度，用新的观点对林肯进行公允的评价。

一、杰斐逊式的民主和以社会流动为特征的资本主义

林肯不是政治思想家，没有创造博大精深的政治理论体系，但也不是庸庸碌碌的政客，而是一位有政治头脑、有政治信念，并为之奋斗终生的政治家。

1854年以后，林肯的大部分言论是反对奴隶制度的。他反对奴隶制，是为了捍卫美国资产阶级民主和资本主义制度。这里需要强调的是，他对自己所要达到的目的，是有独特理解的。

---

① 《林肯、黑人和奴隶制度》，载《光明日报》1964年1月29日；《林肯解放黑奴的历史真相》，载《史学月刊》1965年第8期；《论林肯》，载《开封师范学院学报》1978年第1期。

按照林肯的解释,美国的民主应该是杰斐逊式的民主。他拳拳服膺杰斐逊的民主思想,对杰斐逊起草的《独立宣言》推崇备至,并且把杰斐逊的民主思想看成是自己民主思想的源头①。他说:"杰斐逊的原则是自由社会的定义和公理。""杰斐逊的党是建立在对于人的利益的热爱上面,它把财产权利放在次要地位,使其大大低于人的权利。"他又说:"一切荣誉归于杰斐逊",因为他在《独立宣言》中宣布的"抽象的真理,适用于一切人和一切时代,是对于暴政和压迫的严重谴责"②。

按照林肯的说法,美国的资本主义应该是一种以社会流动为内容的资本主义。对此,他在一次讲演中解释道:"什么是劳动者的真正态度呢?我以为最好是让每个人自由地、尽可能迅速地取得财产。有些人将富起来……我愿意让最贫困的人有一个平等的机会和任何其他人一样致富。自由社会就是这样一个社会,在这个社会里,一个人开始时虽然很穷……但他知道他能够改善自己的生活,他知道在他整个一生中,劳动状态并不是固定不变的。我愿意每一个人都有一个机会——而且我相信黑人也有这个机会——能够改善他的生活的机会——他可以高兴地期待:今年和明年成为一个雇工,然后他可以为自己劳动,最后就可以雇别人为他劳动。这就是真正的制度。"③

在这里,林肯的思想基调是:"让穷人富起来。"他最尊重从贫困中奋斗出来的成功者。正如他自己所说:"在活着的人们当中,没有比那些从贫困中奋斗出来的人们更值得信赖。"④相反,林肯对资本家却持鄙夷的态度。他曾称某些大资本家为"可敬的恶

① 霍夫斯塔特:《美国的政治传统》,纽约 1982 年版,第 101 页。

② 理查德·科连特编:《林肯的政治思想资料选集》,纽约 1987 年版,第 123 ~ 124 页。

③ 尼古拉·海伊编:《林肯全集》第 2 卷,纽约 1894 年版,第 625 页。

④ 霍夫斯塔特:《美国的政治传统》,第 124 页。

棍”。一次，他在私下谴责有些资本家大公司是“乘人之危的牟利者”[①]。但是，林肯也让资本家在他所赞赏的社会秩序中有一席之地。因为他认为，资本家的存在有其积极作用：为穷人提供职业，以帮助他们度过贫困的难关；同时也为穷人提供学习的榜样，鼓舞穷人“勤劳和进取”。在林肯看来，资本家的现有地位也是对他早年辛勤劳动的报偿。因为他相信，资本家多半是穷人出身的。

然而，当林肯为这个理想所陶醉的时候，他没有考虑到穷人不可能全都上升到资本家的地位，更没有预料到在他逝世之后随着垄断资本的出现，穷人和工资劳动者上升到资本家地位的道路完全被堵死了。因此，林肯所追求的社会秩序犹如镜花水月，只是一种幻想。

即使如此，林肯心目中的这种以社会流动为特征的资本主义，也并非是从真空中产生的，它在一定程度上是美国现实生活的反映。美国有辽阔的处女地，有俯拾皆是的发财机会，因之一文不名的穷人通过勤劳和聪明才智跻身于富人行列者大有人在，而成为富裕农民、杂货商、律师、医生者更是所在多有[②]。

林肯的这种思想也反映了他生活的那个时代的特点——从小手工业者、小农占优势的小生产向资本主义大工业社会的过渡。早年，林肯曾维护过小生产者的利益，中年又经历了席卷北方的工业革命，因而他不得不迁就资本主义大工业的现实。结果，使他在思想上产生了矛盾：既想捍卫穷人发家致富的权利，又容忍资本主义剥削制度的存在。

林肯思想的形成，还有主观上的原因。他出身贫寒，是通过个人奋斗成长起来并获得成功的。幼年饱尝艰辛的情景记忆犹新。因此，他对美国劳苦大众怀有一种特殊的情感，希望他们能够过上

---

① G·S·波利特：《林肯与美国经济理想》，孟菲斯州立大学出版社 1978 年版，第 223 ~ 224 页。

② 霍夫斯塔特：《美国的政治传统》，第 102 页。

富裕的生活。有关他同情劳动人民处境的言论很多,这里就不一一摘录了①。

林肯关于以社会流动为特征的资本主义思想,虽然包含了内在矛盾,且充满了空想性,但是在19世纪中叶美国自由雇佣劳动制与奴隶制尖锐斗争的时代,无疑是有进步意义的。其中所蕴涵的勤劳致富思想,反映了美国人民特有的积极进取的民族精神,这是值得肯定的。杰斐逊式的民主,加上以社会流动为内容的资本主义,就是林肯的政治信念。

在内战方酣之际,他在1863年11月发表的著名的《盖提斯堡演讲》中,把这个信念浓缩为建立"民有、民治、民享的政府"。他在演讲中指出,进行这次战争就是为了"使这个民有、民治、民享的政府永世长存"②。寥寥数言,涵盖了林肯毕生的经纶。它反映了林肯的愿望,也鼓舞了民众支持战争的热情,提高了战场上广大士兵的士气。这样,林肯的《盖提斯堡演讲》与杰斐逊起草的《独立宣言》就成了美国人民革命斗争史上的不朽文件③。

但是,对于林肯的政治信念,还应作具体的分析。第一,他在谈到政治信念时,往往把他追求向往的理想与社会现实混为一谈。按照他在《盖提斯堡演讲》及其他公开场合的讲话,似乎在美国北方已实现了"民有、民治、民享的政府",实现了完美无缺的民主制度。其实,美国社会的政治现实距离他的"三民"政治相差甚远。内战期间北方财富集中于少数人之手,劳动人民的贫困,广大自由黑人备受歧视的事实④,就是对此的绝妙讽刺。第二,林肯的政治信念缺乏具体的、实质性的内容,特别是经济方面。他没有提出具体的、切实可行的改善、提高人民生活的经济纲领。为了使穷人富

---

① 参见霍夫斯塔特:《美国的政治传统》,第104页;卡尔·桑德堡《林肯传》,纽约1982年版,第156页。

② 卡尔·桑德堡:《林肯传》,三联书店1978年版,第364页。

③ 理查德·科连特:《林肯秘史》,纽约1986年版,第10页。

④ 参见拙著《美国内战史》,人民出版社1978年版,第383~391页。

起来，他只是笼统地强调人们应该有平等竞争的权利，但却没有提出保障这一权利实现的有效措施。虽然他在任期间颁布了《宅地法》，但那是国会在1862年根据北部及西北部人民群众的要求通过的[①]，而林肯似乎对它并不热心，他的行动仅限于签署了这项法令。他之所以签署，是因为在他看来《宅地法》的实施，可以促进西部地区的开发，增加粮食产量，进而有利于战争[②]。林肯未能制订出一份实现他的政治信念的蓝图，主要是因为反对奴隶制是当时美国政治生活中的主题，他的主要时间和精力都用在反对南方奴隶制度和领导反击南方叛乱集团的战争上。林肯天真地相信，只要奴隶制度从美国大地上消失，只要内战取得胜利，一切问题将会得到解决。在他的心目中，打败南方叛乱集团就是在为实现他的政治信念而斗争的。1861年7月4日，林肯在致国会的咨文中写道："这在本质上是一场人民的战争。在联邦这一边，它是为了在世界上维持一种政府的形式和实质而进行的斗争，而这个政府的主要目的在于提高人们的生活——把人为的重担从一切人的肩上卸下来——为一切人扫清求得值得称赞的职业的道路——为一切人提供生活道路上不受约束的有利条件，一个公平的机会。"[③]1864年8月22日，在一次讲演中他重申了这次战争的目的在于，使每一个美国人都"享有一个开放的场地和公平的机会"，借以发挥他们的"勤劳、进取精神和智力"[④]。林肯是这么说的，也是这么做的。在战争的艰难岁月里，他席不暇暖，屡经险境，但是他对这一切都能甘之如饴，毫不动摇地把战争坚持下去。这说明林肯为实现自己的政治信念，有一种坚忍不拔的献身精神。

在林肯身上似乎也有某些政客作风，这在竞选中表现得最为

---

① 参见拙文《美国人民争取西部土地的斗争与宅地法问题》，载《世界历史》1979年第4期。

② 卡尔·桑德堡：《林肯·战争年代》第1卷，纽约1939年版，第511页。

③ T·哈利·威廉士：《林肯与激进派》，威斯康星大学出版社1972年版，第8页。

④ 理查德·科连特编：《林肯的政治思想资料选集》，第330页。

突出。为了博得选民的欢心，林肯的讲话往往两面讨好，前后矛盾。比如在1858年的总统竞选中，他在废奴主义听众面前强调，忠于"一切人生来都是平等"的思想；在有亲奴隶制倾向的听众面前，他又表示反对"实现白人种族和黑人种族的社会政治平等"①。有时林肯还隐瞒自己的观点，比如，他反对"无所知党"歧视外来移民的政策，并且在私下里谴责他们，但在公开演说时，又只字不提②。我以为，林肯的这种行为不足以损害他的政治家形象。林肯是一位有政治抱负、忠于自己政治信念的人。为了实现自己的政治信念，必须竞选议员，直至总统，掌握政治大权。在美国这样的社会制度下，通过选举，赢得选民的拥戴，争取多数选票，是实现这一目的的有效途径。如果从这一角度思考问题，林肯的上述做法，也就不难理解了。

二、政治家的气度和魄力

在林肯的思想言行及施政方针中，还可以看出如下倾向：在解决和处理国家重大问题时，能坚持温和适中的原则，不故步自封，也不哗众取宠；能审时度势，不超越客观环境所容许的限度，不急功近利，更不急躁冒进，"行险以侥幸"；既能适可而止，也"不为已甚"，表现了一个政治家所特有的气度和魄力。这些倾向，可以归纳为"中庸之道"四个字。

首先，他处理国家大事时，不是就事论事，而是高瞻远瞩，着眼于国家的整体利益和长远利益。这主要表现在南方奴隶主发动武装叛乱后，是先进行内战还是先解放黑奴的问题上。激进派和废奴主义者认为，应该先解放南方各州的黑奴，然后出兵平叛。林肯拒绝了这一主张，他认为，当前最紧迫的问题是内战，应该把拯救

① 理查德·科连特编：《林肯的政治思想资料选集》，第28页。
② 霍夫斯塔特：《美国的政治传统》，第113页。

联邦,恢复国家的统一作为最高奋斗目标,政府所推行的一切方针、政策都必须服从于这个目标。林肯的这个决定,不失为远见卓识之举。当时,美国面临的严峻形势是:南方奴隶主在发动叛乱后,悍然宣布脱离联邦,另立"国家"——"南方同盟",一个充满希望的联邦遽然被劈为两半;为使阴谋得逞,叛乱者们竟不惜勾结欧洲列强,妄图倚仗外国势力压倒北方;英、法两国统治者对此幸灾乐祸,随时准备武装干涉,试图重温昔日殖民统治的美梦。如不当机立断,迅速投入战斗,而把宝贵的时间耽搁在解放奴隶这一极其复杂的问题上,势必会延误战机,造成严重后果。正是基于这种认识,林肯首先选择了战争。林肯认识到,作为国家元首,必须考虑国家整体和长远利益,而不能凭个人好恶,随心所欲。

林肯所以这样做,还有两条具体的原因。第一,出于政治上,战略上的考虑。内战爆发后,边境诸州肯塔基、马里兰、密苏里及德拉瓦尔,由于种种原因没有参加叛乱,尽管这些州都是蓄奴州。但是,前三个州都是大州,是联邦士兵的重要来源,是首都华盛顿的前哨,也是进攻南方的战略基地。林肯担心,一旦宣布解放奴隶,就会把这些州推到南方叛乱者的怀抱,后果是不堪设想的。他说,假如宣布解放奴隶,"这些州都会反对我们,而我们手中的事业对于我们说来是过于巨大了。(我们宣布解放奴隶)就等于我们立刻同意(国家)分裂"①。同时,林肯也害怕宣布解放奴隶会影响战场上来自边境州的士兵情绪。他说:"在战场上只要有一整连的志愿军在知道弗雷蒙特的行动(指弗雷蒙特将军在密苏里州擅自宣布解放该州的奴隶一事——引者)后,就会立刻放下武器,解散回家"②。一句话,林肯所关心的是恢复联邦统一这个关系国家前途和命运的大问题。第二,北方大部分人愿意为拯救联邦而战,但

① 戴维·多纳德:《林肯新论》,第134页。

② 霍夫斯塔特:《美国的政治传统》,第126页。

是他们却反对为解放黑人奴隶而战[①]。林肯不能不考虑北方的这一舆情。他说,“公众舆论在这个国家便是一切”,一个成功的领袖不能走在他的群众的前面太远[②]。在林肯看来,如果逆着群众的情绪一意孤行,贸然宣布解放奴隶,会挫伤北方人民的情感,不利于调动一切力量去镇压南方的叛乱,不利于国家统一的恢复。

有趣的是,到1862年秋林肯突然改弦更张,决定立即解放奴隶。究其原因,也是从恢复联邦统一这个最高目标考虑的。当时战争虽进行了近一年半,但却无多大进展。这导致了北方参军热潮的锐减,前线士兵开小差与日俱增,兵源成了问题。同样严重的是,英国政府正在磨刀霍霍,随时准备出兵干涉。在这一紧要关头,林肯不失时机地于该年9月发布了预告性的奴隶《解放宣言》。林肯认为,这样做将会吸引南方大批的奴隶逃亡到北方,加强北方的力量而削弱南方,进而瓦解南方叛乱集团赖以战争的种植园经济。此外,宣布解放奴隶,还会赢得世界进步力量的同情和支持,特别是英国工人的欢迎,有助于粉碎英国武装干涉的企图。加之当时联邦已经牢牢地控制了边境诸州,即使解放这些州的奴隶,也不怕它们投向南方了[③]。与此相反,急进派和废奴派从战争一开始就主张解放奴隶,尽管其精神不无可取之处,但他们多从本派系的立场出发,只看到个别和局部的问题,想的是“即使天塌下来,也要实现正义”[④],这怎能不把事情弄糟呢?

其次,表现在处理南方叛乱分子的态度上。1863年12月,林肯制订了一项重建南方的计划,准备对叛乱分子实行大赦。其主要内容是:一切参加叛乱的人,只要宣誓效忠《联邦宪法》,并同意废除奴隶制度,就可以获得赦免,发还被没收的全部财产(属于奴

① 霍夫斯塔特:《美国的政治传统》,第127页。

② 戴维·多纳德:《林肯新论》,第142页。

③ 杜波伊斯:《黑人的重建》,纽约1936年版,第85~86、99~100页;米凯尔·克劳斯:《1865年以前的美国》,密西根大学出版社1959年版,第497~498页。

④ T·哈利·威廉斯:《林肯与激进派》,第5、6页。

隶的财产除外),恢复被剥夺的政治权利;但叛乱集团中的首恶分子不在大赦范围之内①。由此可见,林肯对南方叛乱者是相当宽容的。

在1865年春内战结束前后,林肯对叛乱集团中的首恶分子实行了进一步的宽大政策。4月14日,当有人要求林肯下令逮捕叛乱头目戴维斯等人(当时这伙人正准备逃亡加拿大)时,林肯反对说:“如果你捉到一头象的后腿,而它正在跑,那么你最好是让它逃走。”②

如何评价林肯的这种对敌宽大政策?过去我在《论林肯》一文中,曾批评说,这“是林肯的严重错误”③。现在我认为,应该根据当时的历史环境,作具体分析。林肯的这种宽大固然与他的“仁慈、善良”的性格有关,但是,主要是由于他认识到这样做可以给国家带来长治久安的局面。严厉惩罚南方叛乱者固然会大快人心,但是也会造成严重后果,即在南方人中间播下仇恨的种子,助长他们的复仇心理,诱发第二次内战的爆发;即使发展不到这种地步,至少也会在南方造成长期动荡不定的局面。正如林肯所说,“曾经叛乱过的人民……假如他们感到自己脖子上被套上一个枷锁的话,一定不会变为良好的公民”④。在他看来,让叛乱头目戴维斯出国,定居墨西哥、秘鲁、伦敦或巴黎某个地方,比把他逮捕法办好得多。如果严惩戴维斯,他就会很快成为南方人眼中的“殉道者”,就会不断有人出来为戴维斯复仇而闹得国无宁日⑤。

毋庸讳言,林肯对敌宽大也有失去原则、造成无谓损失之处。“铜头蛇”是南方叛乱集团在北方的代理人,他们进行的各种破坏活动令人发指。然而,林肯在镇压这些敌对分子方面却显得异常

---

① 斯蒂尔·康马杰编:《美国历史文献》,第430~431页。
② 罗斯·斯特伦斯基:《林肯传》,纽约1914年版,第246页。
③ 参见《开封师范学院学报》,1978年第1期。
④ 卡尔·桑德堡:《林肯·战争年代》第4卷.第235页。
⑤ 卡尔·桑德堡:《林肯·战争年代》第4卷.第237页。

无力。瓦兰狄罕是"铜头蛇"的首恶分子,被捕之后,林肯不仅不予惩处,反而将他放逐国外。结果,瓦兰狄罕又潜回境内,重新从事阴谋活动。

不过,在是否将内战进行到底的问题上,林肯是坚定不移的。内战开始后不久,联邦军队在马纳萨斯一役遭到惨败,结果引起了许多人对林肯的指责。东部商业、金融势力对战争前途心灰意冷,害怕战争继续打下去会加重他们的赋税,因而要求停战和解。一向以坚决反对奴隶制著称的霍列斯·格瑞利,在 1861 年 7 月 29 日写给林肯的公开信中就表达了这种情绪。但是,舆论的压力并没有动摇林肯平叛的决心。他一面总结失败的教训,一面重整旗鼓,继续进行战争。1862 年夏,联邦军队在战场上再次失利,但林肯的决心却更加坚定了。他对国务卿说:"我想把这个战争坚持到胜利为止,或者坚持到我死,或者坚持到我被征服,或者坚持到我的任期届满,或者坚持到国会或全国人民放弃我时为止……"①从 1863 年起,民主党和平派不断要求政府和南方当局谈判和解。他们宣称,一旦停战,联邦统一即会自动恢复。林肯反驳道:"有些人对我不满,对这些人我会说,你们渴望和平,你们谴责我们不肯和平。但是,怎样才能够得到和平呢?只有一个办法,那就是"用武力平定叛乱!"②为此,林肯一刻不停地督促他的将领们勇敢战斗。1862 年初,当麦克雷兰将军在波特马克河上迟迟不肯对敌采取行动时,林肯以陆军总司令的名义,下令向敌人展开全面进攻③。当格兰特率领大军穿过遍地沼泽和榛莽荒野时,林肯鼓励他说:"要像猎犬一样不停地猛攻、猛咬,要扼喉,要竭尽全力。"④

为了尽快结束内战,避免更多的人员伤亡,林肯于 1865 年 2 月 4 日在内阁会议上宣读了准备提交国会的咨文,其中要求国会

---

① 理查德·科连特:《林肯秘史》,第 182 页。
② 理查德·科连特:《林肯秘史》,第 184 页。
③ 参见拙著《美国内战史》,第 241 ~ 242 页。
④ 理查德·科连特:《林肯秘史》,第 185 页。

授权总统向所有的蓄奴州交纳4亿美元，作为补偿这些州因解放奴隶而受的“损失”，同时限令南方叛乱当局须在是年4月1日前放下武器。林肯这样做，除了说明他“视民如伤”的“恕道”精神外，更反映了他的“中庸之道”的处世哲学。

在反对奴隶制，解放黑奴的问题上，林肯认为，奴隶主剥削奴隶固然可恶，奴隶的悲惨处境，理应受到同情，“因为我不愿当奴隶，所以我也不愿做奴隶主”[1]。但这些都是一种社会制度造成的，作为一种罪恶的制度，不是一朝一夕能够根除的。因此，他反对直接干预南方现存的奴隶制，而主张采用限制奴隶主扩张的办法，促使它逐渐消亡。因为南方奴隶制种植园经济的存在与其土壤的肥力程度是分不开的，只要扼制它不向外扩张新的土地，当原有的地力耗尽后，南方奴隶制经济就很难存在下去。林肯在许多场合申明了这个观点[2]。

关于南方奴隶的前途问题，林肯的观点也与众不同。在这个问题上，当时北方存在着两个极端：保守派反对解放奴隶，希望奴隶永远是奴隶；急进派不仅主张立即解放奴隶，而且要求给以选举权。林肯同意解放奴隶，但只限于实现奴隶的人身自由。他认为，不能把选举权作为一种礼品赠送。当时的客观情况是，南方黑人刚刚从长期的奴隶枷锁下挣脱出来，没有文化知识，更不知民主为何物。他们世代处于被奴役、被剥削、被压迫和被侮辱的地位，对于民主生活在精神和心理上都缺乏准备。在这种情况下，如果骤然间给他们选举权，势必会引起许多尖锐、复杂的矛盾，尤其会引起奴隶与奴隶主之间的冲突。南方的种植园主是一股盘根错节的恶势力，虽然被北方打败，但并不甘心，总想伺机报复，现在北方不仅宣布解放奴隶，剥夺他们对奴隶的占有权，而且还要给予其选举

---

① 卡尔·桑德堡：《林肯传》，纽约1970年版，第149页。

② 参见卡尔·桑德堡：《林肯传》，第30页；理查德·科连特编：《林肯的政治思想资料选集》，第39页。

权，这无异于火上浇油，导致矛盾进一步激化，于国、于获得自由的奴隶都不利。

上述分析，后来果真被事实所验证。在林肯遇刺身亡后，即在“急进派南方重建”时期，黑人获得了选举权，其中不少被选进议会，甚至当上副州长或代理州长。但结果怎样呢？第一，出现了一些黑人滥用选举权的情况，在黑人管理下的某些州政府不但行政效率低下，而且发生了不少骇人听闻的贪污受贿、营私舞弊现象。观察家帕克在谈到南卡罗来纳州政府的情况时写道：“这一群黑人代表，不管在其他方面如何……看来在贪污的艺术上却有很好的造诣。”[①]第二，南方种植场主为了发泄对黑人获得选举权的愤恨，组成了“三 K 党”，肆无忌惮地屠杀或恫吓参加选举的黑人。在南方重建时期，被残杀的黑人多得无法统计。有人认为，“5000 人大概是保守的估计”[②]。

林肯在反对奴隶制、解放黑人奴隶，特别在给黑人选举权问题上，坚持“中庸之道”，正是建立在上述认识基础之上的。为此，他还提出了两点较为现实的措施。第一，在废除奴隶制问题上，给奴隶主经济上的补偿，以保证他们不至于破产，从而防止他们在找不到生活出路的情况下，铤而走险，惹是生非。这在林肯拟订的边境奴隶解放的方案中，有充分的体现[③]。第二，在解放黑人奴隶的问题上，先让黑人获得人身自由，“随之而来的自然是获得它（指选票——引者注），但是要有一个预备期间，以便在这个期间，奴隶能够为取得公民特权做好准备”[④]。

需要指出的是，林肯以“中庸之道”处理国家大事与“骑墙派”毫无共同之处。1860 年 11 月，他在当选总统后，面对南方叛乱集团的分裂活动及战争威胁，北方共和党内有些政客为南方的气势

① 哈特编：《当代人笔下的美国史》第 4 卷，第 500 页。
② 奥斯卡 · 金尔温：《菲利普斯传》，纽约 1974 年版，第 536 页。
③ 参见 J · G 兰得尔：《林肯总统》第 2 卷，纽约 1945 年版，第 141 ~ 143 页。
④ 卡尔 · 桑德堡：《林肯 · 战争年代》第 4 卷，第 235 页。

汹汹所压倒，他们主张放弃限制奴隶制向西部扩张的政策，企图用让步与南方达成妥协。但是，林肯坚决反对，他明确表示将毫不动摇地反对“在国家的保护下扩张奴隶制”，绝不拿原则做交易①。1862 年下半年，在他做出解放奴隶的重大决策后，尽管存在来自许多方面的干扰和压力，但都改变不了他的决心。到 1863 年 1 月 1 日，林肯终于发布了奴隶《解放宣言》。1865 年 2 月 1 日，经过林肯的努力，又促使国会最后通过在美国废除奴隶制宪法第 13 条修正案。

三、非凡的军事战略家

林肯虽然不是学者，但他是通过自学成长为优秀的演说家和作家的。林肯的著作与已经出版的美国总统著作相比，其分量仅次于杰斐逊和西奥多·罗斯福。1953 年出版的《林肯全集》共 8 卷，包括他执笔的官方文件和私人书信。他起草的《盖提斯堡演讲》就是一篇措词典雅、文情并茂的好文章，一百多年来一直为美国人传诵。他有雄辩的天才，他的讲演，不仅思路缜密，有很强的逻辑力量，而且不时出现意味深长的隽语警句。在轰动一时的“林肯—道格拉斯大辩论”中，他的辩才时常令辩论对手瞠目结舌，陷于困境。在美国历届总统中只有杰斐逊与威尔逊在文字表达能力上与林肯处于伯仲之间②。

但是，林肯的才能更多地表现在政治和军事方面，尤其在 4 年内战中表现得最为突出。他担任总统恰与内战相始终，既是国家最高领导人，又是军队最高统帅（美国宪法规定，总统是美国陆海军及民兵的总司令）。如果把内战中的美国比作在暴风雨中行驶于大海的航船，那么林肯便是这艘航船的舵手。北方在内战中取

① 哈特编：《当代人笔下的美国史》第 5 卷，第 202 ~ 203 页。

② 理查德·科连特：《林肯秘史》，第 7 页。

得最后胜利，以及奴隶获得解放，都与林肯的卓越领导才能分不开。

由于内战期间林肯对国家的领导主要体现在军事上，这里仅就他的军事领导才能谈几点看法。

林肯在军事上对美国内战取得最终胜利，贡献多大？历来学者争论不休。英国军事史家沃尔斯利爵士和美国军事史学家约翰·洛普斯认为，林肯在军事上是无能的。美国志愿军少将弗兰西斯·格林和英国准将科林·巴拉德则持相反意见，认为林肯是一位非凡的军事战略家，北方取得最后胜利，主要得力于林肯在军事上的卓越领导①。事实证明，后两人的见解是正确的。

首先，林肯在内战中做出的几项决策，对内战的顺利进行起了重要作用。

林肯的第一个决策是向萨姆特要塞接济粮食。他就任总统后，南方已经脱离北方，成了一个单独的"国家"。对于北方来说，要拯救联邦，恢复国家的统一，就必须打一场进攻性的战争。当时，北方人虽然有恢复国家统一的强烈愿望，却不愿为此付出代价，不愿向南方进攻。在这种局面下，如何促使北方人民团结起来，积极为联邦而战，是林肯上任伊始迫切需要解决的大问题。林肯利用"萨姆特要塞危机"提供的绝好机会，巧妙地解决了这一问题。

萨姆特要塞是联邦在"南部同盟"境内的一个重要军事要塞，它俯临南卡罗来纳州的查理士顿港口。当时驻扎在该要塞的联邦部队（司令为安得逊少校）的粮食已经告罄，迫切需要联邦政府接济；而另一方面南方当局要求联邦部队撤出这个要塞。面对这一棘手问题，联邦政府处于左右为难的境地。如果接受南方的要求，就等于默认南方分裂国家的既成事实；如果向要塞运送枪炮弹药，加强军事力量也是冒险举动，因为一旦失败，将有损于林肯政府的

① 理查德·科连特：《林肯秘史》，第134～135页。

声誉，即使成功，也不利于联邦，因为它会被北方民主党人（他们同情南方叛乱集团）及边境诸州看作是北方对南方的粗暴侵略。因此，林肯放弃了这种选择，采取诱逼南方进攻要塞的策略。在他看来，一旦南方进攻北方，北方就赢得了道义上的胜利。因为它会激起北方广大人民的爱国热情，有助于动员人民群众踊跃参军。林肯决定向萨姆特要塞运送军粮。

1861 年 3 月 29 日，林肯命令海军和陆军部长协同，派出一支混合船队载满粮食开往要塞。与此同时，通知南卡罗来纳州州长说，联邦政府已决定向萨姆特要塞提供补给，但只限于供应粮食，不包括武器，并且提醒说："如果这个企图不遭到抵抗，以后将不会不通知就运送人员、武器及弹药……除非这个要塞遭到进攻。"①

派出这样一支救济船队，在北方公众眼中，无丝毫恶意，纯粹是为了救济即将挨饿的士兵。但在南方人看来，该要塞的驻军一旦获得粮食补给，就意味着联邦军队将无限期地驻扎在那里。这会严重损害"南部同盟"的"事业"：第一，它会降低南方在海外的威信，从而影响英法对南方的承认和援助；第二，萨姆特要塞控制了查理士顿港口，妨碍南方的对外贸易。因此，南方当局决定向该要塞发动进攻，拔掉这个插在南方的腹中钉。战斗终于在 4 月 12 日凌晨打响了。这是南方在内战开始后犯的一个重大的战略性错误，因为这等于把侵略的罪名加到了自己的头上：即南方当局不仅破坏了联邦的统一，而且首先向联邦开战！于是，北方舆论大哗，愤怒声讨南方的叛乱行径响彻北方大地。当林肯发出征召志愿军参战的号召后，立即得到了响应。对此，林肯的私人秘书约翰·尼科赖写道："迫使叛乱者进攻要塞，从而把自己放在正义一边，是林肯深思熟虑的计划。"②

林肯的第二个重大决策是，战争爆发不久，宣布对南方实行海

① 霍夫斯塔特：《美国的政治传统》，第 120 页。
② 霍夫斯塔特：《美国的政治传统》，第 120 页。

上封锁。军事家们一致认为,此项决策非常英明,因为它严重地影响了欧洲对南方工业品和武器的供应,阻碍了南方的对外贸易,从而加速了它的最后崩溃。据研究,此项决策完全出于林肯。亨得逊对这次海上封锁曾评论说:“在战争一开始就用海军力量对南方施加巨大压力的政策是明智的;而假如它(指南方——引者注)的政治家们知道那个压力意味着什么的话,他们一定会认识到亚伯拉罕·林肯并不是普普通通的敌人。”①

其次,表现在指挥战争全局的才能上。格兰特是公认的杰出将领,内战得以取得最后胜利,与他在战场上的直接指挥密不可分。然而,在制订全盘战略计划方面却远逊于林肯。格兰特原负责指挥西部战场,1864 年 1 月,林肯决定提升他为陆军总司令,统率全军,负责指挥各战场的军事行动。当林肯问他一旦膺此职后有何打算时,他回答说,他不想就其战区以外的战略问题提供意见,也不想“对这个问题作较多的考虑”。虽然不久提出了一项东部战场的作战计划,但却存在着许多失误和疏漏,只是在林肯的建议下,才使这项计划臻于完善。

1864 年,林肯对联邦军队进行了改组,已经任陆军总司令的格兰特负责指挥联邦所有的武装力量,陆军部长斯当东负责部队人力和物力的征调,参谋长哈列克负责各战场的联络。林肯这样做,意在理顺军事指挥系统的关系,克服军事部门之间职能不清、相互扯皮的混乱现象,明确高级将领的职责,以便腾出手来更多地注意全国整个战局的发展、变化,以及政治和经济方面的重大问题。但是,林肯一刻也没有放松参与重大战略和战役计划的制订和指挥工作,甚至没有忽略具体的细节。由于军事统帅格兰特忽略了首都华盛顿的防御工作,1864 年 7 月,南方军队突然迫近华盛顿,使之陷入危险之中。这时,林肯一面督促格兰特立即采取有效行动,一面亲自调配首都防御指挥人员,从而解除了华盛顿的

① 理查德·科连特:《林肯秘史》,第 135 ~ 136 页。

危机。

其三,在军事上不墨守成规,善于因时因地做出战略决断。林肯不是军人出身,缺乏实际指挥作战的经验。但是,这一点反而对他有利。战争初期,林肯把联邦军队分散部署在各地,这违反了有关集中优势兵力打歼灭战的原则。然而,他这样做在政治和军事上都有道理。一是可以防止正在动摇中的边境诸州投入南方怀抱;二是联邦军队是在内战开始时仓促招募的,多数官兵缺乏实战经验,很难进行大规模行动;三是受地理条件限制,大部队驻扎一地会发生运送给养方面的困难;四是在战争初期部队分散部署既可灵活机动,充分发挥独力作战的能力,又可趁机扩充兵员。但是,这种部署不是一成不变的。到了战争的第四个年头,林肯便开始采用集中优势兵力打歼灭战的战略方针。内战的最后胜利证明,林肯是正确的。

其四,善于识别和举荐将才。格兰特在担任陆军最高统帅之前,由于在生活上不拘小节,嗜酒如命,许多人要求林肯解除其职务。但是,林肯不仅不予理睬,反而在 1864 年 3 月 9 日正式任命他为"全军大将军",即陆军总司令。林肯如此重用格兰特,是他长期对其考察的结果。早在 1861 年 9 月林肯已得知格兰特的军事才能,后来又对他作长时间的调查了解,从而得出结论:格兰特是一名不可多得的将才,"我所要的和人民所要的,是愿意打仗并且能取得胜利的将军。格兰特就是这样的人,所以我支持他"①。格兰特在内战后期的表现,证实了林肯的判断是正确的。美国学者 T · 哈利 · 威廉特评价说:"林肯作为一位伟大的战争总统而出人头地,他大概是我国历史上最伟大的(战争总统),是伟大的、天才的战略家,他比他手下任何一位将军都更为高明。为了联邦赢得这次战争,他……比格兰特和任何将军贡献都大。"②

---

① 卡尔 · 桑德堡:《林肯 · 战争年代》第 2 卷,第 120 页。

② 戴维 · 多纳德:《林肯新论》,纽约 1961 年版,第 83 页。

综上所述，我们有充分理由说，林肯是一位出色的政治家、军事战略家，他被后人推崇为美国历史上乃至世界历史上的伟人之一，是当之无愧的。

第十五讲　美国内战与武装黑人问题

美国内战，即美国南北战争，发生在1861至1865年。这次战争，就其内容来说，是美国北方广大人民在以林肯政府为首的北方工业资产阶级领导下，为了反对南方种植场奴隶主及消灭南方奴隶制度而进行的战争。战争一共持续了四年，到1865年4月，以北方的胜利、南方的失败而告结束。

这次内战，就其性质来说，是一次资产阶级革命，因为在这次革命中消灭了阻碍美国社会前进的南方奴隶主及种植场奴隶制度，从而为美国资本主义的广阔发展扫清了道路。同时，它也是一次带有民主性质的革命，因为美国人民群众积极参加了革命，并且在革命过程中作出了不可磨灭的功绩。因此，美国内战是美国历史上一次具有重大意义的事件。马克思、恩格斯和列宁都高度评价了这次革命。

在这次内战中，武装黑人问题是一个非常重要的问题。首先，武装黑人是关系到这次战争谁胜谁败的关键。伟大领袖和导师毛主席指出："革命战争是群众的战争，只有动员群众才能进行战争，只有依靠群众才能进行战争。"①美国内战是一次革命战争，北方

① 《毛泽东选集》合订本，第122页。

为了赢得这一次战争,就必须发动和依靠广在人民群众,而在当时的美国,包括南方奴隶和北方自由黑人在内的几百万黑人,是受压迫最深的群众,蕴藏着巨大的革命潜力,所以只有把这些黑人武装起来,加强战斗力量,北方才有可能取得战争的胜利。

其次,武装黑人也是决定黑人未来命运的大问题。诚然,美国内战是为了消灭南方奴隶制及解放南方黑人奴隶而进行的战争,但是,美国黑人只有武装起来参加战斗,用自己的步枪和大炮把奴隶主打翻在地,才能从奴隶制度下面获得真正的解放。而且黑人只有武装起来,才有力量在解放后捍卫自己的自由,才有可能防止奴隶制度的复辟。

武装黑人问题尽管如此重要,但是美国一般的历史学家不是把它一笔抹煞,避而不谈,就是肆意加以歪曲和捏造。比如,西蒙士在他的《美国历史中的社会势力》一书中,不但没有谈到武装黑人问题,而且还胡说什么黑人在消灭奴隶制度的斗争中,没有起过任何作用,言外之意,就是黑人奴隶获得解放,要归功于北方资产阶级,这是对历史的无耻歪曲。专门论述美国内战的资产阶级著作也很少涉及武装黑人及黑人在战争中的作用问题。近年来,有少数几个资产阶级史学家,如尼文斯和兰德尔等人在他们的著作中谈到这个问题,但也是语焉不详,没有一个人作过全面系统的论述。只有黑人学者杜波依斯博士、约翰·霍普·富兰克林等人以及某些同情黑人的白人学者,才注意这个问题,并给我们提供了不少有关史料。下面谈一谈我本人对这一问题的看法。

一、内战第一阶段林肯政府拒绝实行武装黑人的政策

美国内战是在南方奴隶主发动叛乱,宣布脱离联邦之后开始的。1861 年 4 月 12 日南方奴隶主悍然炮击联邦的要塞,于是内战爆发了。4 月 15 日,林肯政府在北方广大人民的要求下,发布了关于征召志愿军的命令。这道命令一下,北方人民立刻掀起了如

火如荼的参军热潮。北方工人离开工厂，农民放下耕犁，纷纷报名参加联邦军队。当时北方自由黑人有二十六万人左右，他们也和白人工农群众一样积极要求政府把他们武装起来，让他们参军杀敌。战争爆发后没几天，即1861年4月29日，华盛顿就有一个自由黑人雅各布·多得森提议让他本人和另外三百个黑人参军。

黑人还通过报纸、群众大会及请愿等方式表达自己的愿望。1861年5月20日，波士顿黑人群众大会在通过的一项决议中指出，这一场战争"是自由与暴政之间的斗争"，奴隶主发动武装叛乱的目的是"使奴隶制度永久化"；表示可以组成五万人的黑人部队，其中有一半人是出生在南方的，了解南方地理，熟悉敌人的情况，可以为政府提供无法估计的贡献。同年10月，密执安州的一个黑人G·P密勒写信给陆军部长卡梅伦，说他可以在六十天内为政府招募到五千到一万黑人；假如这个建议被拒绝，他们可以用游击队的身份参加战斗，只要政府发给武器和装备。

北方自由黑人之所以这样迫切要求参加军队是因为他们清楚地认识到，这次内战是争取南方同胞解放的大好时机，自己参加战斗可以有助于这一解放。而他们之所以关心南方奴隶的解放，不仅由于他们与后者有亲属关系（比如自己的妻子、父母、兄弟仍在当奴隶），而且也由于他们与后者的命运是一致的。我们知道，黑人奴隶制度在南方的存在，使北方自由黑人时时刻刻受到威胁，因为在美国"逃亡的奴隶法"下面，不但逃亡奴隶被用残酷手段抓回南方，而且北方自由黑人也随时随地都有被抓去当奴隶的危险。

但是在内战的第一阶段（1861—1862年），北方林肯政府断然拒绝武装黑人，对于黑人的参军要求，一概置之不理。不仅如此，它还干涉黑人自己的军事活动。这一年4月，纽约市的黑人组成了俱乐部，并且定期进行训练，但是警察出来横加干涉，结果这个俱乐部被无理解散了。

当时，资产阶级这样做的理由，是说什么如果让黑人参军，会使白人志愿军感到当兵是奇耻大辱，从而影响白人参军；他们还胡说什么黑人不适合拿武器打仗。所有这些都是借口,其真正的原因主要是:第一,在内战第一阶段,北方资产阶级进行战争的目标,不是解放南方的奴隶,而是为了恢复联邦的统一(因为在内战爆发前,南方奴隶主已经分裂出去,单独成立一个国家)。1861 年 4 月,林肯政府在征召志愿军的命令中,明确宣称北方绝不破坏或干涉南方的财产(实际上也包括奴隶这项财产),这意味着他们不想干涉南方奴隶制度。同年 7 月,国会通过的决议则进一步声明:进行这一场战争,并不是"为了征服或压服的目的,或者为了推翻或干涉这些州的权利或现存制度的目的,而是为了保卫和维持宪法的至高无上的地位,并且是为了保存联邦,使得各州的一切尊严、平等及权利不受损害;一旦这些目标达到,战争就应该停止"①。既然北方政府在当时反对消灭南方奴隶制度,反对以解放南方奴隶作为北方作战的目标,那么在他们看来,如果让黑人参军,把他们武装起来,而不满足他们的要求,特别是解放南方奴隶的要求的话,武装起来的黑人就会掉转枪口来反对政府。北方资产阶级当时的如意算盘是:不让黑人帮助镇压南方奴隶主的叛乱,以便在战后可以按照自己的意愿解决黑人问题。

第二,在战争初期,北方资产阶级还看不到武装黑人的必要性,因为当时一般人认为战争在几个月内即可结束。他们认为没有黑人的帮助,也可以赢得战争。

第三,资产阶级从它的本阶级利益出发,认为武装黑人对北方资产阶级也是一个威胁。在叛乱者的后方,奴隶放火焚烧种植场主的庄园,黑人在纳希尔的起义和起义者对于奴隶主的惩罚,都不能不使北方资产阶级感到武装黑人的可怕。

但是,在武装黑人的问题上,北方广大人民的态度却与资产阶级大相径庭。

① 威廉·麦克唐纳德:《合众国法规选集,1861—1898》英文版,第 19 页。

二、在武装黑人问题上北方出现的分歧和斗争

内战第一阶段，在解放奴隶及武装黑人等一系列问题上，北方一直存在着两种思想、两种立场的分歧和斗争。在这个斗争中，北方资产阶级政府坚持实行一种错误的、保守的立场和主张，反对触动南方奴隶制度，反对宣布解放南方奴隶，顽固地拒绝武装黑人。这引起北方广大人民的激烈反对，北方人民一致要求政府尽早发表解放南方奴隶的宣言，赶快武装黑人，让北方的自由黑人和南方逃来的奴隶参加联邦军队，同南方奴隶主的军队作战。北方人民所坚持的这种立场和主张是完全正确的革命的。

在上述这场斗争中，北方工人、农民及城市小资产阶级，站在斗争的最前列。他们通过群众性大会、公开信及请愿等方式，向政府表达了自己的愿望。其中，以北方自由黑人的活动最为积极，他们的领袖弗雷得里克·道格拉斯为此而到处奔走呼吁。早在1861年5月，即内战爆发后不久，他就发表了一篇文章，强烈地要求北方政府宣布解放奴隶。他指出：这场流血内战就是奴隶制度所引起的，只有消灭奴隶制度，方能消除战争的根源，打败奴隶主。他还要求召集逃亡奴隶及北方自由黑人入伍，并且把他们组织“成为一支解放大军，向南方进军，在奴隶中间高举解放的旗帜”。他提醒政府说：携带星条旗进入南方的一个黑人联队，会大大有助于教育奴隶“去理解这一场战争的性质”，其作用比什么都要大①。一位废奴派领袖格利特·史密斯不但积极呼吁政府武装黑人，而且提议用他自己的钱去武装黑人部队。

以激进派、废奴派为首的北方广大人民所坚持的革命主张，得到马克思的热情支持。马克思在致恩格斯的一封信里指出：无论从政治观点或军事观点来看，都大有必要使黑人参加反对奴隶主

① 方纳：《道格拉斯的生平和著作》英文版第3卷，第94~95页。

的战斗①。当时,南方奴隶主有一个如意算盘,即依靠南方奴隶在后方为奴隶主生产棉花及粮食,以供应前线作战的需要。在他们看来,南方白人人口为五百万人,如果后方的全部劳动由奴隶承担起来的话,他们就有可能建立六十万人的军队。他们满以为奴隶制度是"南方反对北方的最有效的武器"②。对此,马克思写道:"南部把生产劳动交给奴隶,因而能够把它的全部战斗实力放在战场上而无任何妨碍。"③

针对南方这种情况,北方所应采取的唯一正确的对策便是宣布解放南方奴隶和武装黑人。宣布奴隶解放,会推动南方奴隶更大规模地逃到北方来,这将严重地瓦解南方经济。而武装黑人,正如马克思所指出的,"一个黑人团就将对南部的神经发生显著的影响"④。这就是说,在黑人部队进入南方领土之后,他们将起战斗队、宣传队的作用,从而会有力地推动南方奴隶的反抗斗争,迫使南方叛乱者从前方抽调大量兵力到后方去镇压奴隶的反抗,大大削弱他们在内战中的战斗力量。

北方民众的不懈努力,在推动政府武装黑人方面发挥了巨大作用。

三、武装黑人问题的初步解决

在北方广大人民群众的强大压力下,加上其他种种原因,林肯政府终于被迫在 1862 年 9 月 24 日发表了预告性的《解放宣言》,在这个宣言里表示:如果南方奴隶主在 1863 年 1 月 1 日以前不放下武器向北方投降,那么北方政府就将在这一天发布正式的《解放宣言》,宣布解放南方奴隶。由于届期奴隶主没有放下武器,林肯

---

① 《马克思、恩格斯论美国内战》,第 233 页。
② 杜波依斯:《黑人的重逢》英文版,第 58、85、92 ~ 93 页。
③ 《马克思、恩格斯论美国内战》,第 233 页。
④ 《马克思、恩格斯论美国内战》,第 233 页。

政府便在1863年1月1日发表了正式的《解放宣言》,宣布从发表宣言之日起,南方奴隶全部可以得到自由。

北方政府虽然开始实行了解放奴隶的政策,但是在武装黑人的问题上,却行动得极其缓慢。林肯在发表预告性的《解放宣言》时,对武装黑人的问题避而不谈,在尔后的正式的《解放宣言》中,林肯虽然宣布被解放的黑人中间凡适合当兵的人可以参加军队,但是只是让他们担任驻防的任务,还不肯放手让黑人走上战场。

林肯政府采取这种态度,原因有三:一是林肯害怕武装黑人会遭到奴隶州的反对。在内战期间有三个边境奴隶州(密苏里、肯塔基、马里兰),由于种种原因,仍留在北方而没有参加南方奴隶主的叛乱。这几个州的奴隶主坚决反对武装黑人,而它们的地理位置很重要,万一倒向南方一边,对战局很不利。因此,林肯就到处迁就他们。二是在林肯领导的共和党内也有许多保守分子反对武装黑人。共和党人托乌士·史蒂文森,在1863年初竟丧心病狂地叫嚷:他宁愿看到北方军队被打得一败涂地,也不愿看到用黑人部队去打仗①。同年1月,共和党内的另一个保守派分子克利坦登在一次发言中,以挑拨的口气说:让黑人当兵,就等于呼吁"黑人来保卫白人的自由",因而是对于白人的莫大"污辱"②。三是林肯本人不相信黑人有拿起武器打仗的能力。1862年9月,他在芝加哥新教徒代表面前说:"我不相信使用黑人(当兵)会带来许多好处。我害怕如果我们不得不武装他们的话,那么几个星期后,武器会落到叛乱者手中。"③

但是,历史的发展,是不以北方资产阶级的主观意志为转移的。由于战地上的迫切需要,早在1862年春,联邦的一些将领就开始武装黑人了。当时,在南卡罗来纳州罗亚尔港指挥作战的亨

① 尼文斯:《为了联邦而战》英文版第2卷,第516~517页。
② 兰得尔:《总统任期内的林肯》英文版第3卷,第125、188页。
③ 杜波依斯:《黑人的重逢》英文版第58、85、92~93页。

特将军手下的联邦军队很少,而任务很重,他们必须控制乔治亚、南卡罗来纳及佛罗里达的整个沿海地区。为了完成这个任务,增加兵力就成为当务之急。于是亨特几次三番地向陆军部请求增援,但是由于兵力严重不足,几次答复都是同样的话:“你应尽你之所能自行处理。从北方一个人也腾不出来。”[①]在这种窘迫的形势下,1862 年 5 月,亨特不得不从当地黑人中间招募黑人志愿军,成立了第一支实验性的黑人联队。亨特决定这样做,也是由于他发现沿海及岛屿上的种植场主都逃光了,把大批黑人奴隶留下来无人过问,从这些黑人中间招兵,就可以解决他们的生活问题[②]。亨特将军给陆军部打了一个报告,在报告中说:“就我从曾经做过的武装黑人的实验而论,它是一个完完全全的,甚至令人难以置信的成功。他们认真、驯顺,并且很热情,表现出当兵的天赋能力。他们现在比什么都更热望上阵打仗”,“我希望……在明年秋天以前能够组织四万八千到五万名这样强悍而忠实的士兵”[③]。但是由于国会反对,亨特不得不把黑人士兵遣散,只留下一个连,担负驻守圣·西门岛的任务。

同年 8 月 5 日,敌人进攻新奥尔良地区的巴顿、路日,为了保卫新奥尔良地区,军区司令巴特勒将军请求陆军部派兵援助,但是没有下文。因此,8 月 22 日,巴特勒将军下令组织黑人部队,于是立刻有成千上万的黑人奔赴巴特勒的麾下,在十四天之内就组成了一个联队,其中有一半以上是逃亡奴隶,不久又组成了第二、第三个联队。

这样,基于客观的需要,黑人部队就被个别将领组织起来了。

---

① 杜波依斯:《黑人的重逢》英文版第 58、85、92 ~ 93 页。
② 尼文斯:《为了联邦而战》英文版第 2 卷,第 116 页。
③ 杜波依斯:《黑人的重逢》英文版第 58、85、92 ~ 93 页。

四、武装黑人问题的最后解决

1863 年春,由于林肯总统改变态度,武装黑人终于成为林肯政府的政策,武装黑人问题才获得最后的解决。

根据林肯的命令,第一个负责组织黑人部队的是麻萨诸塞州州长约翰·安得鲁。在麻州第一个组织起来的有色人部队便是在内战中驰名全国的麻萨诸塞第五十四联队。3 月下旬,林肯又派高级副官洛伦佐·托马士到密西西比河流域从事招募黑人的工作。托马士的工作颇为顺利,经过他的努力,成立了不少黑人联队,在 5 月他返回华盛顿后,陆军部成立一个黑人招募局,专门负责黑人士兵的招募工作。

1864 年 2 月,国会制定了一个全面的征召黑人入伍的法案,它规定:一切健壮的黑人男子,凡是年龄在二十四到四十五岁之间者,均招募入伍,成为国家武装部队的一部分。应征的奴隶,如其主人为忠诚的联邦派,则后者可以得到一百美元的奖金及不超三百美元的赔偿费(按每名奴隶计算),同时入伍的黑人均宣布为自由人①。

林肯之终于决定实行武装黑人的政策,是由几个因素促成的。第一,北方广大人民对他施加的压力很大,而且反映北方人民要求的急进派、废奴派一致指出武装黑人是军事上的必需。在林肯发表《解放宣言》之后,这个要求已发展为势不可挡的强大的运动。

第二,客观上的需要。这时联邦在招募白人志愿军方面遇到严重的困难。北方居民在反革命分子"铜头蛇"的煽动下,逃避当兵,以致兵员奇缺,远远赶不上战场上的需要,这种情况就逼使林肯政府转而求助于黑人。黑人学者杜波依斯曾一针见血地指出:

---

① 尼文斯:《为了联邦而战》英文版第 2 卷,第 518 页。

北方使用黑人当兵,"正是当北方人开始拒绝打仗的时候"①。

第三,林肯开始认识到黑人军队是粉碎叛乱的重要力量,而且武装黑人也可以推动南方奴隶的解放及逃亡。林肯的秘书尼古拉霍海写道:林肯之决定使用黑人打仗,有两个目的,一是为了使它成为"粉碎……叛乱的军事上的起重";二是使它成为"实现解放的杠杆"②。

第四,黑人部队在战场上的卓越表现,也使得林肯感到有必要利用黑人这个强有力的战斗力量。1863年春,林肯对约翰逊说:"为了恢复联邦,有色人口是巨大的、可用的然而尚未加以利用的力量。"③他又说:"在密西西比河两岸,只要出现五万武装的和有训练的黑人士兵,就会立刻终止这场战争。"④

林肯从最初反对武装黑人到后来实行武装黑人的政策,这是一个很大的进步。但是,武装黑人的政策实施的过程并不是一帆风顺的。

五、招募黑人入伍时所遇到的障碍

林肯政府虽然开始实行武装黑人的政策,但是在贯彻这个政策时,最初遇到不少障碍。有不少染有种族主义毒素的联邦军官羞于与黑人为伍,不愿与黑人并肩作战。而且在西部战线上有一些军官不但拒绝逃亡奴隶当兵,而且用残酷手段把他们押回种植场主那里去⑤。为了克服这个障碍,林肯政府做了许多工作。如1863年3月衔命到密西西比河下游从事招募黑人工作的托马士,在一次对联邦部队的讲话中,就反复说明武装黑人的必要性,号召

① 杜波依斯:《黑人与内战》,载《科学与社会》杂志英文版,1961年12月号。
② 兰得尔:《总统任期内的林肯》英文版第3卷第125、188页。
③ 兰得尔:《总统任期内的林肯》英文版第3卷第125、188页。
④ 尼文斯:《为了联邦而战》英文版第2卷,第519页。
⑤ 尼文斯:《为了联邦而战》英文版第2卷,第518页。

官兵伸出双手去欢迎逃亡奴隶参军。他还宣布："我有充分的权力解除我所发现的，虐待这些被解放者的任何人的军职，不管他的职务高低。"①他特别召集反对武装黑人最甚的俄亥俄师，警告该师的官兵说：如果有人以反对黑人当兵为理由而离开军队者，以叛国罪论处，应予以枪决，凡干涉黑人招募工作的人，一律受军事法庭审判②。

此外，反动派也在黑人中间散布大量谣言，他们劝告黑人不要参军，说什么林肯让黑人当兵，是不怀好意的，它将意味着奴隶制度的复活，黑人将被卖到古巴去。他们还说什么北方政府将叫黑人打头阵送死。这些恶意宣传，使黑人招募工作受到一定的影响。

针对这种情况，急进派和黑人领袖在黑人群众中间开展了不懈的宣传解释工作。黑人领袖道格拉斯出力尤多。他对黑人群众大声疾呼，号召他们自告奋勇参加军队，以争取自己的解放。1863年2月，他为此发表了题为《有色人武装起来!》的公开信，信中写道："没有迟疑的时间了。潮水已经高涨，这个高潮会导向幸福。从东到西，从南到北，天空上到处写着：'现在是千载一时的良机。''由白人争取到的自由，将失去其一半的光辉。'谁愿意解放自己，谁就应该进行战斗!"随后他又在报纸上发表文章，指出黑人应该学会使用武器，因为"任何一个种族，要想使自己的权利受到尊重，其唯一方法便是学会如何（用武器）保卫它们"；黑人参军是"防止国家在战争结束后重新陷入与奴隶主妥协的旋涡中去的可靠手段之一"。这说明道格拉斯已经预见到北方资产阶级在战后会和奴隶主妥协。道格拉斯亲自参加了黑人招募工作，并以身作则，把自己的两个儿子送上了前线。

由于急进派和黑人领袖宣传鼓动的结果，招募黑人工作进行得异常顺利，一个时候在北方及南方战地上出现了黑人参军的热

① 卡尔·桑德堡：《战争年代中的林肯》英文版，第2卷第129页。
② 卡顿：《这个神圣的土地——内战中的联邦》英文版，第224页。

潮。到1864年以后，随着联邦军队步步深入南方领土，一批接一批的南方奴隶涌进了联邦军队的行列。在内战期间，大约有九万三千名黑人士兵是从南方领土上招募来的。在整个内战中，参加联邦军队作战的黑人，据一般估计为二十万人，但据杜波依斯博士的计算，实际上不止这个数目，因为当他们中间有一个人战死时，往往由另一个黑人补上来并顶替他的名字，所以杜波依斯认为大约有三十万黑人参加了战争①。

那么，这些武装起来的黑人的表现如何呢？

六、黑人在武装后所发挥的作用

武装黑人及黑人获得参军的权利，意味着过去世世代代当牛作马的黑人奴隶，终于拿起武器，直接打击往日骑在黑人头上作威作福的奴隶主，因之，奴隶主的威风在胜利进军的黑人部队面前，扫地以尽。一个当代人参观过密西西比州雷蒙德市附近的联邦营地黑人部队，事后他写道："在权力脚下畏缩的、精神萎靡的、狼狈不堪的南方人，与活泼的、容光焕发的、脑袋挺直……身穿漂亮服装的黑人，形成了对比。"②另据《哈泼斯月刊》报道，被监禁在洛克岛上的南方战俘，是由黑人卫兵看管的。当一个黑人卫兵突然看到战俘中有他的旧日的一个主人时，他情不自禁地酣叫道："啊唷，主人，现在真是完全颠倒过来了！"③

武装黑人也有力地推动了南方奴隶的起义及斗争。黑人部队在踏上南方土地之后，不但成了战斗队，而且也成了宣传队，对于南方奴隶来说，不啻迎来了解放的使者。黑人部队所到之处，奴隶们纷纷起来造了奴隶主的反。比如，在路易斯安纳州，当1863年

① 杜波依斯：《黑人与内战》，载《科学与社会》杂志英文版，1961年12月号。
② 尼文斯：《为了联邦而战》英文版第2卷，第523页。
③ 卡尔·桑德堡：《战争年代中的林肯》英文版，第4卷第3~5页。

春联邦军队打进来时，据女奴隶凯特·斯通的描述，黑人奴隶们在联邦军队黑人士兵的协助下，抄了奴隶主叛乱分子哈迪逊的家，把奴隶们用血汗创造出来的财富，统统予以没收。又比如在1865年初，当联邦军队解放查理士顿时，著名的黑人联队——麻萨诸塞第五十四联队在大街上昂首阔步前进，后面跟着成千上万个高兴得如醉如痴的黑人奴隶。黑人及黑人士兵们一起涌进富丽堂皇的奴隶主贵族邸宅，跑进买卖奴隶的市场，振臂高呼："解放了！"他们烧掉了奴隶拍卖台，砸碎了奴隶的足枷以及各式各样的拷打奴隶的刑具①。

但是，更重要的是黑人在武装起来之后，在战场上所发挥的伟大作用。苦难深重的黑人，和整个工人阶级一样，是内战期间最革命的力量。他们的命运与内战的结局息息相关，无论是北方自由黑人，还是南方新解放的黑人，他们都把奴隶主视为不共戴天的敌人，因而他们在武装起来之后，是带着阶级仇恨走上战场的，因而都能奋不顾身地勇敢杀敌。几次重大战役，都是在黑人的参加下打赢的。黑人的英勇战斗，对于内战的最后胜利，起了决定性的作用。林肯的话，便是有力的证明，他在谈到黑人士兵的作用时说："倘若从我们这方面拿走二十万人（指黑人）并且叫他们到战场上或玉黍地上来反对我们的话，那么我们将被迫在三个星期内放弃这个战争。"黑人学者杜波依斯指出："就内战而论，对于正直的人们说来，有一件事是明若观火的，以致不需要特别努力去研究，那就是黑人赢得了内战。"②

武装黑人及黑人参军，在美国内战史上是一件破天荒的大事。其重大意义，首先在于它使得美国内战在某种意义上带有奴隶反对奴隶主的武装斗争的性质。无怪乎美国反动的历史学家对于武

① 波耶、摩莱斯合著：《未发表过的黑人故事》英文版，第27页。

② 杜波依斯：《黑人与内战》，载《科学与社会》杂志英文版，1961年12月号。

装黑人一事讳莫如深,"谈虎色变";也无怪乎南方奴隶主为此直恨得咬牙切齿,气得浑身发抖,并且残暴地屠杀在战场上俘虏来的黑人士兵,借以泄愤。但是,这种野蛮的作法,是吓不倒斗志昂扬的黑人士兵的,它只能加强他们杀敌的决心。

武装黑人的另一个重大意义,在于它使得黑人有机会靠自己的力量来解放自己。诚然,美国内战,自从林肯发表《解放宣言》之后,已经变为一场为了解放奴隶而进行的革命战争,但是只有美国人民中最受压迫因而最有革命性的黑人(包括北方自由黑人及南方黑人奴隶)武装起来奋不顾身地与敌人战斗,才有可能把战争引向北方的最后胜利。而且,众所周知,南方奴隶之能否得到解放,完全取决于战争的最后结局,只有北方把敌人打得一败涂地而获得最后胜利,南方奴隶的解放才能从主观愿望变为现实。因此,我们可以有把握地说,黑人奴隶是靠自己的力量和努力得到解放的,而武装黑人是其重要的关键。

武装黑人的历史告诉我们:被剥削、被压迫的群众,只有通过本身的斗争,才能获得解放,不能消极等待什么"救世主"的"恩赐";它又告诉我们:在资产阶级革命中,即使资产阶级是革命的领导阶级,它也不可避免地带有很大的阶级局限性。资产阶级的一切行动都是以本阶级的利益为依归的,它做某一件事,是由于它对资产阶级有利;它拒绝做某一件事,是由于它对资产阶级不利。因此,任何重大的比较彻底的革命措施,都是在人民群众的强大压力下实现的。只有人民,才是推动历史前进的动力。

后 记

刘祚昌先生(1921—2006年)出生在一个中国旧知识分子家庭,青年时代为追求科学、民主和救国的真理而四处漂泊,辗转求学,先后在北平辅仁大学、西南联合大学和四川大学等名校就读,曾经受过钱穆、朱自清、闻一多、罗庸等学术大家的直接教诲。家庭环境的熏陶和大学生活的影响,加之本人的刻苦和勤奋,不仅使先生确立了毕生献身于学术研究和教育事业的远大理想,也奠定了他扎实的文史功底和外语基础(先生共精通英、日、俄三种外文),这使得他能够在极其广阔的研究领域里纵横驰骋。

在一般人的印象中,先生是世界史研究方面的专家,其实,他的研究领域要宽泛得多。根据不完整的统计,先生共出版有重大影响的学术专著五部,译著五部、主编部省级以上立项教材三套,发表学术论文60余篇。在上述研究成果中,既有世界史研究方面的内容,也有不少中国史的研究课题,而且涉及的领域十分广泛,如政治、经济、法律、军事、人物、思想、文化,以及教学改革和教材建设等等,此外,他还写了不少内涵丰富、寓意深邃、语言优美典雅的杂文和随笔。而先生平时最喜欢读且读得最多的书,竟是中国古典的经史百家,其中包括《史记》、《三国志》、《资治通鉴》、《宋史》、《孟子》、《庄子》以及中国古典文学名著,等等。正是这种广博而扎实的学问功底，为先生的科研和教学生涯奠定了极其坚实的基础。早在上世纪80年代时，先生作为一位学贯中西、著作等身的学术大师就已经蜚声海外，先后获得国家教委人文和社会科学一等奖以及教学成果一等奖；国务院政府津贴享受者；博士生导师；全国人大代表；山东省专业技术拔尖人才；山东省史学会会长；中国美国史研究会副会长等一系列荣誉和头衔。

先生的主要研究方向是世界史，而美国史又在其中占据着十分突出的位置。他是新中国美国史研究的奠基人之一，直至2006年去世，始终是我国美国史研究的领军人物。回顾一下先生半个多世纪的学术人生，我们可以发现，他所探讨的大多是一些比较重大的课题，这些研究成果不仅填补了许多重要的学术空白，加深了国人对美国及其历史的了解，繁荣了学术研究，而且对我国各个阶段的美国史研究产生了积极而重大的影响，其中一些甚至具有里程碑式的意义。

例如，《美国独立战争简史》（上海华东人民出版社1954年）是先生的开山之作，也是先生青年时代的代表作之一。虽然写于建国初期，但无论从史料的运用、分析论证的方法、内容体系的建构，还是从史学理念等方面看，该书都对新中国的美国史研究起了开创和奠基的作用，至今仍然是研究美国第一次革命史的重要必读书目。

《美国内战史》（人民出版社1978年）一书动笔于1957年“反右斗争”前夕，经历了多次政治运动的冲击和“文革”中稿件被红卫兵抢走的劫难，定稿于粉碎“四人帮”后乍暖还寒的第一个早春，其成书的历程是先生坎坷人生中年的缩影。该书是中国美国史学界在“文革”后最早推出的学术力作，虽然仍带有时代的痕迹，但它以丰富生动的史料、严谨的求证和科学的理论阐释给当时百废待兴的学术界带来了一股清新的空气，对于我国美国史研究事业的复兴和学术界拨乱反正、改革开放春天的到来起了推动作用。

《略论托马斯·杰斐逊的民主思想》(《历史研究》1980年第4期)写作于十一届三中全会结束之后,该文以大气磅礴的手笔高屋建瓴地阐释了作为美国国父之一的历史伟人托马斯·杰斐逊的民主思想,荣获《历史研究》优秀论文奖。该文还给先生带来了国际性的声誉,美国史学界给予了高度关注和赞誉,一些大学纷纷邀请他前去讲学,而著名学者约翰·伊兹莱尔先生则来函恭贺,并鼓励先生写一部杰斐逊的传记。该文是先生学术人生中的一个重大转折点——此后,他把自己的主要精力和热情都投入到杰斐逊研究之中。如今看来,这件事无论对于先生本人还是中国学术界来说,都是一件幸事。

《杰斐逊传》(中国社会科学出版社1990年)和《杰斐逊全传》(齐鲁书社2005年)是先生晚年耗费20年(1985—2005年)时间写成的学术巨著。特别是后者,这部先生的封笔之作已经成为他学术人生中最高大醒目的一座丰碑。先生集毕生所学,运用其如椽之笔,从不同的角度由表及里地阐释传主一生的各个层面和侧面,不仅写他的政治、外交、学术等重大活动,写他的家世、青少年时代、婚恋、生活情趣和轶闻琐事等,而且还深入揭示这位不世出的哲人、教育家、外交家、政治家和博物学家的极其丰富多彩的内心世界。在研究杰斐逊的同时,先生也阐发了他本人对社会、人生、政治、思想、学术和文化等诸多问题的研究和思考,抒发了大量个人的感悟、情怀和畅想。需要指出的是,在写作这两本书的时候,正是中国学界浮躁之风甚盛之时,也是先生政治人生的高峰时期,他曾担任过许多重要的学术和社会职务,多次受邀出任重要的行政领导。但为了更好地从事学术研究,实现自己从青年时代就确立的人生目标,先生拒绝了一切行政任职,陆续辞去了所有的其他职务,在长达20年的时间里,他深居简出,蜇守书斋,日复一日过着基本相同的生活:每天闻鸡起舞,爬山晨练,之后,一杯清茶摆在桌上,便开始了一天的读书和写作,除了生病之外,从不间断。此时期,杰斐逊研究已经成了他生命中不可分割的一部分,几乎每时每刻都牵动着他的个人情感,影响他的喜怒哀乐,支撑着他走完了生命的全程。可以说,这两部传记是先生晚年全部心血、智慧、情感和汗水的结晶,它们是杰斐逊研究和美国早期历史研究的集大成之作,必将载入中国当代最优秀的经典史籍的宝库。

先生的教学生涯比学术研究生涯要早,但两者是紧密联系在一起的。

先生的教学生涯开始于1945年抗战胜利之际。他至少在五所学校任过教,其中最重要的两所高校是东北师范大学和山东师范大学,先后教授过世界史、美国史、欧美近代史、西方政治思想史等课程。但给笔者留下印象最深刻的还是"美国史",其原因主要有两点:其一,美国史是先生的研究专长,因此他开的这门课科研含量极高,内容丰富而新颖;其二,由于本人在山东师大历史系本科毕业后留校任教,后跟随先生读美国史专业的研究生,因此先后聆听过先生为本科生和研究生开设的"美国史",后来,先生还经常招呼我们这些"老学生"去听他给其他年级讲的新内容或学术报告。

回顾起来,先生讲授的美国史课大致具有以下特点:

(一)把学术性和科学性置于首位

先生认为,合格的本科生和研究生不仅应具有扎实的基本知识、技能和理论,而且应具有较高的科研能力和理论修养,因此他非常重视学生思辨能力和综合素质的提高。为了达到上述目的,先生在备课和教学中特别注意把握以下三个方面:

1. 以科学研究作为基础和前提。

无论是为本科生还是为研究生授课,先生都不是简单地依据几本现成的教科书照本宣科,他总是要先做大量科学研究工作,然后把其中比较成熟的成果综合起来,向学生讲授。因此,先生的授课内容大部分是他平时积累下来的研究成果,在此基础上又融汇吸收了国内外新的学术成果,每次授课后还要进行补充和修订。

几经修改后,这些教学内容大多作为高水平的学术论文在国内外公开发表(例如,本讲义所收录的内容,按照讲义的排列顺序,先后发表在下列学术期刊和论文集上:《贵州大学学报》1986年1、2期;《历史研究》1982年1期;《文史哲》1987年3、4期;《山东师院学报》1979年2、4期;《山东师大学报》1982年5、6期;《美国史论文集(1981—1983)》三联书店1983年版;《历史研究》1980年4期;《历史研究》1994年1期;《历史研究》1996年1期;《文史哲》1990年2期;《世界历史》1979年4期;《史学月刊》1981年4、5期;《山东师大学报》1984年5期;《历史研究》1991年3期;《安徽师大学报》1977年6期)。

这样做的效果是:在传授基本知识和技能的过程中,让学生充分了解并掌握了发现问题、解决问题的过程、方法和理论,从而有效地提高了他们的学史和治史能力。

2. 特别重视史料的作用。

先生认为,史学工作者切忌浮躁和冒进,首先应该把史料工作搞扎实,只有掌握了丰富而有价值的史料,才有可能搞好历史研究。基于这一点,先生授课时经常向我们传授自己收集、整理和运用史料的方法和经验,并且还告诉我们一些应该注意的问题和原则。例如:应尽可能运用第一手资料;对收集到的史料应做好甄别、辨伪和研究工作;要认真分析史料的内涵,从中获取真实、有效的历史信息;应根据研究和工作的需要,对史料进行归纳和分类;遵守“史论结合、论从史出”的原则等等。在这方面,先生为我们做出了表率,在科研和教学中,他非常重视并且善于发挥史料的作用,因此他的科研成果一向以史料翔实、论证严谨而著称,在课堂授课中则达到了结论具有说服力、叙事丰富生动的效果。

3. 以科学求实的态度对待重大历史问题。

先生认为:史学工作者最基本的职业素质是具有科学求实的精神,即所谓“史德”;在面对重大历史问题时,应敢于坚持真理,讲真话;如果发现自己的研究有失误和不确之处,则应勇于自我纠正。在这方面,先生也是我们的表率。

由于长期受“左”的思潮的影响，在十一届三中全会以前，我国的美国史研究对一些历史问题做出过不正确或不全面的阐释。先生以他坚实的学术功底和科学求实的精神做了大量基础性的研究工作，在学术界澄清了一些问题，并在课堂上向学生做了全面介绍。

例如，在研究北美殖民地社会时，过去一般只注意研究北美社会的性质、殖民者对印第安人的屠杀、人民革命以及殖民地与宗主国之间的矛盾斗争等等。改革开放后，先生对北美的社会政治结构、经济生活以及政治制度等方面进行了深入研究，不仅大大拓宽了研究视野和领域，而且得出了不少新的结论。先生指出：在法国大革命之前，除英国外，只有北美殖民地出现了议会制度；北美议会制度是英国背景与北美特殊环境相结合的产物；北美议会制度并非英国议会制度的简单“再版”，而是有所发展创新；北美议会制度比起英国有更大程度的民主；北美殖民地的社会政治结构中有许多民主因素，等等①。

又如，在研究早期资产阶级革命的特点、规律和经验教训时，过去人们总是把英、法两国的革命作为典型，而忽略了美国第一次革命；在研究美国革命时，则偏重于研究它在反英独立方面的成就。改革开放后，先生对美国第一次革命进行了全面深入的研究，对美国革命的成就进行了全面总结。他指出：除了完成反英独立的历史使命外，美国革命还有另外两个重大成就：第一，国内民主改革取得了丰硕成果，如，各州政治的民主化、废除了限定嗣续法和长子继承制以及教育改革等；南方大批黑奴获得解放；半封建大地产制之局部瓦解。第二，制定了《联邦宪法》。在总结美国革命的经验和特点时，先生高屋建瓴地指出：虽然这次革命具有局限性，但它所取得的成就牢固地保存了下来，其主要原因是这次革命

① 刘祚昌：《美国殖民地时代的议会制度》，《历史研究》1982 年第 1 期；《论北美殖民地社会政治结构中的民主因素》，《文史哲》1987 年第 3、4 期。

没有经历过英、法革命所经历的那样的反复。美国第一次革命的特点是：它是一次温和的、没有经历反复的和取得多方面成就的资产阶级革命①。

再如，改革开放之前，先生对美国第16任总统亚伯拉罕·林肯的评价不高，即"对林肯否定得过多，过分强调他的资产阶级局限性"，认为林肯在内战及其前后执行的政策上犯有很多错误。十一届三中全会以后，先生花了很大精力对林肯进行了深入研究和重新评价，在很多方面否定了自己过去的观点。先生认为：林肯是一位具有良好政治家风范的杰出的民主主义思想家。他指出：林肯政治理念的基础是杰斐逊式民主，他的政治家风范主要表现在："廓然而大公"的政治家胸怀；"视民如伤"，唯恐政府的一举一动伤害百姓；为伟大事业和崇高目标而坚持到底的毅力；忍辱负重的精神；在解决重大问题时行"中庸之道"等等②。

（二）在教学方法上有独到之处

有人说先生在教学中重视的是学术性，并不太讲究方式方法——此话其实大谬不然。先生的教学方法有其独到之处。

1. 严格要求。上先生的课可不是一件容易的事，学生必须全神贯注，全力以赴，否则就会当堂受到严厉的批评。例如，本科生上课时必须首先喊"起立"，师生相互致敬后，才能开讲。上课绝对不允许迟到、早退、说话，或者上课干别的事情，思想开小差，必须认真听讲，认真做笔记。对研究生就更严厉了，还必须积极参加讨论，踊跃发言，而发言则必须事先有所准备（如看书、查阅相关资料等），要言之有物，有思想性和学术内涵，等等。他甚至还管到了穿衣戴帽之类的琐屑小事，如要求我们穿着要整洁大方，讲究个人卫生，对人礼貌，言谈举止要得体，等等。对此，在教育界和先生的

---

① 刘祚昌：《论美国第一次革命的成就》，《美国史论文集（1981—1983）》三联书店1983年。

② 刘祚昌：《论林肯的政治家风范》，《山东师大学报》1984年第5期；《林肯新论》，《历史研究》1991年第3期。

学生中存在不同看法。我想,先生的这种“严厉”与他的性格和人生态度有直接关系,在学术研究和私人生活中,先生历来抱着严谨认真的态度,从不草率行事。另一方面,“严厉”也取得了良好的教学效果,上先生的课绝少有迟到现象,课堂秩序井然,学习气氛严肃认真,而且学习的效果也相当不错。记得最早听先生美国史课的是山东师大1977、1978级学生,正是从那时开始,每年都会有若干本科生考上北大等名校的美国史专业研究生。

2. 专题式讲授法与问题式教学模式有机结合。

先生采取了一种专题式讲授法——授课内容不是按照章节排序,而是由一个个重要的研究专题组合而成。专题的选择完全是根据历史科学的内在逻辑和实现教学目的、培养方案的需要。在这方面,先生煞费了一番苦心,因为一方面,他既要尽量把那些重大的美国历史问题选入讲义,另一方面,他还不得不考虑国内学术研究的进展和现存相关图书资料的状况。

需要提及的是,先生的讲稿整理得相当完整规范,内容也十分充实成熟,而且很适合课堂面授。其原因大约有二:其一,先生并不以口才见长,但他思维犀利清晰,笔锋敏锐迅捷,因此他取长补短,对讲稿总是精益求精,千锤百炼;其二,先生的讲稿大多是他本人的研究成果,每次授课还要进行修改充实,这样,年复一年便日臻完善了。

与此同时,先生的授课中还隐含着一种问题式教学模式。采取这种模式的目的是:调动学生的积极性和注意力,激发他们探讨历史问题的兴趣,培养他们独立进行科学研究、分析问题、解决问题的能力。

回顾起来,先生的这种教学模式可分为三个基本环节:第一,设置问题;第二,分析问题、解决问题;第三,归纳总结,在此基础上提出新的问题,从而为新一轮的设疑、解疑过程创造条件。在这一过程中,教师起着主导的作用,而学生则成为学习的主体、一切都围绕着一个主题运转——培养提高学生的科研能力和综合素质。

在第一个环节中,先生在设置什么样的问题上下了很大工夫,其目的是尽可能选择高水平的科研选题,以便有效地提高学生的发现问题、解决问题的能力,甚至直接进入科学研究的前沿和主战场。

对于第二个环节,先生认为教师的作用也应是主导性的,因为他认为:其一,学生很难在极短的时间里有效地发现和解决什么问题;其二,在这一环节中,学生的思维往往表现得极为活跃,因此教师的指导作用就显得更重要。因此,先生一方面通过对设置问题的分析、研究和解答,使学生了解如何运用史料、进行分析比较、逻辑推理和论证等等,使他们掌握分析问题、解决问题的方法和步骤,另一方面也注意激发学生自主学习和主动学习的精神(如采取事先提出问题,让学生在课前开展查阅资料、思考和研究等工作),使他们尝试着参与到这一过程中来。

第三个环节具有关键性的作用。先生不仅用科学的史学理念、严谨求实的治史态度和逻辑辩证的方法对讲授内容做了全面的归纳总结,而且上升到理论的层面和高度,进行高屋建瓴的论述和阐释,以使学生建立起科学的知识体系和理论体系,同时还鼓励、引导学生自己去发现、提出新的问题,并独立完成研究工作——这正是先生教书育人的目的所在。

3. 研究生教育采取了一种“研讨式”教学法。

先生把他的“专题式”和“问题式”方法延续到了研究生教育中,并尝试着把它们运用到一种“研讨式”教学法中去。

根据这种教学法,每次授课大致分为三个阶段:

第一个阶段,先生仍采取“专题式”和“问题式”方法授课,但有时并不(或者不完全)把自己的观点、结论和理论总结和盘托出。在这一个阶段,先生在教学过程中起着主导的作用。

第二阶段,在前一阶段授课的基础上,由听课者自主研究,自由地进行讨论、分析和论证,尝试着得出自己的结论。在这里,学生转变为主导者,而先生则暂时退到了幕后,只起指导或引导等作用,有时甚至作为意见的一方参与到争论中去。虽然我们(即学生们)的看法并不很成熟,观点有时比较偏激,甚至争论得面红耳赤,但先生却认为这是上课过程中最精彩的一幕,不仅学生们收获很大,他本人也获益匪浅。

最后,由先生进行总结或点评。

先生对参与听课的学生要求甚严:必须积极参加讨论,踊跃发言,不要怕说错话,但要尽可能做到言之有物、有据、有理。对发言不踊跃者,先生在点评时会给予批评。因此,每次上课之前,我们总会做大量的准备工作,如查阅相关图书资料,进行初步的研究和思考,有时为了弄明白一个问题,同学们还会自动凑在一起,展开研究讨论——这也形成了我们那一批研究生特有的风貌。

尽管有时会感到上先生的课比较紧张,但先生的每次课都会使听课人感到很充实。这样,一门课学完之后,学生在历史知识、理论分析能力和专业素养等方面,都会有很大的长进,他们的视野开阔了,从事科学研究的兴趣和动力都大大提高。我记得,当时许多研究生学位论文的选题就是在听课的过程中逐渐萌发、酝酿出来的。

(三)对研究和讲授历史人物情有独钟

翻阅一下先生历史研究和授课的内容,不难发现,历史人物占据着非常突出的地位和相当大的比重,这也构成了先生研究和教学的一个重要特色。

先生所研究的都是在中外历史进程中具有重大影响力的人物,他们大多为普通民众所知晓,并且在学术界颇有争议。例如,在中国史方面有孔子、孟子、韩非子、诸葛亮、曹操、王安石等;美国史方面则有:乔治·华盛顿、托马斯·杰斐逊、弗雷德里克·道格拉斯、亚伯拉罕·林肯、尤利西斯·S·格兰特等等。其中,先生最喜欢向学生介绍的,同时也是他研究最多的历史人物有两位,即林肯和杰斐逊。在先生的前半生,他主要研究的是林肯;而在后半生,则全身心地投入到了杰斐逊研究之中。

先生为什么这样钟情于历史人物研究呢？究其原因，大致有以下几点：

1. 个人兴趣和爱好使然。受家庭环境和父亲的影响，先生从少年时代起就酷爱文史，经常手不释卷。他尤其喜欢书中出现的那些杰出人物，并常常为他们的丰功伟业和高尚思想情怀所深深感动。久而久之，他逐渐养成了一种习惯——喜欢思考和研究与历史人物有关的一些问题。先生在他的《杰斐逊全传》的序言中对此做了这样的描述："在'三余之暇'，我常常情不自禁地思考一些中国历史上的问题，而我思考最多的是历史人物的问题。……在中国历史上，好人很多，其中我最崇敬的莫过于子产、诸葛亮、文天祥和方孝孺等少数杰出人物。这是因为他们都是'志士仁人'。他们的功德，只有孔子所提出的'仁'字足以当之。在读到诸葛亮、文天祥和方孝孺的悲壮事迹时，我往往感动得痛哭流涕。"①

2. 出于对杰出历史人物的热爱和崇尚，而这种崇尚之情则是建立在长期阅读和研究的基础之上的。通过深入的研究思考，先生对一些杰出人物的历史功绩、思想学识、道德品格以及为国家、人民利益而奋斗的感人事迹有了更为全面、充分的认识和理解。作为一位充满社会正义感而又爱动感情的历史学家和教育工作者，先生强烈地希望通过自己的研究，把这些历史人物介绍给国人，特别是莘莘学子。

对杰斐逊的研究便是极好的例证。最初，先生只是把杰斐逊研究当作一项科研任务。但随着研究的深入，他逐渐喜欢上了这位不世出的历史伟人，从而把自己晚年的精力全部倾注到了这项研究工作之中。先生在《杰斐逊传》的"自序"中谈到了这一转变的过程，他写道："由于接触越来越多的史料，对于杰斐逊的理解越来越多，对于他的认识也越来越深。他那体大思精的思想使我心折，他那为人民的利益、为人类的自由而奋斗的精神使我倾倒，他

① 刘祚昌：《杰斐逊全传》，齐鲁书社2005年，"序"，第3～4页。

那富于人文主义色彩的社会理想令我悠然神往，他那高尚的品质作风叫我钦慕不已。当写到他的一些感人事迹时，我不得不搁下笔喟然太息，甚至感动得潸然泪下。于是，我发现自己对于这位传主产生了一种敬慕之情，并且爱上了这一项写作工作，这项工作已成为我生活中的需要，简直欲罢不能了。它不但不是一个负担，而且还成为一种极大的乐趣，一种无上的精神享受，而这种乐趣，这种享受，是属于最高层次的，是金钱所买不到的，更是局外人所难以体会到的。”①

3. 出于一位历史学家、历史教师的历史使命感和社会责任感。

先生十分关心国家的命运和青年一代的前途，并认为，研究和介绍历史人物在这方面可以发挥独到的作用。他告诉我们：学习和研究古今中外杰出的历史人物，对于青年人至少有以下好处——增长智慧、才干和分析鉴别能力；培养优秀的道德品格和思想情操；提高文化和政治素养，开阔视野和胸襟；培养爱国主义精神和民族自豪感；增强为国为民的历史使命感和社会责任感；等等。先生之所以选择杰斐逊、林肯以及中国的孔孟、诸葛亮等人作为重点研究对象，其主要用意就在于此。

关于先生研究和讲授历史人物的方法和特点，笔者在其他文章中做过较详细的分析，在此仅阐释几点：

1. 特别重视对历史人物政治思想的研究。

在研究和介绍历史人物（特别是政治人物）时，先生一向把政治思想研究作为重中之重，认为这对于中国的现代化建设事业是有所裨益的。对林肯和杰斐逊的研究就是最好的例证。关于先生对林肯政治思想的研究，前面已经提及。在研究杰斐逊时，先生也把握了同样的原则，他认为：只有全面系统地把杰斐逊的政治思想研究透彻，才能使这位杰出的政治家、思想家真正变得鲜活起来，

---

① 刘祚昌：《杰斐逊传》，中国社会科学出版社 1990 年，“自序”，第 11 页。

从而达到教育读者和学生的目的。

2. 对政治家道德风范的研究颇有心得。

先生认为，用中国优秀的传统文化去考量政治家的道德风范，其好处和作用主要有两点：其一，可以更深刻地揭示历史人物的本质、内涵和性格特征，从而对人物做出更准确的评价；其二，可以更好地发挥人物研究的教育功能，起到针砭时弊、警醒后人的作用，有益于改良社会风气和提高国民素质。先生写作《论林肯的政治家风范》一文的主要目的就在于此。在杰斐逊研究中，先生在这方面也做了相当多的探讨和非常精彩的分析、论述，这些内容构成了先生杰斐逊研究中最感人和最有特色的部分。

3. 处理好文学性与科学性之间的关系——即用优美典雅的文笔和确凿的史料把历史人物描述得栩栩如生、真实感人。对此，先生写到："我最服膺外国一位史学家的一句名言：'历史传记应该是科学加文学。'只有把经过考证、核实无误的史实用文学的优美文字表述出来，才能提高传记的可读性。"①他认为，人物传记的可读性愈强，史料愈真实，其教育功能的发挥就会愈充分。

4. 从多方位、多视角，翔实细腻地揭示历史人物的人生历程，并注意对其个性特征的把握。先生认为，只有这样，才能使历史人物变得更为丰满和真实可信，更加生动感人，从而更好地发挥其教育功能。先生写到："写历史人物，特别是写政治人物，不但要写他一生中的重大政治事迹，而且也要写他的生活中的纤芥小事，只要它能反映出他的品德或性格特点的话。只有这样写，才有可能对传主做出全面的、准确的评价。"②"一部人物传记的教育功能及其可读性，是与它的详细程度呈正比的。这就是说：写传记是越详细越好。……历史传记最忌讳的是粗枝大叶，而最可贵的是不厌其详。这是因为材料愈多，内容就越详细，事实就越具体，就越发逼

① 刘祚昌：《杰斐逊全传》，齐鲁书社2005年，"序"第20页。

② 刘祚昌：《杰斐逊全传》，齐鲁书社2005年，"序"第20页。

真和接近事实，读起来如面对其人，身临其境，人物就会栩栩如生。”①

（四）作为一个老教育工作者和历史学家，先生十分关注对我们青年一代的培育，不仅关心我们专业素质的提高，而且更注意我们的思想和道德品格方面的修养

当我们进入大学的时候，十年动乱刚刚结束，对“两个凡是”的争论方兴未艾，学术界的拨乱反正正在逐步启动。在这种历史条件下，先生对我们的教诲主要集中在以下几个问题上：作为一个史学工作者，首先要讲究“史德”，在重大历史问题上要坚持实事求是，敢于讲真话；继承中华民族的传统美德，做一个有良知、讲公德、文明礼貌、追求上进、诚实守信的人；人生可以没有优越的物质享受，但绝不能没有对美好理想和高雅精神境界的追求；做学问要有社会责任感和良好的动机，要树立为祖国的学术事业作出贡献的远大理想；做学问要有坚强的毅力和坐冷板凳的精神，厚积而薄发；做学问要处理好“专（即学有专长）、博（即学识广博）、通（即博古通今、融会贯通、学贯中西）”三者的关系；等等。

记得当年对我们讲这些话的时候，先生的态度是认真而坚定的，甚至可以说相当严厉——这与他的人生态度和性格有关，也是他大半个世纪坎坷而辉煌的学术人生的真实写照。正因为如此，先生的教诲才具有极其强大的道德感召力和亲和力，并且成为鞭策、激励我们不断地充实调整自我、积极进取、拼搏向上的巨大原动力和宝贵的精神财富。

本书所收录的是刘祚昌先生生前所授“美国史”课程的部分讲义，既作为对先生的一种纪念和缅怀，又为教育界和史学界收集、珍留下一部分宝贵的资料，以供后人学习、研究和参考之用。在此，特向天津古籍出版社和倪金荣先生致以最诚挚的敬意，感谢他们为本书出版所倾注的巨大热情和关注。

---

① 刘祚昌：《杰斐逊全传》，齐鲁书社2005年，“序”第20页。

参加本书收集资料和整理工作的人员还有：姜杰、刘莉、王建、宫晓晨、周余祥、刘晓群、李俊、姚军等。

刘文涛

2007年12月30日于济南

［本文以《刘祚昌先生的美国史教学》为标题，发表在《历史教学》（高校版）2008年第2期上。此次稍做充实，作为本书的后记］